山东省社会科学规划研究项目·基于大数据的山东省空巢老人养老困境及解决路径研究(18CQXJ13)

新时代

养老服务体系构建研究

XINSHIDAI YANGLAO FUWU TIXI GOUJIAN YANJIU

王梅欣 ◎ 著

人民出版社

序　言

　　我国自 1999 年末进入人口老龄化社会，二十年来老年人口不断增加，预计到 2030 年老龄人口数量将接近 3 亿。随着社会经济的发展，人们生活水平的提高以及医疗科技水平的进步，老年人的养老需求也在发生改变。尤其是由于人口结构的变化、家庭规模的缩小，传统的家庭养老模式受到冲击，近些年来，在结合我国的特点以及借鉴国外经验的基础上，各地开展了诸多新型的养老模式。这些模式发展的如何，是否真正地满足了老年人的养老需求呢？为了进行验证，首先要找到老年人目前面临的养老困难有哪些，在这些困难中哪些又是最紧迫的，只有找到困难的根源，才能有的放矢，从而让老年人可以健康、有尊严、幸福地度过老后生活。党的十九大以来中国特色社会主义进入新时代，对养老服务体系的发展提出了新标准、新使命和新要求。目前，养老服务体系存在城乡发展不平衡，家庭、社区、机构养老发展失衡，供给和需求不匹配，人才不足，市场缺失，管理薄弱等问题。如何解决老年人的困境，满足他们的养老需求，帮助其度过一个高质量的老后生活不仅是一个家庭问题，而且也是一个社会问题。

　　青岛市于 1987 年步入人口老龄化社会，是继上海市之后全国第二个进入老龄化社会的城市，早于全国 12 年，早于山东省 7 年。早在 20 世纪 90 年代初期，青岛市就是全国养老保险制度和医疗保险制度的试点城市之一，进入 2000 年以后又于 2012 年在全国第一个建立了长期护理保险制度，2016 年成为首批国家级医养结合试点城市，青岛市的养老服务政策一直走在全国的前列。因此，以青岛市为例总结并分析老年人的养老现状，以及诸多养老模式的实施效果，并且根据研究结果提出具有前瞻性和可操作性的对策建议，将对解决广大老年人的养老困境起到一个借鉴的作用。本书把定性研究和定量研究相结合，使用青岛市老龄工作委员会办公室收集的60多万官方调研数据进行实证分析。全书分为上下两篇，共十三章。

上篇是前五章，主要介绍了人口老龄化及老年人的养老需求。在介绍了本书研究的背景、目的和意义之后，第一章总结了青岛市自1987年以来人口老龄化的发展进程，目前具有的特点：发展速度快、老龄化程度严重及高龄化特征明显、男女比例失衡、老年人口密度有明显的区域差异，以及失能程度高、空巢现象突出、两成多老年人仍然就业等。第二章从医学、心理学和社会学的角度出发分析老年人的老化进程以及对养老服务的需求，重点分析老年人的生理、心理和行为特征，并根据老年人在这些方面的特点从客观上判断他们将遭遇到的各种困难，以及社会应提供的相应的养老服务。第三章在对本书使用的大数据进行基本地解释说明之后，通过数据从老年人的主观角度分析他们的养老困境。发现疾病缠身是老年人面临的最大的困难，其次是生活贫困或精神孤独。空巢化是当下我国老龄化的一大特点，空巢指的是老年人独居或者与配偶居住的生活方式，他们的养老困境与非空巢老人是不尽相同的，尤其是独居老人的各项困难都要高于其他老年人。另外，在我国实施特殊生育政策的背景下还产生了失独老人，这在世界上是没有经验可以借鉴的。所以对于空巢老人和失独老人我们分别在第四章和第五章单独做讨论，通过分析这两类老人的特点，记录他们的养老现状，找出他们的养老困境并给出初步的对策建议。

下篇是后八章，主要包括典型养老模式的实证分析以及构建新时代养老服务体系的路径研究。第六章介绍了国外四种典型的养老模式以及国内的主要模式，通过国内外的对比分析找寻可以借鉴学习之处。老年人的居住方式会直接影响他们对养老模式的选择，所以第七章通过交互分析和Logistic回归分析研究了老年人的居住方式，以及影响他们做出选择的主要因素。发现传统的居住方式已经发生改变，八成的老年人选择不与子女居住。老年人的受教育程度、婚姻状况、子女数量、健康水平、自理情况、居家养老现状以及收入水平都对他们选择居住方式有显著的影响。有鉴于此，发展社区居家养老模式是顺应老年人居住意愿的一个最好的方法。所以在第八章里我们以社区居家养老服务为对象进行研究，发现目前青岛市的老年人仍然以传统的家庭养老为主，只有10%的老年人对新型社区居家养老服务有需求，而利用率则更低，与此同时该服务的供给也存在严重的不足。通过主成分分析发现老年人的人口特征、自理状况、子女对其的照顾程度，以及本人的价值观对选择社区居家养老服务需求的影响最大。社区居家养老模式是符合老年人居住意愿的方式，我们建议以产业化的方式助其发展，即以市场为主、政府为辅、民间力量为有益的补充。接下来又对第六章里介绍的另外两种养老模式——机构养老（第九章）和医养结合（第十章—第十二章）进行了探讨。前者主要从供需的角度出发，后者分别从医养结合养老模式的国内外发展现状、青岛市长期护理保险制度以及运用大数据对青岛市医养结合养老模式的需求量、老年人选择该种模式的影响因素入手进行了大量的定性及定量分析，得出老年人对医养结合的接受程度较低，但是年龄越大、子女人数越少，以及身体状况欠佳、缺乏照料的老年人对医养结合的需求意愿强烈的结论。我们给出了加强宣传、制定合理的收费标准、扩大覆盖范围、制定统一的评估标准、从城市推广到农村等一系列政策建议。尽管社区居家养老模式顺应了老年人的居住意愿并且可以同时解决其生理、心理及照护的困难，医养结合养老模式又是解决老年人疾病困扰最有效的方法，而机构养老是对其他养老模式的有益补充，但是我们发现这三种模式的需求、利用都不高，同时供给也存在不足。究其原因，与政府在各个方面始终处于主体的地位是分不开的，所以发挥市场的作用、发展民间的力量就显得非常必要。因此在本书的最后一章，把发展养老产业、助推为老服务作为了重点。在这一章里系统地介绍了养老产业的概念、类型、国外养老产业的发展阶段及模式、国内养老产业发展的现状及存在的问题，最后就青岛市养老产业发展面临的机会和挑战等进行SWOT分析，提出分别面向健康老人、半失能老人、失能老人的养老产业发展内容，以及设立综合型养老服务机构和养老金融等建议。

笔者几年来一直致力于老年人口的养老模式、医疗保障等方面的研究，本书是多年研究成果的一个整合。感谢青岛市老龄办提供的调研数据，因为基于官方数据的分析使得我们的研究成果更具有说服力。事业发展处的管锡琚处长、宗成伟科长在社区、养老机构调研工作中联系、协调；青岛大学经济学院刘颖、胡庆华、唐文静、孙悦、王恒同学在数据处理等工作中付出了辛勤劳动，在此一并表示衷心的感谢！最后还要感谢我的家人对我的工作长期以来的支持和帮助！

　　由于本人研究水平和能力有限，书中难免有疏漏和错误之处，恳请读者批评指正。

王梅欣

2019 年 9 月

目　录

导　言

　　根据《2018 年国民经济和社会发展统计公报》显示，截至 2018 年末我国总人口达到 139538 万人，其中 60 周岁及以上人口 24949 万人，占总人口的 17.9%，65 周岁及以上人口 16658 万人，占总人口的 11.9%。按照联合国世界卫生组织的标准，一个国家 60 岁及以上的老年人在总人口中占比超过 10%，或者 65 岁及以上人口的占比超过 7%，就认为这个国家进入人口老龄化。我国于 1999 年末进入人口老龄化，步入老龄化的二十年来，老年人口规模日益扩大、老龄化速度不断加快。

　　预计到 2030 年老龄人口数量将接近 3 亿。与此同时，80 岁以上的高龄老人日益增加、空巢化趋势日益明显，老年人在年龄增加的同时身体各项机能衰退，失能、半失能老人数量剧增。党的十九大以来，对养老服务体系的发展提出了新标准、新使命和新要求。目前，养老服务体系存在城乡发展不平衡，家庭、社区、机构养老发展失衡，供给和需求不匹配，人才不足，市场缺失，管理薄弱等问题。如何解决老年人的养老困境与需求，帮助他们度过高质量的老后生活不仅是一个家庭问题，而且也是一个社会问题。党的十九大报告明确提出"积极应对人口老龄化，构建养老、孝老、敬老政策体系和社会环境，推进医养结合，加快老龄事业和产业发展"，为中国老龄事业的发展引领了方向。

　　山东省作为中国第一老龄人口大省于 1994 年正式进入老龄化社会，而青岛市又早于山东省 7 年，早于全国 12 年，于 1987 年进入了老龄化社会。早在 20 世纪 90 年代初期，青岛市已经是全国养老保险制度和医疗保险制度的试点城市之一，进入 2000 年以后又于 2012 年在全国第一个建立了长期护理保险制度，2016 年成为首批国家级医养结合试点城市，青岛市的为老服务政策一直走在全国的前列。多年来青岛市通过不断转变养老服务观念，推进养老模式的社会化和多元化发展以满足老年人的养老需求。因此，以青岛市为例总结并分析老年人的养老现状，以及诸多养老模式的实施效果，并且根据研究结果提出具有前瞻性和可操作性的对策建议，将对解决广大老年人的养老困境起到一个示范作用。

上　篇

人口老龄化与养老需求

第一章　青岛市老龄化的总体进程及发展态势

第一节　青岛市人口老龄化发展进程及现状

一、青岛市人口老龄化发展进程

早在 1987 年青岛市 65 岁及以上人口占总人口的比例就已经达到了 7%，且该比重逐年上升，这说明青岛市在 32 年前就开始进入人口老龄化社会，比山东省早 7 年，比全国早 12 年。对比表 1－1 中青岛市第四、五、六次人口普查数据发现，65 岁及以上老年人口的比重增长迅速。第六次人口普查与第五次人口普查相比，老年人口比重上升了 0.91 个百分点，而第五次人口普查与第四次人口普查相比上升了 2.14 个百分点，老龄化发展进程非常快。

表 1－1　青岛市第四、五、六次人口普查年龄结构构成

年份	总人口（万人）	0—14 岁		15—64 岁		65 岁及以上	
		人数（万人）	比例（%）	人数（万人）	比例（%）	人数（万人）	比例（%）
1990	666.40	144.88	21.74	473.48	71.05	48.05	7.21
2000	749.42	128.75	17.18	550.6	73.47	70.07	9.35
2010	871.51	117.17	13.44	664.95	76.3	89.39	10.26

数据来源：青岛市统计局。

根据青岛市 2002—2018 年 60 岁及以上户籍老年人口占全市总人口的比重（见表 1－2），绘制出了历年老年人口比重变化折线图（见图 1－1）。由折线图可以看出，虽然在个别年份青岛市老龄人口比重有所下降，但总体上是随

时间推移而上升的，老龄化程度日趋严重。

表1-2　2002—2018年青岛市60岁及以上户籍人口及占比

年份	60岁及以上老年人口数目（万人）	比重（%）
2002	105.22	14.81
2003	106.99	14.95
2004	110.24	15.32
2005	115.16	15.75
2006	115.51	15.59
2007	119.32	15.93
2008	122.89	16.22
2009	126.75	16.65
2010	131.81	17.29
2011	126.96	16.63
2012	132.67	17.31
2013	138.78	18.03
2014	146.2	18.9
2015	153.0	19.6
2016	168.5	21.3
2017	176.0	21.9
2018	183.5	22.0

数据来源：青岛市民政局。

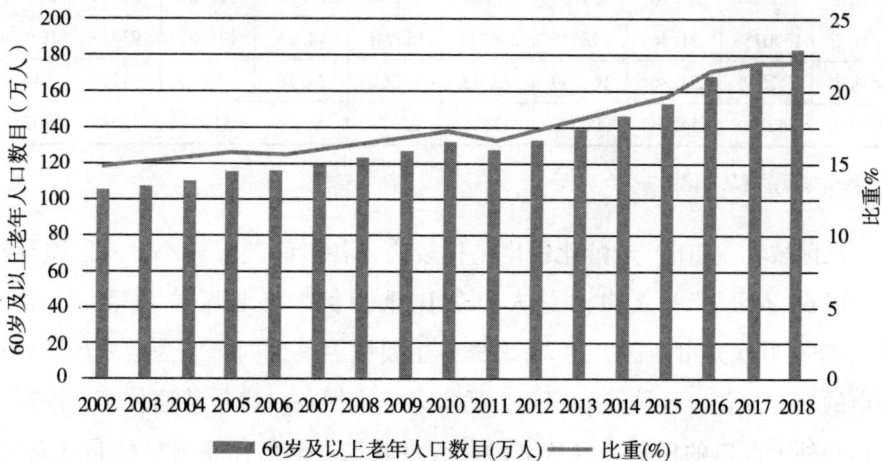

图1-1　2002—2018年青岛市户籍老年人口变化折线图

数据来源：青岛市民政局。

二、青岛市人口老龄化现状

截至 2016 年底，青岛市户籍人口 7914644 人。其中，60 岁及以上户籍老年人口共计 1684687 人，占总人口数的 21.29%；65 岁及以上户籍老年人口共计 1096890 人，占总人口数的 13.86%。老年人口总数和比重均超出全国的平均水平（详见表 1-3）。

表 1-3   2016 年青岛市户籍老年人口情况

区域	户籍人口总数	60 岁及以上人口				65 岁及以上人口			
		比例	总人数	男性	女性	比例	总人数	男性	女性
青岛市	7914644	21.29	1684687	807966	876721	13.86	1096890	517204	579686
市南区	543363	23.57	128066	60332	67734	15.36	83437	38604	44833
市北区	880656	25.32	222993	105414	117579	16	140908	64681	76227
李沧区	354411	20.54	72789	33988	38801	13.2	46794	21195	25599
黄岛区	865642	21.36	184908	91089	93839	13.94	120630	58317	62313
崂山区	287222	18.25	52431	24190	28241	11.47	32933	15036	17897
城阳区	509496	19.67	100242	44268	55974	12.82	65302	28494	36808
即墨市	1158701	21.1	244498	119082	125416	13.85	160502	78157	82345
胶州市	839250	20.16	169184	81938	87246	13.15	110363	52642	57721
平度市	1390758	21.46	298525	144779	153746	14.26	198287	93233	105054
莱西市	742566	21.86	162359	79292	83067	14.26	105911	51266	54648
开发区	342579	14.21	48892	23614	25078	9.29	31823	15582	16241

数据来源：青岛市老龄办。

从区域看，四市①老龄化程度整体较高，各市间差异较小，六区差异较大。以 60 岁及以上人口占总人口的比重为例，市北区位列第一，高达 25.32%；其次是市南区，达 23.57%。主要原因是这两个区为老城区，处于城市的核心位置，区域优势明显，适宜老年人居住，房价普遍较高，限制了本市和外来人口的定居，导致老龄化程度较高。老龄化率最低的是开发区，只有 14.21%，主要原因是该区位于市郊接合部，吸纳了较多的本市转移人口

---

① 四市指即墨市、胶州市、平度市和莱西市。其中，青岛市于 2017 年 10 月 30 日撤销县级即墨市，设立青岛市即墨区。

和外来人口，而流动人口多为年轻人，拉低了其老龄化水平。四市间老龄化水平差异较小，高低相差 1.7 个百分点，莱西市最高 21.86%，胶州市最低 20.16%。

第二节 青岛市人口老龄化特点

一、进入老龄化时间早，发展速度快

青岛是较早进入老龄化的城市，在 1987 年时就已进入老龄化阶段，在大中型城市中仅次于上海。2001 年底至 2016 年底，青岛市总人口数由 710.49 万增长至 791.46 万，15 年间总共增长了约 80.97 万，增长率为 11.4%，年平均增长率为 0.76%。而 60 岁及以上老年人口则由 105.22 万增长到 168.47 万，实际增长了 63.25 万，增长率为 60.11%，年平均增长 4%。由此可以看出，青岛市 60 岁及以上老年人口的增长速度远超全市总人口的增长速度，15 年间新增的人口中有 3/4 是老年人。老年人口的发展速度极快。

根据青岛市统计局的预测，老年人口还会持续增长并且呈现加速的趋势。表 1-4 给出了 2025—2050 年青岛市的人口预测结果，2025 年 65 岁及以上人口将超过 14%，以后每五年以 1 个百分点或者超出 1 个百分点的比例增加，到 2050 年青岛市 65 岁及以上的老年人口将达到总人口的 19.8%。届时，青岛市的总人口超过 1000 万，每五人中将有一位老年人，老年人口数将超过 200 万，再加上 7.95% 的 14 岁及以下的年少人口，几乎三个成年人赡养一位老人且抚养一个儿童。老龄化的快速发展对为老服务提出了严峻的挑战。

表 1-4 青岛市 2025—2050 年人口预测

类别	2025 年	2030 年	2035 年	2040 年	2045 年	2050 年
全市总人口（万人）	8.5559	8.8779	9.2101	9.5558	9.9144	10.2865
0—14 岁人口比重（%）	10.17	9.68	9.22	8.78	8.35	7.95
15—65 岁人口比重（%）	64.43	62.69	61.20	59.64	58.12	56.65
65 岁以上人口比重（%）	14.20	15.18	16.22	17.34	18.53	19.80

数据来源：青岛市统计局。

二、老龄化程度严重，高龄化特征明显

由第六次人口普查数据发现，青岛市的五项老龄化指标均显著高于国际标准，已经成为老龄化程度较为严重的城市，青岛市目前的人口类型为老年型（见表1-5），未来数年青岛市老龄人口将持续增长，老龄化水平不断攀升。据青岛市老龄委预测，人口老龄化高峰将于2035年出现，届时老龄化水平将达到35.05%，比全国提前约18年。

表1-5　青岛市人口类型判断表

类型　　　　指标	0—14岁（%）	老年人口比重（%）		老少比	年龄中位数
		≥60岁	≥65岁		
老年型标准	<30	>10	>7	>30	>30
青岛市数值	13.44	14.75	10.26	76.29	40

数据来源：青岛市2010年第六次人口普查数据。

青岛市60岁及以上的老年人口中，高龄人数较多，"高龄化"特征明显。2016年底青岛市60岁及以上老人数量为168.4687万，其中80岁及以上的高龄老人有26.0346万人，占全市总人口的3.29%，占60岁及以上老年人的15.45%，占65岁及以上人口的23.73%。2015年青岛市1%人口抽样调查数据显示，2015年末全市80岁及以上人口为24.79万人，占65岁及以上老年人口数目的22.66%。2016年与之相比，短短一年间80岁及以上的老人就增长了大约1.24万人，占65岁及以上老年人口的比重也增长了1个百分点。由此表明，在人口老龄化逐渐加重的同时，青岛市"高龄化"特征更趋明显。

三、老年人口男女比例失衡

由于女性的平均预期寿命通常要高于男性，所以老年人口中女性所占比重大于男性。从表1-3可以看出，各区市男性老年人口明显低于女性，60岁及以上的老年人口中女性约为87.7万人，而男性约为80.8万人，男女性别比（以女性为100）为92.16。女性老年人口所占的比重为52%，男性占比为48%。并且根据往年数据的分析，青岛市男女性别比的现状已经维持了多年。

80 岁及以上的高龄老人有 26.0346 万人，其中男性老年人口总数为 10.6034 万，女性老年人有 15.4312 万，男女的性别比为 68.71。2018 年，青岛市的百岁老人达到了 1046 人，其中，男性 216 人，女性 830 人，远高于国际公认的"健康长寿城市"标准。年龄最大的是平度市白沙河街道巡寨村的刘珍花，她是 1904 年生人，到 2018 年已经 114 岁了。可见，不管是处于哪一年龄段的老年人，女性数目均高于男性，老年人口男女比例悬殊，并且老年人年龄越大，男女性别比越低。

四、老年人口密度有明显的区域差异

受老年人口数量及行政区面积的影响，老龄人口密度空间分布差异明显，市南区老年人口密度最高，约 3533 人/平方公里；市北区位居第二，约 2960 人/平方公里；其他区市呈断崖式下降，李沧区和城阳区分别是 616 人/平方公里和 183 人/平方公里，剩余的区市每平方公里的老年人口数都在 100 人左右，平度市最低，只有 85 人（详见表 1-6）。

表 1-6　青岛市老年人口密度分布

单位：人/平方公里

区域	市南区	市北区	李沧区	崂山区	黄岛区	城阳区	即墨市	胶州市	平度市	莱西市
老年人口密度	3533	2960	616	114	110	183	121	112	85	98

数据来源：青岛市老龄办。

市南区和市北区是典型的老城区，原本就地少人多，如何在有限的区域里规划好养老服务设施，为大多数老年人提供良好的养老服务就显得尤为重要。

五、三成老人单身，一成多单身老人独居

随着经济社会的发展和生活观念的不断转变，老人与子女多分开居住。2016 年末青岛市 60 岁及以上单身老年人口占老年人口总数的比重为 32.56%，单身且单独居住的老年人口占老年人口总数的比重为 11.8%。仅与配偶居住的 60 岁及以上的老年人口占老年人口总数的 37.21%。可见，青岛市 60 岁及

以上的老年人口中，有三成为单身老人，在单身老人中又有三分之一为独居老人，而这部分老年人需要社会和家庭给予更多的关怀与慰藉。

六、失能程度高，空巢现象突出

据青岛市老龄办的数据显示，截至 2013 年底，青岛市失能和半失能老人增长了约 5 万人，达到了 26 万，失能程度比较高。其中大部分老人选择传统的家庭养老模式，看病就诊极不方便。

截至 2017 年底，全市 60 岁及以上户籍老年人口接近 176 万，占总人口的 21.9%；空巢老人数超过 110 万人，约占老年人口数的 66%，占老年人家庭的半数以上。"十三五"期间，青岛市的人口老龄化程度将进一步加深，空巢老人数量将进一步扩大。伴随着高龄、失能失智、空巢老人数量增加，老年人的精神及心理健康状况也日益受到关注和重视。在农村地区，由于经济不发达，外出务工的青年人非常多，空巢老人一直是一个严重的问题。因此，解决众多城乡空巢老人的养老问题迫在眉睫。

七、两成多老年人口仍然就业，主要从事一产

随着人们生活水平的提高，以及医疗保健水平的不断发展，促使大多数老年人，尤其是低龄老人身体状况依然较好。特别是农村老年人为了取得更多的收入，仍然从事一定的生产活动。青岛市统计局的数据表明，2016 年末，青岛市 60 岁及以上的老年人仍进行生产活动的占比为 22.73%。从行业分布看，从事一产的占 79.58%，二产的占 6.94%，三产的占 13.48%。从职业分布看，农、林、牧、渔、水利生产人员占比最高，达 77.96%；其次为商业、服务业人员，占比 5.96%；第三为生产、运输设备操作人员及有关人员，占比为 3.02%。

第二章　老年人的生理、心理、行为特征及对养老服务的要求

为了对老年人的养老服务需求进行研究，必须先了解服务的主体对象老年人这一特殊群体。人到老年，身体器官机能逐渐下降，进而引发多种疾病，生理的退化加之脱离社会等原因，进一步地会给老年人带来心理和行为模式的改变，这些变化都对养老服务的提供提出了要求。

第一节　老年人的老化进程及对养老服务的需求

老化是一种衰退期的状态，指从人的生长发育、成熟到衰退的整个过程中最后一个阶段所表现出的一系列生理、心理功能和形态学方面的退行性变化。进入老龄阶段以后，老年人的生理变化是一个最初与之前没有差别、能够完全自理，到生理机能逐步衰退需要借助他人的帮助，乃至最终需要他人护理的一个过程。通常按照年龄或身体状况两个标准对老年人的老化阶段进行划分。

一、按年龄划分

国际上根据老年人的生理与行为特征普遍将老年人分为四个年龄阶段，每个年龄段的生理状态和身体机能归纳于表2-1。根据每个年龄阶段的特点，我们把60—64岁和65—74岁两个阶段合并成为一组，因为这两个年龄阶段的老年人身体状况良好，基本可以实现自我照顾。以下将把老年人分为三个年龄段做进一步分析。

表 2 - 1　不同年龄段老年人的生理、身体机能状况

年龄	生理状态	身体机能
60—64 岁	健康活跃期	健康状况良好
65—74 岁	自立自理期	适应能力减弱，动作迟缓
75—84 岁	行动缓慢期	水平移动良好，垂直移动困难
85 岁及以上	照顾护理期	水平移动迟缓，借助工具行动

第一阶段：60—74 岁的年轻老年人。这个阶段的老年人刚刚脱离工作岗位，身体机能虽然开始逐渐衰退，但是却并不会影响他们的生活和工作。反观在心理上，由于退休使得日常活动范围缩小，与社会接触变少，难免会出现心理落差，仅靠儿女的慰藉是不够的，他们需要与同龄人的沟通、交际与互助，甚至还有为社会发挥余热的需求，以弥补由于退休后工作、生活的转型对身心带来的不适应。

所以这个年龄段的老人，更需要的是丰富他们的文化与精神方面的内涵，在养老服务的供给方面应偏重于增加文体活动、老年人社团、老年旅游、老年人志愿者活动等。这就需要政府和社会共同发挥作用。

第二阶段：75—84 岁的老年人。身体机能继续衰退，运动反应缓慢，感知能力和分辨能力也下降得很快，听力逐渐衰退，短时记忆能力下降较快，尤其对无关联无意义事务的机械记忆更是如此。他们比起第一阶段的老人活动范围有了明显缩小，大多是集中在自己生活的社区周围，活动内容也减少很多，主要以养为主。

从这个年龄段开始老年人需要医疗护理或生活帮助的概率增大，同时由于行动能力的衰退，此年龄段的老人开始与社会脱节，所以也需要对他们的心理做抚慰。因为老年人更愿意生活在自己熟悉的环境中，所以此时社区应发挥主要的作用，依靠社区建立起来的为老服务就显得尤为重要。

第三阶段：85 岁及以上的长寿老人。这个年龄段的老人身体机能衰退很快，无论是听力、视力还是其他方面的感知力都很差，老年人以在家养护为主，外出活动为辅。他们需要持续性的医疗护理和生活照料，当家人无法完全提供时，就需要社区为老服务或者专门的养老机构来补充，同时对医疗养老设施的要求较高。

除此之外，世界卫生组织对老年人划分的通用标准也是年龄，分别是

60—73 岁，74—89 岁和 90 岁及以上三个阶段。分别代表了老年人的活跃期、护理介入期和持续性护理介入期。不管是按照哪个标准划分，我们都可以看到老年人的养老服务需求在不同的年龄阶段是大不相同的，所以养老服务的提供不能一视同仁、千篇一律，而是针对不同阶段的老人做分类服务。并且服务的主体也各不相同，政府、社区和养老机构应各司其职，承担起相应的服务工作。

二、按身体状况划分

步入老年后，人们虽然在生理上趋向衰退、心理上变得脆弱，但是这一规律对每个年龄阶段的老人而言并不具有统一性和普遍性。由于个体的差异、生活环境的不同，再加上风险各异，使得不同年龄阶段的老人有反常规的状态。如有的低龄老人有多种疾病长期需要他人照顾，或者有的高龄老人身体依然健硕，生活完全可以自理。所以按身体状况对老年人进行划分应该更加有助于政府、社区和机构有的放矢地提供养老服务。以下按照自理、部分不能自理、大部分不能自理和完全不能自理将老年人划分为四类。

第一类：自理老人。居家生活、外出行动完全可以自理，不需要借助任何外力的帮助，他们不管是在身体上还是在精神上都与非老年人无太大差异。大部分低龄老人属于该种类型，小部分高龄老人也归属此类。政府和社区应为他们创造外出活动（如老年活动中心、老年大学）、人际交往（如文体社团）等融入社会的机会。

第二类：部分不能自理老人。生活行为具有一定的障碍和困难，他们的年龄不一定很大，有可能是因为疾病或者偶然的事故造成从能自理转向部分不能自理的状态。这部分老人的生活重心在室内，但是必要时完全可以参加外出活动。

第三类：大部分不能自理老人。比起上一类老年人，他们的障碍和困难更多，需要经常借助外力的帮助才能生活，鲜少参加外出活动。

第四类：完全不能自理老人。生活完全不能自理，任何事情都需要依靠他人的帮助或护理才能完成，这部分老人的生活范围完全在室内，几乎不能外出参与社会活动。

参照国际衡量老年人生活自理能力的指标，我们把老年人的护理内容分为进食、翻身、大小便、穿衣、洗漱和自我移动。如果老年人这五项均需要护理的，则划归为完全不能自理；五项中的三项需要护理的，为大部分不能自理；五项中有一项需要护理的，为部分不能自理。显然大多数老年人都会从完全自理转向部分不能自理、大部分不能自理或完全不能自理，随着自理能力的下降，对养老服务的需求，在内容上会越来越多，在技术要求上也会越来越专业。

第二节　老年人的生理特征及养老服务需求

一、老年人的生理特征

老年人的生理特征主要是指生理衰老特征，这决定了老年人对养老服务的生理方面的需求。老化是一种渐进的过程，按组织形态和生理功能的变化，人的一生分为四个阶段，0 到 20 岁是发育期，20—40 岁是成熟期，40—60 岁是渐衰期，60 岁以上是衰老期。生理衰老是指人体达到成熟期后，随年龄的自然增长生理机能和形态表现出一系列的退行性变化，对内外环境的适应能力也随之减退，直至生命活动终止。具体表现如下：

（一）体形外表的变化。头发胡须变白且开始稀疏脱落；皮肤弹性减少，皱纹增加，皮下脂肪减少，年纪越大越怕冷；牙龈萎缩，牙齿开始脱落；关节韧带开始老化松弛；因腰椎间盘萎缩性变化开始驼背，身高降低。

（二）骨骼变异。骨骼疏松，骨皮质变薄，全身肌力减弱，关节活动不灵活，骨髓脆弱，身体不容易保持平衡，在行动的时候协调能力变差，对危险环境和突然出现的情况不容易做判断并进行躲避，比较容易出现碰到、摔倒等意外情况，骨折的概率会大幅度提升，后期恢复缓慢。

（三）脑细胞萎缩。到 60 岁以后，脑细胞代谢产生的废物增多，也就是褐色素含量可占细胞内一半的空间，大大影响了脑细胞的正常功能，可能出现记忆力减退、反应迟缓、注意力不集中、动作协调性差、睡眠时间缩短、易疲劳。

（四）器官萎缩。衰老变化的根本原因是细胞和细胞间质的老化，各器官的实质细胞数减少，结缔组织中的纤维素成分增多，结果器官萎缩加重，尤其骨骼肌、肝脾等的萎缩程度最明显。据统计，70 岁老人的脑、肺、肾、肌肉的细胞相当于人发育旺盛时期的 60% 左右，肝脏和淋巴的重量只有中年人的一半。

（五）血管硬化。随着年龄的增加，心血管系统也会出现各种变化，尤其是动脉硬化逐渐加重，影响较大的是心脏的冠状血管、脑血管、肾血管。由于动脉硬化，血管弹性降低，再加上心脏的收缩力减弱，血液搏出量减少，致使器官组织的血液量减少，氧气供应减少从而导致心肌供血不足，出现心绞痛、心率不齐等疾病，而伴随着血压的升高，如果遇到局部脑血管功能失调，可能出现暂时性脑缺血或严重的如脑血栓、脑溢血等脑血管疾病。

（六）内分泌功能和新陈代谢功能下降。随着年纪的增大，内分泌功能和新陈代谢功能下降，导致老年人的抵抗能力较差，对外伤、感染、手术等刺激的反应能力降低，容易得糖尿病、甲状腺功能低下等疾病。

（七）消化功能变差。老年人容易出现消化不良、便秘等毛病，这主要是人们随着年纪的增长，会出现肠胃功能减弱，消化道黏膜萎缩，各种消化酶的分泌减少，60 岁以上老人有三分之一胃酸偏低或无酸，这些都导致消化功能明显减弱。

（八）免疫功能减弱。人体产生抗体的淋巴细胞（B 细胞）在老年期活性下降，使血液中的抗体减少，从而导致免疫功能减弱。

（九）呼吸功能降低。人的肺活量一般从 35 岁起就开始下降，到 80 岁时约下降 25%，同时动脉中血氧含量降低，肺及气管组织弹性减弱，使呼吸功能减退。

（十）感觉功能减退。视觉、听觉、嗅觉、味觉等功能的减退，此外还有痛觉、冷热觉、关节位置觉、震动觉都有不同程度的减退。

如上所述，老年人各项生理功能的衰退使得身体体质下降，生病的概率增大，尤其是各种老年慢性病。而且因为一些器官功能的衰退，极易产生骨折等因意外导致的伤痛。这些都会影响老年人的生活质量。

二、基于老年人生理特征的养老服务需求分析

生理机能的衰退使得带病老年人增加，身体健康是老年人最主要的追求。

为提高老年人的健康水平，最好的方法就是把预防、治疗、康复三者有机结合起来。预防可以让大病变小病，把小病扼杀在摇篮里，于私可以帮助老年人降低疾病发生率，减少他们的医疗费用支出，于公预防可以节约公共卫生资源，把钱用到更需要的人身上。关于治疗，很多综合性医院正在承担这项工作，但是由于老年人年老体弱、身体条件不佳，如果去服务于各种病人的综合性医院看病，从挂号、排队，再到检查、治疗对他们而言也是一个不小的负担。所以可以建立专门的老年病医院，服务对象仅限于老年人，从安全性、便利性等角度出发设计医院的设施，为老年人提供便捷、专业的医疗服务。至于康复，这也是现在我们的一个短板，一直以来由于专业机构匮乏，由家人照顾或者长期住院是人们通常的选择。前者一般由不具有专业知识的家庭成员来护理，但是由于缺乏技术支持很难达到良好的效果，而后者的医院其主要功能是治疗不是康复，所以长期住院对老年人的康复帮助不大，反而还会因为占用了床位导致其他真正需要治疗的病人无法住院。当下，长期护理保险制度的设立、医养结合养老模式的推行都会给康复服务带来有力的补充。

第三节　老年人的心理特征及养老服务需求

一、老年人的心理特征

许多老年人退休和丧偶后遇到的普遍问题是角色退出，老人在社会、家庭中的角色变化直接影响到老人的自我感觉和行为。从老年心理学的角度分析，随着时间的推移，由于生理机能和大脑功能的老化以及社会角色的改变，老年人在心理方面会产生不同于以往的特征，他们的心理感受如孤独感、急躁、抑郁等也随之增加。

（一）孤独感。老年人退休后，生活中出现了很多空白点，这时子女已经独立生活，由于工作的忙碌，无法时时陪伴关心老人，看到子女和周围的人整天忙碌，而自己却无所事事，生活的圈子越来越小，老人会产生空虚、孤单、被冷落、被遗弃的感觉，这些心理状态反过来又影响了老人的身心健康。

不同社会层次的老人对孤独感有不同的体验，活动型和知识型老人由于与社会有较多的接触，所以孤独感相对较少，而闲居型老人由于生活没有目标且很少参加社会活动而孤独感较强。

（二）自卑感。自卑感是指感到自己不如他人的一种心理体验。由于跟社会脱节，而现代社会的发展又日新月异，老年人很容易产生自卑的情绪，老年人的自卑感主要是老年人感到社会地位、身体状况、经济收入不如他人，有今不如昔的感觉。

（三）失落感。主要指老年人产生被冷落、被遗弃的感觉。这种心理压力主要来自职业生涯的终结和从抚养他人转变为被人赡养，尤其是原来社会地位较高的老年人一旦从工作岗位上退下来，失去了原来建立的人际关系和活动范围，他的失落感一般比普通干部、工人要强烈得多。

（四）抑郁感。老年人因心情抑郁而失眠的情况较为普遍，差不多有半数以上的老人都有失眠现象出现，老年人抑郁感主要表现为不愉快、伤感、焦虑不安等。

二、基于老年人心理特征的养老服务需求分析

以上的这些心理变化会给老年人的精神造成打击，比起生理的病痛，心理疾病有时更不易察觉，甚至其对老年人的危害不低于生理疾病。这就需要我们防患于未然，加强工作。

首先，安全是最基本的需求。老年人由于临近暮年而变得脆弱，且年纪越大，越有生的欲望。求生的本能和渴望长寿的愿望，促使老年人容易相信他人的鼓吹，从而上当受骗。其次，归属需求。指老年人对融合于群体和社会的一种需求，在群体和社会中占有一席之地的心理感受。老年人这种归属需求主要表现为希望他人接纳自己，同时也希望自己属于社会某个群体和组织，并参与活动，希望得到他人的尊重和认同。老年人退休、丧失自理能力等都会使其归属感降低，为老年人提供社会保障，创造良好的生活环境，不仅在于向他们提供具体的物质帮助，更深层的应是使他们增强或重新获得归属感。再次，交往需求。渴望与社会交往是老年人非常重要的需求。老年人从工作岗位上退下来，但仍然想成为社会成员，许多老年人聚在一起，打牌下棋、遛鸟赶早市、晒太阳喝茶聊天。尤其是邻里交往互助一直是我国传统

的值得珍视的社会精神文明，亲密的邻里关系和互助活动的形成，有利于增进老年人生活的充实感和安全感。最后，还有私密需求。心理学研究表明，行为个体在选定自己所用的空间领域之后，必定力求维护这个范围，如果这个范围遭到侵犯，就会在感情上、行动上表现出反感。同样，老年人也有私密性的要求，如果老年人的私密性受到侵犯，会出现焦虑不安的情绪。

由以上可见，老年人的生活质量不仅表现在物质上，更表现在精神上。在调查中我们得知老年人最大的愿望就是能够得到感情上的安慰，尤其是得到儿女们的体贴和关怀。所以，弘扬中华民族养老、敬老、助老的传统美德在当前仍有现实意义。同时，作为政府和社会可以通过各种为老服务充实老年人的精神生活，以弥补家庭慰藉的不足。

第四节　老年人的行为特征及养老服务需求

老年人有自己的活动规律，这些规律是基于老年人的主观需要和长期习惯形成的，并且随着社会经济的发展和生活水平的提高有所改变。

一、老年人的行为特征

老年人的行为特征研究主要包括老年人活动的时间特征、空间特征、社会特征三个方面。

（一）时间特征。老年人日常活动的时间特征主要是闲暇时间多，城市老年人因为离退休没有了工作，文体活动时间大大增加，这说明了文化娱乐、体育锻炼和社会交流对老年人的重要性。不同的气候、地理条件下，老年人的活动时间安排也有差异，即使在同一季节的不同日子、平时与节假日、上下午之间，也不完全相同。我国老年人每日外出时间多在清晨6—7时，上午9—11时，下午2—5时。老年人的闲暇时间主要是进行一些静态的活动。

（二）空间特征。职业生活的退出使老年人的生活空间结构发生了明显变化，在家中度过的时间大大多于在职的时候，活动空间也出现不断缩小的倾向，且活动频率与活动空间呈相反关系，即活动空间越小，活动频率越高；活动空间越大，活动频率越低。老年人的日常活动是以家庭为核心呈放射状分布，它因需求而起，并具有层次性。在家庭附近社区的行为活动多，而在社区以外的行为活动较少，这是由老年人特有的生理、心理所决定的。所以，按行动频率由高到低排序是家庭、社区、区域、市域。

（三）社会特征。老年人退休后更多和家人在一起，与家庭成员的关系是决定老年人精神状态的首要因素。如今的城市中邻里交往较少，对随年龄增长而活动范围逐渐缩小的老年人极为不利。老年人的社会交往需求主要包括两个方面的内容：一是老年人需要他人对自己的实际帮助，二是老年人需要与他人交流思想感情，从中得到慰藉。对老年人而言，聊天是一种主要的交往方式。

根据老年人活动的社会特征与活动的领域，可划分为三个相互独立、同时又相互补充的形式。即个体形式、成组形式、群体形式，分别对应了老年人独自活动，小范围交友活动，以及由多个老年成组构成的复合式活动。

二、基于老年人行为特征的养老服务需求分析

根据老年人以上的行为特征，首先，满足他们居家活动的需求，对住宅进行适老化改造，例如安装扶手、设置防撞保护装置、解决地面高低差异、如厕洗浴危险等，以增加老年人居住的安全性和便利性，为居家养老创造条件；其次，增加老年人活动场所，尤其在老年人居住地附近的活动场所是最为迫切的需求，除了室外活动场地外还应配有市内娱乐场所。因为在公共场所与他人交流活动既有利于身体健康，也会促进心理健康；再次，成立各种老年人社团，开展多种多样的适老文体活动，也是丰富老年人生活的一个方法。老年人退休后离开原有的工作单位，归属感下降，如果能有社区、居委会、老龄委等组织牵头成立一些活动社团，将会极大地增加老年人的活动范围。以上的这些需求有的可以依靠社会力量，政府给予适当的补助，如家庭改造；也有的可以以政府的投入为主，社会力量给予一定的补充，如老年人社团、老年大学等。

第三章　老年人面临的养老困境

第一节　数据说明

一、调研数据的说明

本书使用青岛市老龄办实施的《青岛市老年人口信息登记表》（以下简称《登记表》）中的调研数据进行实证分析。该调研于 2013 年起在青岛市的各区市陆续展开，目前共收集了 5 个区 2 个县级市的 60 余万个样本①。其中，市南区、市北区、李沧区调研于 2013 年，崂山区和胶州市调研于 2014年，平度市于 2015 年、城阳区于 2016 年完成调研。经过前期的数据整理，在剔除了一些异常值之后，样本量共有 621538 个，约占青岛市老年人口的 60%。

由表 3－1 可知，平度市的样本最多，占到总样本的 32.16%；其次是市北区，占到总样本的 25.13%；再次是胶州市，占总样本的 16.75%；剩余的各区域按样本量由多到少排序，依次是市南区（8.77%）、崂山区（7.25%）、李沧区（5.3%）和城阳区（4.63%）。与 2016 年青岛市的宏观数据相比，城阳区和市南区的样本量略少，崂山区的样本量略多。

---

① 在实施《登记表》的调研时，青岛市下辖 6 个市辖区（市南、市北、李沧、崂山、黄岛、城阳），代管四个县级市（即墨、胶州、平度、莱西）。该调研始于 2013 年，结束于 2016 年，未能对六区四市做全部调查。

表 3 - 1 调研样本量与宏观数据的对比

单位：人/%

区 域	老年人口（调研样本）	老年人口比率（调研样本）	老年人口（宏观数据）	老年人口比率（宏观数据）
市南区	54，478	8.77	128066	12.26
市北区	156，202	25.13	222993	21.35
李沧区	32，970	5.3	72789	6.97
崂山区	45，076	7.25	52431	5.02
胶州市	104，093	16.75	169184	16.2
平度市	199，914	32.16	298525	28.59
城阳区	28，805	4.63	100242	9.6
总计	621，538	100	1044230	100

我们把样本分为城市和农村，其中市内四区的市南区、市北区、李沧区和崂山区作为城市样本，胶州市、平度市和城阳区①作为农村样本。划分后的结果与青岛市宏观数据的分布基本一致，2016 年青岛市的宏观数据中，城市的老年人口占 45.6%，农村的占 54.4%。《登记表》中市区样本占 46.5%，农村样本占 53.5%。所以《登记表》数据的分析结果基本可以代表青岛市老年人口的特征。

二、调研对象和内容

青岛市老龄办统一设计调查问卷，协同各区市的老龄办发动全市老龄工作人员、乡镇街道工作人员、各村（居）工作人员、志愿者及放假回家大学生，开展城乡老年人生活状况调查工作。调查以本市户籍的城镇及农村所有 60 岁及以上人口为对象，针对老年人的居住状况、健康状况、经济状况、社会保障状况、生活照料和养老需求状况等 35 项问题进行调查，全面了解青岛市老年人基本生活情况和老年人养老需求状况，了解涉及老年人切身利益的难点热点问题。

---

① 市南区、市北区和李沧区属于老城区，皆为城市户口；崂山区有少部分农业户口；胶州市、平度市和城阳区有少部分城镇户口。为了简便起见，我们以该区域人口的主要户籍作为划分的标准。

三、数据处理和变量说明

数据按照编号输入计算机，用 Excel 软件进行汇总，用 Stata 软件进行统计处理和计量分析。对于出现的异常值分情况采用剔除或按组内平均值的方法进行处理。35 项问题里有单项选择题和多项选择题，具体的变量及其描述性统计的结果如表 3 - 2 所示。

表 3 - 2　变量的描述性统计

变量名称	样本量	均值	标准差	最小值	最大值
区域	621538	4.13	1.92	1	7
年龄	621532	70.54	8.41	60	114
性别（男 =1）	621537	0.46	0.50	0	1
民族（汉族 =1）	621229	0.9971	0.05	0	1
政治面貌	614098	1.18	0.45	1	4
宗教信仰	616400	1.00	0.34	0	7
文化程度	612319	1.51	1.38	0	9
技术职称	594316	0.15	0.57	0	3
专业技术职称类别	595476	0.37	1.38	0	7
婚姻状况	614839	1.77	1.34	1	7
居住状况	605099	2.10	0.84	1	6
住房情况	604379	1.19	0.80	1	7
子女情况	602847	2.48	1.27	0	7
与最近子女的距离	597318	1.89	1.29	1	7
健康状况	596715				
健康	596715	0.67	0.47	0	1
患有一种疾病	596715	0.17	0.37	0	1
患有两种疾病	568118	0.08	0.28	0	1
患有三种及以上疾病	596715	0.04	0.20	0	1
患有大病（有证）	568118	0.06	0.23	0	1
自理情况	598330	1.13	0.47	1	5
每月固定收入水平	611052	1237.00	1343.64	0	14000
收入来源	605463				
无	605462	0.01	0.12	0	1
企业职工离退休金	605463	0.18	0.38	0	1

续表

变量名称	样本量	均值	标准差	最小值	最大值
机关单位离退休金	605463	0.02	0.15	0	1
事业单位离退休金	605463	0.26	0.44	0	1
部队人员离退休金	605463	0.03	0.16	0	1
城乡居民养老保险金	605463	0.22	0.41	0	1
新型农村社会养老保险金	605463	0.29	0.45	0	1
失地农民养老保险金	605463	0.02	0.13	0	1
商业养老保险金	605463	0.00	0.06	0	1
各种补贴	605463	0.15	0.36	0	1
基本医疗保险	602938	2.21	1.11	0	8
特殊情况	588033				
无	588033	0.91	0.28	0	1
离休人员	588033	0.03	0.16	0	1
残疾人员	588033	0.01	0.11	0	1
低保人员	588033	0.01	0.10	0	1
三无老人	588033	0.00	0.03	0	1
城镇三老优抚对象	588033	0.00	0.06	0	1
五保老人	588033	0.00	0.04	0	1
其他	588033	0.03	0.18	0	1
公共医疗卫生服务	596997				
无	596997	0.37	0.48	0	1
享受老年人体检补助	596997	0.09	0.29	0	1
公共医疗机构每年免费体检	596997	0.39	0.49	0	1
门诊大病	596997	0.05	0.22	0	1
健康档案	596997	0.37	0.48	0	1
居民长期医疗护理服务	596997	0.00	0.07	0	1
家庭病床	596997	0.01	0.08	0	1
其他	596997	0.06	0.24	0	1
持优待卡证情况	593601				
无	593601	0.52	0.50	0	1
老年人优待证	593601	0.40	0.49	0	1
老年人乘车卡	593601	0.28	0.45	0	1
离休证	593601	0.02	0.14	0	1
残疾证	593601	0.01	0.11	0	1

续表

变量名称	样本量	均值	标准差	最小值	最大值
其他	593601	0.01	0.12	0	1
居家养老现状	601257				
自我照料	601255	0.88	0.33	0	1
配偶照料	601255	0.28	0.45	0	1
子女照料	601255	0.26	0.44	0	1
亲戚照料	601255	0.00	0.07	0	1
政府购买上门居家养老服务	601255	0.00	0.06	0	1
自费住家保姆服务	601255	0.00	0.06	0	1
自费钟点工服务	601255	0.00	0.05	0	1
志愿者服务	601257	0.00	0.05	0	1
其他	601255	0.01	0.08	0	1
愿意自费居家上门服务	594095				
无	594095	0.92	0.27	0	1
住家保姆	594095	0.01	0.12	0	1
紧急救助	594095	0.02	0.15	0	1
医疗护理	594095	0.02	0.13	0	1
打扫卫生	594095	0.03	0.16	0	1
理发洗澡	594095	0.01	0.11	0	1
陪同聊天	594095	0.01	0.10	0	1
买菜做饭	594095	0.01	0.12	0	1
陪同外出	594095	0.01	0.08	0	1
其他	594095	0.02	0.13	0	1
享受社区养老服务	592961				
无	592961	0.89	0.31	0	1
在社区老年人娱乐室活动	592961	0.06	0.24	0	1
在社区养老互助点活动	592961	0.03	0.17	0	1
助餐点用餐或送餐服务	592961	0.02	0.13	0	1
在日间照料中心接受照料	592961	0.01	0.10	0	1
其他	592961	0.02	0.15	0	1
愿意自费社区养老服务需求	589649				
无	589649	0.91	0.29	0	1
定期探视	589649	0.01	0.10	0	1

续表

变量名称	样本量	均值	标准差	最小值	最大值
医疗保健	589649	0.04	0.20	0	1
一日三餐	589649	0.02	0.15	0	1
日间托养服务	589649	0.01	0.08	0	1
水电气维修	589649	0.04	0.19	0	1
其他	589649	0.02	0.14	0	1
机构养老服务需求	588136	0.32	0.84	0	3
最关注的养老机构情况	594459				
无	594459	0.70	0.46	0	1
收费适中	594459	0.18	0.39	0	1
硬件设施好	594459	0.07	0.26	0	1
服务质量好	594459	0.20	0.40	0	1
具备医疗康复功能	594459	0.08	0.27	0	1
离子女近	594459	0.10	0.30	0	1
交通便利	594459	0.07	0.25	0	1
其他	594459	0.02	0.12	0	1
参加文体活动情况	578788				
无	578788	0.64	0.48	0	1
经常到老年活动中心（室）	578788	0.08	0.27	0	1
经常在室外活动场所活动	578788	0.28	0.45	0	1
参加老年文体活动队伍	578788	0.05	0.22	0	1
上老年大学	578788	0.01	0.12	0	1
其他	578788	0.03	0.16	0	1
文体活动场所需求	585572				
无	585572	0.66	0.47	0	1
室内活动场所	585572	0.12	0.32	0	1
室外活动场地	585572	0.30	0.46	0	1
老年大学（学校）	585572	0.03	0.16	0	1
其他	585572	0.01	0.09	0	1
生活中最大的困难	592536	0.52	1.24	0	5

表 3-2 中的黑体字是《登记表》设计的问题，其中下方有多个选项的说明该问题可多选，其他的问题为单选。对表中未说明的变量的赋值进行以下解释：

区域0—7分别代表：市南区1，市北区2，李沧区3，崂山区4，胶州市5，平度市6，城阳区7；

政治面貌1—4分别代表：群众1，中国共产党党员2，无党派3，其他各民主党派4；

宗教信仰0—7分别代表：其他0，无宗教信仰1，佛教2，道教3，基督教4，天主教5，伊斯兰教6，喇嘛教7；

文化程度0—9分别代表：其他0，小学1，初中2，高中3，中等专科＋技工学校4，职业高中5，大学专科6，大学本科7，硕士8，博士9；

技术职称0—3分别代表：无技术职称0，初级1，中级2，高级及以上3；

专业技术职称类别0—7分别代表：无职称0，医药卫生1，财经2，工程（环保）3，教育4，科研（海洋）5，农业6，其他7；

婚姻状况1—7分别代表：初婚1，再婚2，离婚3，丧偶4，未婚5，未说明的婚姻状况6，复婚7；

居住状况1—6分别代表：独居1，与配偶同住的纯老家庭2，与有赡养能力的子女等晚辈同住3，与无赡养能力的子女等晚辈同住4，两代老人同住的纯老家庭5，其他6；

住房情况1—7分别代表：自有住房1，市场租房2，住直系亲属房3，住公有住房4，住军产房或宗教房5，住廉租住房或公共租赁住房6，其他7；

子女情况0—7分别代表：无子女0，一个1，以此类推，六个及以上6，失独7；

与最近子女的距离1—7分别代表：同一社区（村）1，同一街道（镇）2，同一区（市）3，同住青岛市4，市外省内5，省外国内6，国外7；

自理情况1—5分别代表：能自理1，部分不能自理2，大部分不能自理3，完全不能自理4，失智5；

基本医疗保险0—8分别代表：无0，城镇职工基本医疗保险1，城镇居民基本医疗保险2，新型农村合作医疗3，事业单位医疗4，机关单位医疗5，公费医疗6，商业医疗7，其他8；

机构养老服务需求0—3分别代表：不愿住0，打算近期（三年内）入住

1，当生活不能完全自理的时候入住2，当生活完全不能自理的时候入住3；

生活中最大的困难0—5分别代表：无0，疾病缠身1，生活贫困2，精神孤独3，缺乏照料4，其他5。

四、样本数据的特点

青岛市老年人口的主要特点包括：城镇化水平较低；平均年龄在70岁左右，年龄结构以低龄（60—69岁）和中龄（70—79岁）为主；女性老年人口比例高于男性；绝大部分老年人都是汉族并且没有宗教信仰，政治面貌以群众居多；文化程度较低，有60%的老年人只有小学或小学以下文化程度，仅有14%的老年人有高中及高中以上学历，大部分老年人没有技术职称；约四分之三的老年人有配偶；绝大多数老年人有子女，人均生育2.48个；大部分老年人有属于自己的住房；66%的老年人身体健康，90%的老年人能够自理；老年人的每月平均收入1237元，收入来源以新型农村养老保险、事业单位/企业单位离退休金，以及城乡居民养老保险为主。

第二节　老年人面临的养老困境

结合第二章对老年人特征的论述，个体步入老年后将面临以下的困难。

一、养老困境概述

经济收入是老年人生活的基础，对他们的生活起着最基本的保障作用。老年人的经济来源主要是离退休金、居民养老保险金，其次是个人储蓄和子女供养，还有各种补贴。经济收入的高低会直接影响老年人的生活水平和质量，尤其是上了年纪以后，得病率会提高，即使有医疗保险的保障，也时常会有保障范围之外的自我负担部分，这就需要有经济收入的支撑。

身体状况方面，慢性疾病无人照料、突发疾病无人知晓、医疗费用过高无法承担都是老年人要面对的。据我们对青岛市市北区某社区的调查发现：约有80%的老年人长期服药，但是在服药的依从性方面不容乐观。仅有10%

的老年人会按时服药，其余的老人会经常出现不按时服药的现象，有的是因为遗忘，还有的是因为经济原因等，甚至有的老年人因为没有按时服药导致身体状况更加恶化。关于面对疾病的治疗，有一半的受访老人选择简单治疗，15%的老人选择间歇性治疗，仅两成的老人采用系统治疗，还有5%的老人会放弃治疗。

生活照料方面，老年人在洗衣、做饭、打扫卫生、陪同购物、陪同看病等方面需要照料，对于高龄和生活不能自理的老年人还需要穿衣、喂饭、如厕、洗澡等。当老年人遇到困难时，我们发现向配偶或邻里求助的比例最高，其次才是子女。

精神生活是老年人生活中的重要组成部分，精神需求是老年人的基本需求之一。通过调查发现，孤独感是老年人最常见的心理问题，通常表现为寂寞、苦闷、心烦、少与人交谈。抑郁排在第二位，尤其是丧偶老人和分居老人，感觉生活无依无靠，对自己的存在价值也会产生怀疑，陷入无趣、无望、无欲、无助的状态，严重的甚至会引发老年人轻生的想法。

《登记表》中最后一个问题是询问老年人生活中最大的困难，如表3-3所述，有疾病缠身、生活贫困、精神孤独、缺乏照料和其他五类选项。我们将按城乡、年龄、性别、婚姻状况、居住方式、子女人数等把老年人的养老困境做一一对比，通过分析为我们后面的讨论研究做预判。

二、养老困境的描述性统计

在总样本中有79.41%的老年人选择没有困难，剩余的20%的样本中，有8.21%的老年人认为最大的困难是疾病缠身，有3.76%的老年人认为是精神孤独，有3.12%的老年人认为是生活贫困，有1.23%的老年人认为缺乏照料是最大的困难，还有4.27%的老年人有其他上述未列出的困难。尽管只有两成的老年人提出生活中存在养老的困难，但是按照民政局的统计数字，截至2018年底，青岛市60岁以上户籍老年人口183.5万人，那么将有近40万老年人陷入养老困境。而且，未来这一数字将会更多，所以现在我们研究老年人面对的养老困难并且分析其造成的原因，据此探讨解决困难的思路和方法是非常必要的。

首先，做六个区市的比较。如表3-3，市南区有近37%的老人选择有养老困难，在比例上为全市最高，但同样是老城区的市北区反而全市最低，只有13%的老人选择有养老困难，大约是市南区的1/3。剩下的区市由高到低排序，从第二位到第五位的依次是崂山区、胶州市、平度市、城阳区和李沧区。分析市南区高比例的原因发现精神孤独和疾病缠身最为重要，尤其是精神孤独占比最大，达到11.42%，是其他地区的数倍，因为其他各区仅有1.51%—4.37%。而且除了市南区之外，其他各区老人都是选择疾病缠身作为最重要的困难。

表3-3　六区市老年人养老困境对比

困难	地区							总计
	市南区	市北区	李沧区	崂山区	胶州市	平度市	城阳区	
无	62.88%	87.06%	83.03%	73.01%	76.90%	79.63%	80.59%	79.41%
疾病缠身	9.21%	6.29%	8.80%	10.27%	9.92%	8.35%	6.64%	8.21%
生活贫困	2.69%	1.59%	2.50%	5.25%	3.13%	4.17%	3.19%	3.12%
精神孤独	11.42%	2.20%	2.23%	3.41%	4.37%	3.16%	1.51%	3.76%
缺乏照料	2.95%	0.59%	0.96%	1.16%	1.54%	1.29%	0.19%	1.23%
其他	10.85%	2.26%	2.48%	6.90%	4.14%	3.40%	7.88%	4.27%
总计	100.00%	100.00%	100.00%	100.00%	100.00%	100.00%	100.00%	100.00%
总人数（万人）	54478	149739	30975	29167	99458	199914	28805	592536

按照第一节中城乡的划分比较城市和农村老年人的养老困境，我们发现除精神孤独外其他的养老困境都是农村高于城市[1]（详见图3-1）。由此可见，农村老年人面临的养老困境的程度更严重一些，对他们应引起足够的重视，并投入相应的人力和物力去加以解决。

其次，按性别进行比较发现，养老困境在性别上没有大的差异，不管是男性老年人还是女性老年人都是把疾病缠身排在第一位，然后是精神孤独，第三是生活贫困，最后是缺乏照料。因此，我们在制定相关为老服务政策时可以暂不考虑区分性别的问题（详见表3-4）。

---

① 选择"其他"选项的老年人也是城市高于农村，但是由于"其他"的内容没有具体的设定，所以本章以前四项为主进行分析。

■ 农村　■ 城市

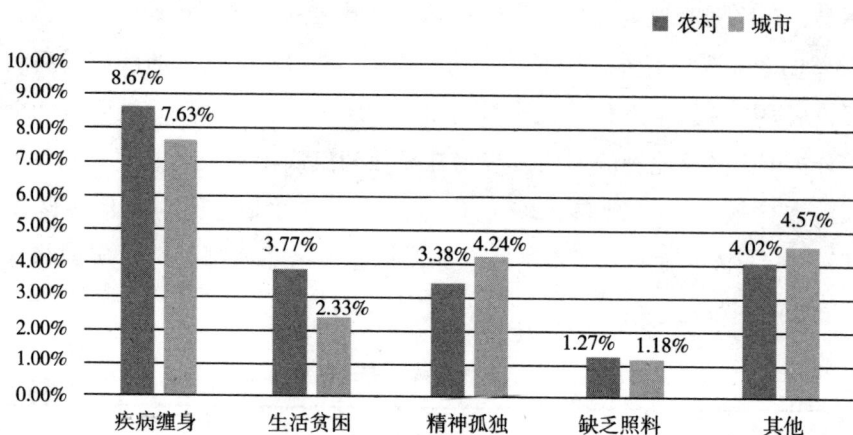

图 3 - 1　老年人养老困境的城乡对比

表 3 - 4　养老困境的分性别比较

困难	女	男	总计
无	78. 66%	80. 27%	79. 41%
疾病缠身	8. 66%	7. 68%	8. 21%
生活贫困	3. 18%	3. 05%	3. 12%
精神孤独	4. 02%	3. 47%	3. 76%
缺乏照料	1. 24%	1. 22%	1. 23%
其他	4. 24%	4. 30%	4. 27%
总计	100. 00%	100. 00%	100. 00%
总人数（万人）	318，186	274，349	592，535

　　再次，按年龄段划分。如表 3 - 5 所示，随着年龄的增大选择有养老困难的老年人越来越多，从 60—69 岁的 17.37% 开始，几乎每增加十岁老年人面临的困难就会增加 5 个百分点，90 岁以后有 30.92% 的老人会感觉到各种养老困难。在诸多困难中，排第一位的仍然是疾病缠身，并且呈现出与年龄成正比的关系，尤其是 70 岁以后的老年人比起 70 岁以前有显著的提高。排第二位的困难在各年龄段中有所不同，70 岁以下的低龄老人以生活贫困为主，但是 70 岁以上的老年人不约而同都选择精神孤独为第二位。缺乏照料在所有的年龄段中都是困难相对最小的。由此可见，我们可以以 70 岁作为年龄的分界线，重点关心 70 岁以上的老年人。

表3-5　养老困境的分年龄比较

困难	60—69 岁	70—79 岁	80—89 岁	≥ 90 岁	总计
无	82.63%	77.71%	72.95%	69.08%	79.41%
疾病缠身	5.99%	9.49%	12.61%	13.84%	8.21%
生活贫困	3.13%	3.07%	3.06%	4.04%	3.12%
精神孤独	2.93%	4.15%	5.59%	6.01%	3.76%
缺乏照料	0.90%	1.37%	1.92%	2.60%	1.23%
其他	4.40%	4.21%	3.87%	4.43%	4.27%
总计	100.00%	100.00%	100.00%	100.00%	100.00%
总人数（万人）	314,790	173,205	92,220	12,315	592,530

第四，按文化程度划分。如表3-6所示，随着学历的提高，老年人选择没有困难的比重在上升。只有小学以下学历的老年人有27.3%选择有养老困境，但是有大学及以上学历的老年人的该比例下降了10个百分点，仅有18%的老年人有养老困境。疾病缠身仍然在各组老年人中排第一位，除小学毕业的老人之外，其他组都把精神孤独排在了第二位。最没有争议的是缺乏照料，仍旧排在最后。所以，文化层次较低的老年人应该是我们关心的重点。

表3-6　养老困境的分学历比较

困难	小学以下	小学	初中	高中	大学及以上	总计
无	72.70%	79.91%	82.50%	81.48%	82.06%	79.44%
疾病缠身	11.41%	8.34%	6.12%	6.92%	8.10%	8.20%
生活贫困	4.42%	3.47%	2.51%	1.71%	0.78%	3.12%
精神孤独	5.14%	3.12%	3.48%	4.57%	3.47%	3.75%
缺乏照料	1.75%	1.14%	1.05%	1.03%	1.37%	1.23%
其他	4.58%	4.03%	4.34%	4.29%	4.22%	4.25%
总计	100.00%	100.00%	100.00%	100.00%	100.00%	100.00%
总人数（万人）	113,252	242,294	154,948	56,581	23,338	590,413

第五，按老年人的婚姻状况进行比较。我们把初婚、再婚和复婚的老年人归为有配偶老人，把离婚、丧偶、未婚等归为无配偶老人。发现无配偶老年人面临的困难比起有配偶老年人高大约9个百分点，前者是27.42%，后者是18.38%。虽然疾病缠身是大家面临的最主要的困难，但是无配偶的老年人

要高出有配偶老人近3个百分点，达到10.24%；而且感到精神孤独的比例要高出有配偶老人3倍，达到7.82%。在有配偶老年人中生活贫困要高出精神孤独（详见表3-7（一））。

表3-7　养老困境的按婚姻状况比较（一）

困难	无配偶	有配偶	总计
无	72.58%	81.62%	79.43%
疾病缠身	10.24%	7.56%	8.21%
生活贫困	3.70%	2.95%	3.13%
精神孤独	7.82%	2.44%	3.74%
缺乏照料	1.94%	1.01%	1.23%
其他	3.72%	4.43%	4.26%
总计	100.00%	100.00%	100.00%
总人数（万人）	143,012	448,284	591,296

如表3-7（二）所示，有配偶老年人的占比明显低于无配偶老年人，但是即使同样是有配偶，不同的婚姻状况给老年人带来的困难程度还是有所区别的，复婚（5.41%）高于初婚（2.44%），而初婚又高于再婚（1.93%）。在同是无配偶的老年人中，离婚和丧偶的差别不大，分别是7.54%和7.76%，但是未婚老人选择精神孤独的比例明显提高，达到10.34%，甚至超出了该组选择疾病缠身的老年人的比重（9.11%），位列各组养老困境的第一位。由此可见，我们尤其应该关心无配偶老年人的精神状态，给他们以心理关爱，特别是未婚老人，因为他们既无配偶也无子女，孤独感尤强。

表3-7　养老困境的按婚姻状况比较（二）

困难	初婚	再婚	离婚	丧偶	未婚	未说明的婚姻状况	复婚	总计
无	81.66%	80.57%	73.43%	72.79%	65.40%	76.16%	74.86%	79.43%
疾病缠身	7.54%	8.54%	7.94%	10.49%	9.11%	5.11%	10.03%	8.21%
生活贫困	2.93%	3.70%	4.67%	3.52%	7.33%	2.85%	4.40%	3.13%
精神孤独	2.44%	1.93%	7.54%	7.76%	10.34%	6.17%	5.41%	3.74%

续表

困难	初婚	再婚	离婚	丧偶	未婚	未说明的婚姻状况	复婚	总计
缺乏照料	1.00%	1.09%	2.04%	1.83%	4.64%	1.27%	1.58%	1.23%
其他	4.44%	4.17%	4.38%	3.60%	3.17%	8.43%	3.72%	4.26%
总计	100.00%	100.00%	100.00%	100.00%	100.00%	100.00%	100.00%	100.00%
总人数（万人）	437,287	10,110	4,471	129,544	5,771	3,226	887	591,296

第六，按老年人的居住方式划分。如表3-8所示，在所有居住方式中，与配偶同住的老年人选择有困难的比例最小，只有18.14%，与无赡养能力的子女等晚辈同住的老年人的该比例最大，达到35.79%，其原因是上了年纪的老年人既要照顾自己，还要照顾未成年子女等晚辈，生活压力巨大，而且从该组老年人选择的生活贫困的比例（9.99%）来看也远远超出了其他组的老年人。独居、两代老人的纯老家庭，以及与有赡养能力的子女等晚辈同住的老年人把精神孤独排在了养老困境的第二位。独居老人我们尚可以理解，但是后两类家庭的选择让我们观察到了老年人现在的居住倾向，即与配偶同住更容易获得身心愉悦，这也就可以理解为什么现在有越来越多的老年人选择不与子女同住。

表3-8　养老困境的按居住方式比较

困难	独居	与配偶同住的纯老家庭	与有赡养能力的子女等晚辈同住	与无赡养能力的子女等晚辈同住	两代老人同住的纯老家庭	其他	总计
无	73.85%	81.86%	77.76%	64.21%	76.52%	68.93%	79.43%
疾病缠身	8.40%	7.51%	10.36%	14.37%	8.02%	10.45%	8.21%
生活贫困	3.65%	2.97%	2.70%	9.99%	3.67%	3.08%	3.13%
精神孤独	8.14%	2.35%	3.74%	4.02%	7.40%	5.12%	3.74%
缺乏照料	2.15%	1.04%	0.90%	2.21%	1.22%	1.90%	1.23%
其他	3.82%	4.27%	4.55%	5.21%	3.18%	10.53%	4.27%
总计	100.00%	100.00%	100.00%	100.00%	100.00%	100.00%	100.00%
总人数（万人）	102,927	369,984	92,930	5,297	13,909	4,844	589,891

第七，按子女人数比较。失独老人和无子女老人面临困难的比例相仿，前者是32.02%，后者是31.49%。一般而言，拥有子女的人数越多，老年人受照料的机会就越多，面临的困难可能就会越少，但是从表3-9可知此假设并不成立。拥有一个子女的老人有养老困难的比例是17.83%，随着子女数量的增加，该比例不断上升，当子女的人数等于或超过6人时，该比例达到了28.27%，比只拥有一个子女高出10个百分点，与失独或无子女相近。可见，子女的人数并不是分担父母养老困境的因素，相对于较少的子女对父母有更大的责任和担当，多子女家庭反而会因为面临复杂的家庭关系，给老年人的养老增添新的不可知的困难。

值得注意的是，有子女老人选择的困难排在第一位的是疾病缠身，但是对无子女和失独老人而言精神孤独是他们面临的最大困难，前者选择精神孤独的占比有8.96%，而后者有11.8%。同样是没有子女，失去子女老人的内心创伤更加深痛。所以，无子女老人，尤其是失独老人应该是我们关心的重点人群。

表3-9　养老困境的按子女人数比较

困难	无子女	1人	2人	3人	4人	5人	≧6人	失独	总计
无	68.51%	82.17%	81.41%	78.52%	76.11%	73.12%	71.73%	67.98%	79.45%
疾病缠身	7.98%	5.76%	7.08%	8.84%	11.53%	13.35%	14.36%	8.05%	8.23%
生活贫苦	6.66%	2.78%	3.07%	3.15%	3.16%	3.26%	3.71%	4.39%	3.11%
精神孤独	8.96%	3.79%	3.21%	3.73%	3.98%	4.57%	4.89%	11.80%	3.74%
缺乏照料	4.35%	1.10%	1.06%	1.23%	1.38%	1.66%	1.43%	2.93%	1.23%
其他	3.55%	4.41%	4.16%	4.52%	3.84%	4.04%	3.88%	4.85%	4.23%
总计	100.00%	100.00%	100.00%	100.00%	100.00%	100.00%	100.00%	100.00%	100.00%
总人数（万人）	7,523	122,512	212,642	131,696	68,357	29,819	14,781	1,093	588,423

第八，按老年人的月收入划分。如表3-10所示，随老年人收入的增加，其面临的养老困境的比重越来越小，当收入等于或超出5000元时，老年人养老困境的比重下降到16.04%。疾病缠身仍然是广大老年人面临的最大的养老困境，对于收入在1000元以下老年人而言，生活贫困位列第二，但是对于收

入在 1000 元以上的所有阶层的老年人而言精神孤独位列第二。可见，收入的提高确实能够降低老年人困难的总量，只是虽然能解决老年人的物质生活的匮乏但是却难以解决他们的精神世界的孤独寂寞。

表 3–10 养老困境的按收入比较

困难	<200 元	200—499 元	500—999 元	1000—1999 元	2000—2999 元	3000—3999 元	4000—4999 元	≧ 5000 元	总计
无	77.43%	74.83%	81.99%	79.14%	82.71%	82.62%	82.78%	83.96%	79.43%
疾病缠身	9.12%	10.34%	6.35%	7.04%	6.86%	7.87%	9.08%	8.94%	8.20%
生活贫苦	4.72%	4.82%	3.14%	2.38%	1.28%	0.52%	0.29%	0.13%	3.12%
精神孤独	3.74%	3.59%	2.63%	3.97%	4.34%	4.17%	3.13%	2.76%	3.76%
缺乏照料	1.31%	1.47%	0.99%	1.34%	1.02%	1.22%	1.08%	1.23%	1.23%
其他	3.68%	4.94%	4.90%	6.11%	3.80%	3.60%	3.64%	2.99%	4.26%
总计	100.00%	100.00%	100.00%	100.00%	100.00%	100.00%	100.00%	100.00%	100.00%
总人数（万人）	192,847	82,492	57,116	67,824	134,818	27,426	13,034	14,829	590,386

通过以上分析我们发现，总体而言，生活在农村、文化水平低（小学以下学历）、无配偶的老年人面临的养老困境是最多的，政府在制定为老政策时应该对他们有所倾斜。其次，疾病缠身是几乎所有老年人面临的最大的困难，所以把养老和医疗结合起来，发展医养结合是顺应老年人的养老需求的，是值得在全国大力推行的养老模式。再次，生活贫困虽然是大多数老人面临的第二大养老困境，但是对于生活在城市、70 岁以上、无配偶、无子女或失独、独居的老人而言，精神孤独要大于生活贫困，所以政府和社会可以针对不同类型的老年人给予特殊的养老关爱，尤其是在精神慰藉方面区分重点服务对象。

在下两章里我们将把空巢老人和失独老人这两类特殊群体的养老困境做更加深入的分析。一方面，空巢化已经成为我国老龄化的一个基本特征，全国近七成的老人都面临空巢的问题，这些老人的居住特点决定了他们与传统的非空巢老人面临的困难不同，所以找到解决他们的养老困境的途径是急需的。另一方面，失独老人是因为我国特殊的计划生育政策所产生的，之前，独生子女的父母们还年轻，问题尚不突出；未来，越来越多的家庭可以生二胎，问题也会缓解。因此，现阶段，这个矛盾最为突出。尤其是国际上没有任何的参考范本，所以依靠我们的研究帮助他们找到度过老年阶段的可行的方式方法是我们想去做的。通过政策引导、组织关心、社会关爱，来抚慰"失独"之独、之痛、之苦。

第四章　城乡空巢老人养老困境及解决对策研究

目前，我国空巢老人已占老年人口的60%以上，预计到2030年老龄人口数量将接近3亿，可以预料，空巢家庭将逐步成为主要的家庭形式之一。空巢老人既要经历个人生命周期的转型，从中年到老年，还要经历家庭周期的转型，从核心或主干家庭到空巢家庭。在转型过程中，若适应不好，极易诱发各种身心问题，不仅影响老年人的生活质量，还会给家庭带来各种困难，从而导致一系列的社会问题。

本章在参照国内外以往研究的基础上，利用青岛市60余万城乡老年人口数据，分析空巢老人和非空巢老人的特点，进而按照其特点对空巢老人进行分类，找到空巢老人的养老困境，最终，从政府、社会、家庭三个角度提出有针对性的政策建议。在宏观层面上，本研究高度契合党的十九大报告中关于保障和改善民生的方针，对于完善我国养老保障体系、提高养老服务效率具有重要价值。在微观层面上，空巢老人问题关系千家万户，是一个社会问题，同时又是一个家庭问题。本章的研究成果对帮助空巢老人安度晚年，排解其家属的实际困难具有可参考的现实意义。

本章包括四个方面的内容。首先，对国内外的研究成果做综合分类整理，学习前人的经验，并总结不足；第二节把空巢老人和非空巢老人进行比较，找到空巢老人的特点；第三节对空巢老人做七种分类，重点研究不同类型的空巢老人面临的养老困境有什么不同；第四节是政策建议。

第一节　国内外研究现状综述

空巢老人概念的理论基础是"家庭生命周期说"，它最早由美国学者

P. C. 格里克于 1947 年提出，用以描述家庭的产生、发展、稳定、收缩、空巢和解体六个阶段。其中，空巢期是家庭生命周期的一个阶段。但也有学者认为西方家庭生命周期理论并不完全适合我国，提出家庭结构理论，从家庭人员组成结构上分析。"在中国，家庭经历了第一（新生期）、二（核心期）阶段后，到第三阶段（空巢期）有一部分家庭会走向主干家庭或联合家庭"，再进入解体期（赵芳、许芸（2003）等）。目前，对空巢老人的研究大体集中在概念界定、分类、成因、现状，以及对策方面。我们从以下的三个主要方面进行探讨：

一、空巢老人产生的原因

在西方国家，一直以来都有子女成人后脱离原生家庭独立生活的传统，他们注重老年人个人的价值与尊严，具有强烈的个人主义色彩，所以对空巢老人的研究重点并不放在形成原因上。同为亚洲国家的日本早在 20 世纪 70 年代提出"少子老龄化"的概念，即出现老龄化现象并伴随着子女数量的减少，同时在工业化和都市化的迅猛冲击下，越来越多的妇女走出家门，使得家庭空巢化十分严重。

在我国，学者通常从主观与客观的角度对空巢老人的形成原因进行分类。如穆光宗（2002）认为家庭的空巢化主要是客观因素所致，老年人因为客观原因所限，被迫与子女分开居住。赵芳、许芸（2003）等认为空巢家庭的形成是社会原因、家庭原因和个人原因综合作用的结果，其中影响最大的是社会原因，计划生育政策的推行使得子女数量急剧减少，迫使部分老人离开子女居住。随着经济社会的发展，近年对空巢老人家庭的成因又有了新的认识，贾馨璐（2013）总结了五个方面的原因：人口老龄化和少子化、老人与子女分住农村和城镇、城市化发展导致生活方式的差异、"孝亲"观念淡薄以及社会养老保障制度不完善。

还有的学者从外因和内因两个角度进行分析。外因方面，一是地区间、城乡间的经济收入差距使得越来越多的年轻人更愿意在发达地区就业发展，从而远离家庭，甚至定居；二是随着农业生产效率的提高，农村产生了大量闲置劳动力，迫使农村剩余劳动力向城市转移以获得更好的发展机会。内因方面，首先从老年人的角度来看，由于独立意识的加强，与子女的生活习惯的差异、避免家庭矛盾等原因，导致他们更愿意独自生活；其次，从年轻人的角度来看，"421"家庭结构下，房贷、车贷、子女教育、赡养老人等经济压力巨大，孝文化的淡化和宠幼厌老风气的蔓延，使得家庭结构核心化成为主流。

二、空巢老人的生活状况

西方发达国家由于社会保障体系比较完善，虽然也有空巢老人问题，但子女的外出对他们的老后生活并不会带来明显影响，所以这方面的研究并不多。但是，发展中国家由于受经济发展水平的影响，老年福利水平不足，要从经济供养、生活照料、精神慰藉等方面进行分析。

首先，经济供养方面。泰国的一份研究表明：在泰国往往是父母支持子女外出打工，以改善家庭的经济条件。日本由于有健全的社会福利，所以老年人经济相对独立。但是在中国由于领取的养老金未能与高物价相匹配，所以在没有其他收入和储蓄的情况下，也就不得不依靠子女的经济援助。陈婷婷（2012）以山东省城市空巢老人为研究对象，发现空巢老人的经济收入水平偏低、医疗保健方面的支持力度不够。廖和平、付睿（2012）调查发现农村空巢老人经济拮据，缺乏满足感。

其次，生活照料方面。日本自20世纪70年代提出"一碗汤"的距离，即子女与父母分开居住的距离不远，从而保障子女可以常回家看看，就近照顾老人。国内的研究发现，子女对空巢老人的生活照料缺位，尤其在农村这种现象更加严重。温凤荣、毕红霞（2016）调查得出山东省农村老人空巢现象较严重，自觉健康状况较差，他们在生活照顾、医疗保障、情感等方面有更迫切的需求。史勇军等（2015）指出贵州省农村老人空巢现象严重，自觉健康状况较差，空巢老人在生活照顾、医疗保障、情感等方面有更迫切的需求。戴利朝、肖守渊（2013）研究发现，江西农村空巢老人养老保障面临体弱多病、心理压力大、自力更生、子女缺位、精神与安全需求难以满足等问题。

再次，精神慰藉方面。对一些父母而言，子女离家会伴随着感情上的痛苦和身份上的冲突，并且表现出一系列的症状，即"空巢综合征"（Mitchell & Lovegreen，2009），包括抑郁、内疚、角色混淆、焦虑和压力等。国内的研究方面，王玲凤（2009）指出认知问题、睡眠食欲、敏感焦虑、人际交往和适应问题是影响城市空巢老人心理健康状况的因素。郭燕青等（2017）提出确保良好的躯体健康、具有一定的自理能力、加强锻炼及社交有助于提升空巢老人的心理健康水平。

三、空巢老人养老保障的对策

国内研究方面，在借鉴与比较的基础上，戴利朝、肖守渊（2013）从政府、家庭、社会三个层面提出了相关对策。宋洪宇（2014）提出了改进社会保障制度、提高对空巢老人的人文关怀、调整家庭功能的建议。李爱芹（2007）提出以老年人自助互助为原则，家庭支助为基础，社区服务为依托，国家的法规、政策为保障的建议。

国外对空巢老人的研究更多集中在如何健全社会化服务体系方面。英国的核心理念是让独居老人合理地存在于社会；日本的主要观点是完善老年护理模式，使老人回归社区；新加坡的主要观点是对与父母同住提供居家养老的子女给予住房公积金津贴；德国的主要观点是安排年轻人与空巢老人组建临时家庭，给予生活照料及精神慰藉。居家养老已成为各个国家发展的主流趋势。

四、缺点与不足

从目前的研究成果来看，国内外学者对空巢老人的研究比较深入和全面，但已有研究存在两方面不足：一是，对空巢老人的分类过于单一，存在极大改进空间。除了从居住地区（城镇和农村）、家庭结构（寡居老人和夫妻独居老人）进行划分以外，还应当从年龄层次（低龄和高龄）、健康状况（自理和不能自理）、与子女的距离（居住的远近）等进行区分，并且根据这些异质性提供有针对性的养老保障。因为不同类型的空巢老人对养老的需求不同，同样的政策不可能面面俱到，如果不加以区分的话，不但不能解决空巢老人的问题，相反还会造成资源浪费、增加政府负担。二是，目前研究大多局限于空巢老人群体内部的分析，忽视了以非空巢老人群体作为参照。我们认为只有通过空巢与非空巢老人的对比分析，才能真正了解空巢老人群体的养老现状与具体特征，才能提出有针对性的政策建议。所以，本章试图在这两个方面有所突破。

第二节　空巢老人与非空巢老人的特征对比

一、空巢老人与空巢率

目前学术界对于空巢老人的界定也未统一，学者们往往根据数据的可得性和自己的研究对空巢老人进行界定。梁艳（2007）认为空巢老人是指子女长大离开家庭独立居住后，由留下的老年夫妇所组成的家庭；李锋清（2009）则把年龄超过 65 岁且与子女居住在不同村庄的老人视作农村空巢老人。本章借鉴梁艳对于空巢老人的定义，把不与子女居住的 60 岁及以上老年人定义为空巢老人。

我们使用《登记表》中"居住状况"这一问题设立"空巢老人"变量，把选择"独居"或者选择"与配偶同住的纯老家庭"的样本当作空巢老人，赋值为 1；把选择"与有赡养能力的子女等晚辈同住""与无赡养能力的子女等晚辈同住""两代老人同住的纯老家庭""其他"这四个选项中的任意一项的样本当作非空巢老人，赋值为 0。

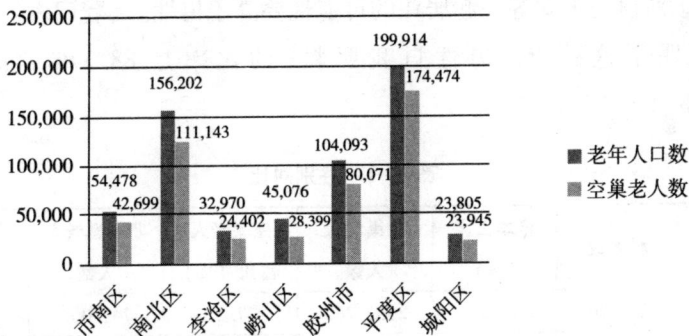

图 4-1　各区市的老年人口数及空巢老人数　　（单位：人）

调研样本中，空巢老人共有 485133 人，占总样本的 80.2%，即有约 4/5 的老年人处在空巢状态。图 4-1 给出了各区市老年人口的总数及空巢老人的数量，我们把空巢老人的数量占老年人口总数的比例定义为"空巢率"。市南区的空巢率是 78.38%，市北区是 72.95%，李沧区是 75.58%，崂山区是 79.44%，胶州市是 78.88%，平度市是 87.27%，城阳区是 83.13%。全市空巢率最低的区域是市北区，最高的是平度市，分别低出或高出全市平均水平的 7%，此外，城阳区的空巢率也超出全市的平均水平近 3 个百分点。空巢老人由于不与子女居住，所以日常生活中更多的是依靠自己，他们的特征应当会与非空巢老人有所区别。所以，下文中我们将从人口特征、经济特征和社会支持三个方面对空巢老人和非空巢老人进行比较分析。

二、人口特征对比

（一）性别：男性空巢老人多于女性

首先，从性别来看（详见表 4-1）。老年人口总量上女性占比 53.67%，高于男性的 46.33%，但是在空巢方面，女性是低于男性的，女性的空巢率只有 77.21%，而男性的空巢率超出女性 6.4 个百分点，达到 83.6%。究其原因可以从两个方面考虑，一是女性的寿命比男性长。国家统计局的数据显示，2015 年，中国人口平均预期寿命达到 76.34 岁。从性别看，男性为 73.64 岁，女性为 79.43 岁。但是随着年龄的增长非空巢率会上升（详见表 4-2），所以女性的高寿会带来空巢率的下降。二是在传统上，比起男性，女性多是被照顾的对象，所以与子女等一起居住的可能性要高于男性。《登记表》中的数据也恰好证明了这一点，男性自我照料[①]的比率是 88.39%，高出女性的 87.36%。

表 4-1　性别对比

性别	样本数	样本占比（%）	空巢老人人数	空巢老人占比（%）	非空巢老人人数	非空巢老人占比（%）
女性	324,767	53.67	250,762	77.21	74,005	22.79
男性	280,331	46.33	234,370	83.60	45,961	16.40
合计	605,098	100	485,132	80.17	119,966	19.83

---

① 在"居家养老现状"这一问题中选择"自我照料"选项。

（二）年龄：年龄越大越倾向非空巢

从年龄来看，我们把老年人每间隔 10 岁分为一组，如表 4-2 所示，70岁以下的老年人最多，达到 53.46%，随着年龄的增加人数在减少。而且空巢现象随着年龄的增大，也在明显地减少。80 岁以下的老年人的空巢率略高于全市的平均水平，但是 80—90 岁老人的空巢率骤然减少 15 个百分点，90 岁以上的空巢率更是减少了一半。呈现出这种特征的最主要原因是老年人的健康水平随年龄的增长而下降，需要亲属的照料。我们的数据也证实了这一点。从低龄到高龄，四个年龄段的老年人身体健康①的比率依次是 77.51%、61.24%、47.73% 和 39.80%。

引起注意的一点是 90 岁以上的高龄老人中有高达 41.17% 的老年人仍然处于空巢状态，这些高龄老人没有子女亲属的陪伴，其发生意外伤害的风险必定会上升。怎样去防止或减少这种风险将会是我们亟待解决的。

表 4-2　年龄对比

年龄	样本人数	样本占比（%）	空巢老人人数	空巢老人占比（%）	非空巢老人人数	非空巢老人占比（%）
60—69 岁	332, 254	53.46	271, 386	81.68	60, 868	18.32
70—79 岁	180, 471	29.04	145, 969	80.88	34, 502	19.12
80—89 岁	95, 960	15.44	62, 484	65.11	33, 476	34.89
90 岁以上	12, 847	2.07	5, 289	41.17	7, 558	58.83
合计	621, 532	100	485, 128	78.05	136, 404	21.95

（三）文化程度：没有受过教育的老年人更倾向非空巢

为简便起见，对文化程度变量进行整合，把高中、中等专科＋技工学校以及职业高中学历合并为"高中及同等"学历，把大学专科、大学本科、硕士和博士合并为"大学及以上"学历，详见表 4-3。由于我们的调查对象是60 岁及以上的老年人，他们皆出生在 1956 年以前，彼时我国的经济水平和教

---

① 在"健康状况"这一问题中选择"健康"选项。

育水平发展有限，导致国民的文化程度并不高，调查对象中，小学及以下学历的占到总体的六成。

从空巢率来看，有学历（即小学学历至大学及以上学历）的几组老年人之间相差不大，都在81%—82%的区间左右波动，但是几乎没有接受过文化教育的老年人的空巢率要较之低近10个百分点，只有72.98%。即没有受过教育的老年人更倾向非空巢。这或许是因为传统的养儿防老思想在文盲、半文盲老年人中更加根深蒂固，他们更倾向与子女等一起居住。

表4-3　文化程度对比

学历	样本人数	样本占比（%）	空巢老人人数	空巢老人占比（%）	非空巢老人人数	非空巢老人占比（%）
文盲、半文盲	115,101	19.09	84,000	72.98	31,101	27.02
小学	247,776	41.10	203,097	81.97	44,679	18.03
初中	157,974	26.20	129,770	82.15	28,204	17.85
高中及同等	57,857	9.60	47,071	81.36	10,786	18.64
大学及以上	24,203	4.01	19,615	81.04	4,588	18.96
合计	602,911	100	483,553	80.20	119,358	19.80

（四）婚姻：有配偶的空巢老人比率远超无配偶的空巢老人

我们按照有无配偶进一步把婚姻状况简单化。把初婚、再婚和复婚都计为有配偶，把离婚、丧偶、未婚和未说明的婚姻状况都计为无配偶。有配偶的老年人占比为75.88%，约占总样本的3/4（详见表4-4）。

表4-4　婚姻状况对比

婚姻状况	样本人数	样本占比（%）	空巢老人人数	空巢老人占比（%）	非空巢老人人数	非空巢老人占比（%）
无配偶	145808	24.12	85171	58.41	60637	41.59
有配偶	458720	75.88	399636	87.12	59084	12.88
合计	604528	100.00	484807	80.20	119721	19.80

在空巢率方面，87.12%的有配偶老人空巢，但与之相比，只有58.41%的无配偶老人空巢，比有配偶老人的空巢率低了近30%。显然夫妻俩互相照应，对空巢起到了一个很大的推动作用。没有老伴的无配偶老人更倾向与子女等晚辈同住。

（五）子女情况：有两个子女的老年人的空巢率最高

表4-5给出了老年人拥有的子女数量，有两个子女的最多，占到总体的36.15%，其次是有三个或一个子女。同时，我们看到有1.28%的老年人从未有过子女，还有0.19%的老年人子女已经去世，这两种老年人是我们应该特别关注的，尤其是失独老人不仅在物质上，而且在精神上需要帮助和支持，政府和社会应该付出更多一些。

再分析空巢率，除去无孩的老年人和失独老年人之外，有两个子女的老年人的空巢率最高，达到83.38%，其次是有一个子女（80.31%），再次是有三个子女（79.3%）。在有三个子女以上的家庭，空巢率皆低于全市平均水平，且会随着子女人数的增加而降低。这证明了传统的家庭养老在多子女家庭中依然存在。

表4-5　子女情况对比

子女情况	样本人数	样本占比（%）	空巢老人人数	空巢老人占比（%）	非空巢老人人数	非空巢老人占比（%）
无孩	7,678	1.28	6,530	85.05	1,148	14.95
一孩	125,019	20.84	100,404	80.31	24,615	19.69
二孩	216,883	36.15	180,838	83.38	36,045	16.62
三孩	134,132	22.36	106,897	79.70	27,235	20.30
四孩	69,756	11.63	53,250	76.34	16,506	23.66
五孩	30,350	5.06	22,151	72.99	8,199	27.01
六孩及以上	15,051	2.51	10,393	69.05	4,658	30.95
失独	1,114	0.19	973	87.34	141	12.66
合计	599,983	100.00	481,436	80.24	118,547	19.76

（六）健康状况：随着健康水平的下降，老年人的空巢率降低

如表4-6所示，有66.39%的老年人身体是健康的，远超全国的平均水平[1]。患有一种疾病的老年人占16.35%，患有两种疾病的占7.82%，患有三种及以上疾病的老年人占4.19%。此外，单独或同时患有大病（有大病证）的老年人有5.26%。[2]

除了身体健康的老年人的空巢率超过全市平均水平之外，剩下的患病老年人的空巢率均低于平均水平，并且随着患病种类的增多，呈明显下降趋势。这是因为患病老人更需要子女在生活及护理方面的照顾。

此外，从表4-6可知，持有大病证的老年人的空巢率高于患有两种及以上疾病的老年人，这是因为后者是从患病的数量，而不是病情的严重性去统计，所以两者不具有可比性。

表4-6　健康状况对比

健康状况	样本人数	样本占比（%）	空巢老人人数	空巢老人占比（%）	非空巢老人人数	非空巢老人占比（%）
健康	400274	66.39	335472	83.81	64802	16.19
患有一种疾病	98552	16.35	74484	75.58	24068	24.42
患有两种疾病	47131	7.82	33016	70.05	14115	29.95
患有三种及以上疾病	25241	4.19	16666	66.03	8575	33.97
患大病（有证）	31682	5.26	23303	73.55	8379	26.45
合计	602880	100.00	482941	80.11	119939	19.89

（七）自理情况：自理能力差的老年人更倾向于非空巢

根据表4-7我们可知，在总样本中有九成的老年人能够自理，7.06%的

---

[1]　2015年《中国城乡老年人生活状况抽样调查》显示，自评健康状况"好"的老年人占32.8%。样本数据中老年人的健康状况远超全国平均水平的原因之一，可能是因为我们的调研对象主要是居家老人，他们的健康水平相比于机构老人通常更好。

[2]　因为"健康状况"是多选题目，所以在选择患有一种（或两种，或三种及以上）疾病的同时可以选择患有大病（有大病证）。

老年人部分不能自理，1.55%的老年人大部分不能自理，还有近1%和0.1%的老年人完全不能自理或失智。①

除了能自理的老年人的空巢率高出平均水平外，其他老年人的空巢率远低于平均水平18—30个百分点。我们可以得出随着老年人自理能力的下降，空巢率也随之下降，自理能力差的老年人更倾向于选择非空巢。反之，在完全能自理的老年人中，选择空巢（82.25%）的比率远超非空巢（17.75%）。

表 4 - 7　自理情况对比

自理情况	样本人数	样本占比 （%）	空巢老人 人数	空巢老人 占比（%）	非空巢老人 人数	非空巢老人 占比（%）
能自理	537，767	90.33	442，311	82.25	95，456	17.75
部分不能自理	42，052	7.06	26，260	62.45	15，792	37.55
大部分不能自理	9，207	1.55	5，150	55.94	4，057	44.06
完全不能自理	5，790	0.97	3，136	54.16	2，654	45.84
失智	543	0.09	272	50.09	271	49.91
合计	595，359	100.00	477，129	80.14	118，230	19.86

三、经济特征对比

我们用老年人的每月固定收入水平和住房情况来代表他们的经济特征。

（一）月收入：老年人的收入水平普遍偏低。但是，比起空巢老人，非空巢老人的月收入较高。

每月固定收入最高是14000元，最低是没有收入，平均是1237元。空巢老人的平均月收入是1203.63元，而非空巢老人的是1424.46元。非空巢老人的平均月收入高出空巢老人约220元，由此可见，空巢老人之所以选择空巢并不一定是因为有较高的收入。

为简便起见，如表4-8所示我们把月收入分为8个档次。依次是200元以下，200—499元，500—999元，从1000—4999元是每千元一个档次，最高

---

① 因为《登记表》调查的是居住在家庭中的老年人，即已入住养老机构的老年人不包含在内，而很多不能自理老年人已入住养老机构，所以这里的能自理老人比率要高于宏观统计数字。

一档是 5000 元及其以上。空巢老人的收入特点与总样本大体一致，即有 1/3 的空巢老人月收入不到 200 元，收入在 200—499 元之间的空巢老人约占 14%，总计有近 60% 的空巢老人的收入在 1000 元以下，有 1/5 强的空巢老人收入在 2000—2999 元之间。反观非空巢老人，有 28% 的人收入在 2000—3000 元之间，有 26% 的人收入不到 200 元。总计有近 48% 的非空巢老人的收入在 1000 元以下。

根据《第四次中国城乡老年人生活状况抽样调查》公布的数据，2014 年，我国城镇老年人年人均收入达到 23930 元，每月平均 1994.17 元；农村老年人年人均收入达到 7621 元，月均 635.08 元。山东省老年人全年人均收入为 15217.00 元，每月平均 1268.08 元。我们的样本数据显示，青岛市老年人的月收入水平与全省的平均水平基本持平。其中，经济最发达的市南区，其老年人的平均月收入有 2439 元，超出全国平均水平，平度市①最低，只有 358 元，低于全国农村老年人的平均水平。所以提高老年人的收入水平，尤其是农村老年人的收入将是我们需要亟待解决的问题之一。

表 4-8　收入水平对比

收入水平	样本人数	样本占比（%）	空巢老人人数	空巢老人占比（%）	非空巢老人人数	非空巢老人占比（%）
<200 元	200,833	32.87	163,833	33.94	30,668	25.72
200—499	84,822	13.88	68,513	14.19	15,735	13.20
500—999	58,345	9.55	47,523	9.85	10,471	8.78
1000—1999	71,194	11.65	54,382	11.27	16,018	13.43
2000—2999	138,832	22.72	104,539	21.66	33,618	28.20
3000—3999	28,171	4.61	21,133	4.38	6,894	5.78
4000—4999	13,514	2.21	10,443	2.16	2,963	2.49
5000 元及以上	15,341	2.51	12,346	2.56	2,860	2.4
合计	611,052	100	482,712	100	119,227	100

（二）住房情况：几乎所有的老人都有自己的住房。相比较而言，有住房的老年人会更倾向于空巢。

---

① 前文中讲到，平度市属于青岛市的农村地区。

　　我们把住房情况整理成两种类型，一种是有住房（占总样本的98.37%），包括自有住房、住公有住房、住军产房或宗教房；另一种是无住房（占总样本的1.63%），包括从市场租房、住廉租住房或公共租赁住房、住直系亲属房，以及其他。即后者没有属于自己的房子，主要通过各种方法租房住。在有住房的老年人中，选择空巢的有80.58%，选择非空巢的有19.42%。而没有住房的老年人中选择空巢的比例下降到了57.2%。显然，房产对老年人是否空巢的选择起到非常关键的作用，有住房的老人会比无住房的老人更倾向选择空巢。

表4－9　住房情况对比

住房情况	样本人数	样本占比（%）	空巢老人人数	空巢老人占比（%）	非空巢老人人数	非空巢老人占比（%）
有住房	591906	98.37	476959	80.58	114947	19.42
无住房	9779	1.63	5594	57.20	4185	42.80
合计	601685	100.00	482553	80.20	119132	19.80

四、社会支持对比

　　我们把老年人参加的基本医疗保障情况作为社会支持的代理变量，对空巢老人和非空巢老人进行对比。表4－10显示98.6%的老年人有各种医疗保障，其中最多的是新型农村合作医疗，占比约50%[①]；其次是城镇职工基本医疗保险，占比约37%。

　　有各种医疗保险的老年人普遍比没有保险的老年人空巢率高，空巢率最高的仍然是新农合（84.13%），其次是机关事业单位医疗和公费医疗（80.11%），再次是城镇居民医疗保险（78.12%）、商业医疗保险（76.15%）、城镇职工基本医疗保险（75.63%），而没有任何医疗保险的老年人的空巢率仅73.18%。所以有保险的老年人比没有保险的老年人选择空巢的倾向更加明显。

---

① 这与样本中有53.5%的农村样本相关。

表 4 – 10　基本医疗保险情况对比

基本医疗保险情况	样本人数	样本占比（%）	空巢老人人数	空巢老人占比（%）	非空巢老人人数	非空巢老人占比（%）
无	8，408	1.40	6，153	73.18	2，255	26.82
城镇职工基本医疗保险	221，676	36.96	167，664	75.63	54，012	24.37
城镇居民基本医疗保险	46，171	7.70	36，069	78.12	10，102	21.88
新型农村合作医疗	301，460	50.26	253，610	84.13	47，850	15.87
事业/机关单位/公费医疗	20，543	3.42	16，458	80.11	4，085	19.89
商业医疗	239	0.04	182	76.15	57	23.85
其他	1，313	0.22	838	63.82	475	36.18
合计	599，810	100.00	480，974	80.19	118，836	19.81

通过以上的分析我们发现，男性、年龄在 80 岁以下、接受过教育、有配偶、有两个子女、身体健康、能自理、有住房，以及有医疗保险的老年人更倾向空巢。但是，收入低的老年人比收入高的老年人更容易选择空巢。[①]

第三节　空巢老人的养老困境

本节我们将把空巢老人样本从总样本中抽出，并参照上文分析的结果对空巢老人进行分类，进一步地考察各类空巢老人所面临的最大的养老困境，从而为研究解决办法打下基础。

一、养老困境

《登记表》中提出了"生活中最大的困难"这一问题，有六个回答选项，分别是无、疾病缠身、生活贫困、精神孤独、缺乏照料以及其他。我们重点

---

① 我们也对民族、宗教信仰等其他变量进行了对比分析，发现空巢与非空巢的差别不大，所以限于篇幅的原因，在此并未列出所有的分析结果。

分析已知的四个养老困境。

（一）疾病缠身

随着年龄的增长，老年人身体的各项机能开始逐渐下降，极易患心脑血管疾病、糖尿病、高血压、关节炎等慢性疾病。样本中有 16.61% 的老人患有一种疾病，8.31% 的老人患有两种疾病，4.26% 的老人患有三种及以上的疾病，持有大病证的老人占 5.59%。并且随着年龄的增长，患病老人的比例显著增加。由于子女照顾的缺失，部分老年人文化程度有限，缺少必要的卫生健康知识，加之高额的医疗费用负担，使他们形成了"小病拖、大病扛"的习惯。虽然样本中各种医疗保险的参保率很高，达到了 98% 以上，但是由于门诊自费、按比例报销、封顶制度的制约，使得医疗保险对遭遇重大疾病的老年人的帮助非常有限。此外，空巢老人还会遭遇疾病突发无人知晓的困境。

（二）生活贫困

前文的分析中我们已知老年人的收入较低，并且空巢老人的收入比起非空巢老人更低。其中，城市空巢老人的平均月收入是 2274 元，农村空巢老人的平均月收入是 418 元，前者是后者的五倍多。

图 4-2 给出了城市和农村空巢老人的每月收入水平结构图，从中可以看到城市空巢老人的收入多在 1000—3000 元之间，2000—3000 元之间的有 48%，其次是 1000—2000 元的有 23%，两者总共占比约 71%。而在农村，大

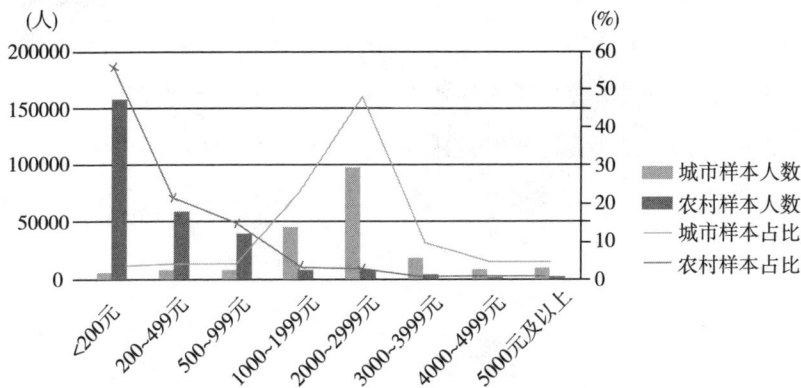

图 4-2　城乡空巢老人的每月收入水平

部分空巢老人的收入在 500 元以下，其中不到 200 元的有 57%，200—500 元之间的有 22%，两者相加约占总数的 79%。

研究空巢老人的收入来源（此项问题在调查问卷中可多选）发现，老年人收入单一。城市中有 94.8% 的空巢老人只有一种收入来源，以事业单位离退休金（53.3%）和企业职工离退休金（30.85%）居多；在农村，有74.5% 的空巢老人有唯一的收入来源，其中，新型农村养老保险（55.15%）和城镇居民养老保险（31.9%）最多。虽然青岛市自 2018 年起将城乡居民养老保险基础养老金最低标准调整到了 168 元，但是对广大农村老年人而言仍显不足。

（三）精神孤独

由于家庭养老功能的弱化，空巢老人更易产生孤独寂寞。根据《登记表》的数据显示，在农村，约有 70% 的空巢老人不参加任何文化体育活动，在城市的空巢老人中虽然这一比例有所下降，但也占到了 55%。老人们的生活单一，加之文化程度和经济条件的限制，难以培养兴趣爱好，精神生活匮乏，没有子女在身边无法排解长久积蓄的空虚感与寂寞感，极易产生心理障碍。如果夫妇双方健在，尚可相互慰藉、照料，一旦配偶去世，失去配偶的打击和生活的难以维持将会给空巢老人带来严重的心理创伤。

（四）缺乏照料

分析《登记表》中"居家养老现状"（可多选）的回答结果，发现 90% 的空巢老人选择自我照料，选择配偶照料和子女照料的分别有 30% 和 22%，选择诸如政府购买上门居家养老服务、自费住家保姆服务、自费钟点工服务、志愿者服务等其他照料方式的均不到 0.5%。由此可见，缺乏照料也是当前空巢老人面临的困难之一，这其中包括各种生活照料，也包括医疗护理。

综上所述，老年人的健康问题突出、生活面临困难、精神缺少慰藉、生活和医疗上均缺乏照料。

二、空巢老人的分类

接下来我们将结合第二节中总结的空巢老人的特点对他们进行分类。传统的方法是根据城乡分类，而我们将在此基础上，进一步从年龄、性别、健康状况、居住方式、子女情况，以及与最近子女的距离把空巢老人进行区分，以便在充分认识空巢老人群体异质性的基础上实现"精准养老"。

通过表4－11我们得知，农村的空巢老人多于城市，约多出14个百分点。80岁以下的中低龄老人约占86%，远多于80岁以上的高龄老人。女性空巢老人多于男性空巢老人，两者相差4个百分点。健康方面，约七成的空巢老人身体健康，三成的空巢老人患有各种疾病。

空巢老人的居住方式有两种，一种是独居，另一种是与配偶同住，样本中与配偶同住的空巢老人居多，达到78%。但是，也要看到约有22%的老年人自己居住，对这部分空巢老人我们应给予更多的关注。

在是否拥有子女的分类中，把"无孩"和"失独"合并为无子女，其他子女人数有1—6个及以上的合并为有子女。我们发现有1.56%的空巢老人没有子女，换言之这些老年人由于没有子女的照料，随着年龄的增大及健康水平的下降养老问题会日趋严峻，他们应该是政府重点帮扶的对象。

按与最近子女的距离分类，我们把同一社区（村）、同一街道（镇）、同一区（市），以及同住青岛市合并为同城；把市外省内、省外国内，以及国外合并为非同城，发现有近98%的空巢老人的子女都与老人们住在同一城市内。① 这也比较便于子女对老人的就近照顾。

基于以上的分析结果，我们建议对高龄、患有疾病、独居、无子女的空巢老人，在政策上给予倾斜。

表4－11　空巢老人的分类

类别	细目	样本人数	样本占比（%）	汇总
城乡	农村	278，490	57.4	485133
	城市	206，643	42.6	
年龄	中低龄老人	417，355	86.03	485128
	高龄老人	67，773	13.97	
性别	女	250，762	51.69	485132
	男	234，370	48.31	

① 从另一方面讲，青岛市的劳动力流出率较低。

续表

类别	细目	样本人数	样本占比（%）	汇总
健康状况	患有疾病	141，167	29.62	476639
	健康	335，472	70.38	
居住方式	独居	105，710	21.79	85133
	与配偶同住	379，423	78.21	
子女情况	无子女	7，503	1.56	81436
	有子女	473，933	98.44	
与最近子女的距离	同城	468，885	97.76	79622
	非同城	10，737	2.24	

三、空巢老人养老困境的比较

针对"生活中最大的困难"这一问题，有79.4%的老年人回答没有困难，这个数字具体到空巢老人略升到了80.12%。尽管如此，仍然有20%的老年人面临着疾病缠身、生活贫困、精神孤独、缺乏照料以及其他等困难。不同类型的空巢老人所面临的养老困境应该有所不同，所以我们通过表4－12至表4－18对此进行了排序。发现疾病缠身大多数情况都排在第一位，是所有空巢老人面临的最大的困难（身体健康和无子女的空巢老人除外）；而缺乏照料在所有的困难中被排在最后一位（无子女的空巢老人除外）。所以，我们以下主要分析另外三种困难对空巢老人的影响。

根据表4－12可知，农村和城市的空巢老人只有在生活贫苦和精神孤独两方面的排序不同，城市空巢老人把精神孤独排在前面。而农村的空巢老人把生活贫困排在前，这与他们较低的月收入有关。

表4－12　按城乡排序

单位：人

困难	城乡			排序	
	农村	城市	合计	农村	城市
疾病缠身	22，468	14，156	36，624	1	1
生活贫困	10，442	4，374	14，816	3	4
精神孤独	8847	8489	17336	4	3
缺乏照料	3566	2518	6084	5	5

续表

困难	城乡			排序	
	农村	城市	合计	农村	城市
其他	11135	8691	19826	2	2
无	220433	160437	380870		
合计	276891	198665	475556		

按年龄排序的结果见表4-13。高龄老人感到的第二大困难是精神孤独，第三是其他。而低龄老人与之相反，把精神孤独放在了第三位，这与低龄老人身体相对健康，有更多的机会参与社会活动，丰富自己的老后生活有关。此外，不管是低龄还是高龄老人都把生活贫困排在了第四位。

表4-13　按年龄排序

单位：人

困难	年龄			排序	
	中低龄	高龄	合计	中低龄	高龄
疾病缠身	28738	7885	36623	1	1
生活贫困	12623	2193	14816	4	4
精神孤独	13365	3971	17336	3	2
缺乏照料	4534	1550	6084	5	5
其他	17303	2522	19825	2	3
无	332208	48659	380867		
合计	408771	66780	475551		

如表4-14所示，按性别排序的空巢老人的"生活中最大的困难"，男性和女性完全相同，没有任何的差别，依次是疾病缠身、其他、精神孤独、生活贫困和缺乏照料。所以再一次证明在制定养老政策时可以不需要考虑性别差异。

表4-14　按性别排序

单位：人

困难	性别			排序	
	女	男	合计	女	男
疾病缠身	19688	16936	36624	1	1
生活贫困	7724	7091	14815	4	4

续表

困难	性别			排序	
	女	男	合计	女	男
精神孤独	9655	7681	17336	3	3
缺乏照料	3151	2933	6084	5	5
其他	10215	9611	19826	2	2
无	195540	185330	380870		
合计	245973	229582	475555		

　　按健康状况分类，可以看到对健康的空巢老人而言最大的困难是其他[①]，其次是精神孤独、再次是生活贫苦，排在后两位的分别是疾病缠身和缺乏照料。对患有疾病的空巢老人而言，最大的困难显而易见是疾病缠身，与健康老人一样，精神孤独排在第二位，之后依次是其他、生活贫苦和缺乏照料（详见表4-15）。

表4-15　按健康状况排序

单位：人

困难	健康状况			排序	
	健康	不健康	合计	健康	不健康
疾病缠身	5373	30301	35674	4	1
生活贫困	8390	6146	14536	3	4
精神孤独	9914	7130	17044	2	2
缺乏照料	2753	3215	5968	5	5
其他	12522	6921	19443	1	3
无	291185	85556	376741		
合计	330137	139269	469406		

　　按居住方式排序的结果见表4-16。对独居的空巢老人而言，继疾病缠身之后，第二大困难是精神孤独，而对与配偶同住的空巢老人而言其他排在第二位，生活贫困排在第三位，精神孤独仅排在第四位。可见，配偶对空巢老人的精神慰藉的作用是非常显著的，"老来伴"非常重要。

---

① 受调查问卷的局限，"其他"中的具体内容并未列出。

表 4 – 16　按居住方式排序

单位：人

困难	居住方式			排序	
	独居	与配偶同住	合计	独居	配偶同住
疾病缠身	8641	27785	36426	1	1
生活贫困	3753	10994	14747	4	3
精神孤独	8381	8703	17084	2	4
缺乏照料	2214	3844	6058	5	5
其他	3929	15788	19717	3	2
无	76009	302870	378879		
合计	102927	369984	472911		

　　表 4 – 17 是按照有无子女进行分类的排序。对有子女的空巢老人而言，第二大困难是其他，然后是精神孤独、生活贫苦。反之，对没有子女的空巢老人而言，最大的困难是精神孤独，其次才是疾病缠身，再次是生活贫困，缺乏照料排在第四位，最后是其他。这个排序与其他类型的空巢老人有很大的差异，我们认为应该特别专注无子女的空巢老人这一群体。

　　进一步分析发现，还有 4899 位空巢老人既没有子女也没有配偶，处于独居的状态，这些空巢老人面临的困难的排序与无子女的空巢老人完全相同。而这部分老人由于无所依靠，所以他们的老后保障是政府和社会最应该支持的，而且这些老年人占比不多，政府完全可以用有限的人力和物力解决最困难的空巢老人的难题。

表 4 – 17　按有无子女排序

单位：人

困难	子女情况			排序	
	无孩	有孩	合计	无孩	有孩
疾病缠身	568	35908	36476	2	1
生活贫困	478	14187	14665	3	4
精神孤独	686	16382	17068	1	3
缺乏照料	317	5727	6044	4	5
其他	254	19381	196355	2	
无	5065	373460	378525		
合计	7368	465045	472413		

　　与按性别排序的结果相同，与子女居住距离的远近并不会影响空巢老人
所面临的困难。不管是与子女住在同一城市，还是不住在同一城市，空巢老
人的最大困难皆按照疾病缠身、其他、精神孤独、生活贫困和缺乏照料这样
的顺序排列（详见表4-18）。

表4-18　按与最近子女的距离排序

单位：人

困难	与最近子女的距离			排序	
	同城	非同城	合计	同城	非同城
疾病缠身	699	35298	35997	1	1
生活贫困	316	14088	14404	4	4
精神孤独	423	16200	16623	3	3
缺乏照料	208	5626	5834	5	5
其他	428	19049	19477	2	2
无	8399	367664	376063		
合计	10473	457925	468398		

　　总结上述的分析结果我们发现，大部分的空巢老人（城市、低龄、有子
女）都是按照疾病缠身、其他、精神孤独、生活贫困和缺乏照料的顺序排列
他们的最大困难，这也是与总样本一致的。性别、与子女居住距离的远近对
空巢老人面临的困难排序没有影响，与总样本一致。高龄、患有疾病、独居
的空巢老人是按照疾病缠身、精神孤独、其他、生活贫苦和缺乏照料的顺序
排列。

　　由此可见，疾病是困扰老年人的首要问题，所以加强医疗保障、积极开
展医养结合等多种形式的养老模式是非常必要的。其次，如何解决老年人的
精神孤独是我们应该解决的第二大难题，这既是一个社会问题，也是一个家
庭问题，单靠任何一方都无法完全克服。再次，是解决贫困问题，提高老年
人的收入。最后，缺乏照料相对而言可以延后解决，因为我们的样本也显示
92%的老年人生活完全可以自理。

　　需要强调的是，在众多的空巢老人的类型中，无子女的独居空巢老人应
该是政府和社会帮扶对象的重中之重。

第四节　空巢老人养老困境的解决对策研究

空巢老人作为一种社会现象，是现代社会发展的产物，它所衍生出来的社会问题是多方面的，这些问题不仅涉及空巢老人本身及其家庭，也会对社会产生许多负面影响，单靠政府或者家庭的力量是无法解决的。所以我们认为应当把政府、家庭以及社会三股力量结合在一起，三方各司其责。本节将从这三个角度出发，针对空巢老人面临的养老困境提出可行的政策建议。

一、政府尽责

（一）在社会医疗保险或者长期护理保险中设立预防专项基金，帮老年人从被动生病变为主动预防

对于绝大多数老年人而言，疾病缠身是最大的生活困难。随着年龄的增长，各项生理机能衰退，患各种老年病或慢性病是难以避免的事情。面对生老病死这样大自然的规律，我们无法违背，但是却可以想办法让疾病来得晚一些，少一些。具体来讲，可以在社会医疗保险或者长期护理保险中建立预防专项基金，每年定额向老年人提供免费的或者低收费的老年用品。

例如，跌倒是老年人极易发生的事情，跌伤后老人的患病发生率约为45%。意外摔倒是老年人骨折的主要原因，并且还会伴随心脑血管疾病、脑血管疾病、泌尿系统感染、便秘、褥疮等并发症，严重的还会导致老年人卧床不起，从此与社会脱钩。为此，家庭和社保部门不仅要花费大量的医药费、护理费，而且老年人的精神会受到严重的打击。我们设立预防专项基金，每年一次限额向老年人提供防滑鞋、拐杖、护腰、护膝、家用扶手、防滑垫、感应夜灯等用品。老年人或者其家人可以凭老年证，去机构领取自己所需。我们不主张发放现金是为了避免老年人基于省钱存钱的习惯，不去购买。我们也不主张按老年人的健康水平或年龄区别对待，因为预防适用于所有的老年人，提早预防将有可能减少医疗保险基金的支出，并且可望节省很多人力和物力，这对家庭和政府都会有益。

（二）适当调高空巢老人，尤其是无子女空巢老人的社会医疗保险的报销比例

前文中的表 4 – 10 显示不管是空巢老人还是非空巢老人 98％ 以上都加入了各种医疗保险，尽管如此，疾病的困扰还是非常严重。一方面，老年人常患的一些慢性病需要长期服药并定期检查，但是这些大都需要自费，虽然在社区医院看病和拿药都可以部分报销，但是有很多药品，尤其是特效药在社区医院是没有的。此外，办理大病证需要有住院病历、患病时间等的限制，我们的数据显示 147469 名患病空巢老人中只有 15.8％ 的老人有大病证，所以导致大多数老年人的门诊费用仍然需要全额自费。如果住院，社会医疗保险只能按比例报销起付线以上最高限额以下的部分，按规定，最高限额是上一年度社会平均工资的 6 倍，以青岛市 2018 年的在岗职工年平均工资 68791 元计算，最高限额约为 41 万（农村地区更低），而这对患有重大疾病的老年人而言是远远不够的。所以，不管是患有大病重病，还是患有常见病，医药费的支出都是老年人沉重的负担。有子女的空巢老人遇到困难，子女尚且可以提供医疗费用的援助，但是对无子女的空巢老人而言就非常的无助了。所以我们建议适当调高无子女空巢老人的社会医疗保险的报销比例，或者建立专项医疗援助基金，在他们需要时提供医疗费用的帮助。

（三）在学校开设公益课，在媒体上开设老年人专属频道，以丰富老人们的精神生活

精神孤独在老年人生活困难中位列第二。社会一直在宣传助老志愿者活动，虽然取得了一些成绩，但是进展缓慢且普及性低。我们认为应该由政府出面，在各大中小学校中设立公益课程，每月一次，一次 2—3 节课时，在这门课中大家可以自由报名参加各种社会公益活动，其中包括走访空巢老人。具体的，可以由每个学校与所在地的社区或街道办事处结成合作单位，利用公益课的时间与老人聊天、做游戏，教老人拼图、画画、做手工，一起做简单的运动等。把原有的节假日慰问变为常态化走访，把传统的慰问演出形式变为与老年人一起互动的形式。这样做，一方面可以帮助老年人解决孤独寂寞，另一方面也可以让孩子树立从小帮助他人、做公益的爱心。

此外，媒体上有专门面向少年儿童的儿童频道，有提供给体育爱好者的体育频道，还有针对音乐爱好者的音乐频道，可是，却没有一个专门服务于老年人的老年频道。很多老人出于身体和生活习惯的原因，多逗留在室内，如前文中介绍的有70%的农村空巢老人和55%的城市空巢老人不参加任何文化体育活动，所以在电视或收音机里设立专门的老年人频道，播出新闻、戏曲、传统文化、历史剧、革命剧等老年人喜爱收看或收听的节目，丰富他们的文化生活就显得非常必要。此外，现在是信息化时代，手机不仅仅是一个通信工具，它的一些衍生功能如微信、支付宝等已成为人们日常生活中最常使用的沟通和支付方式，我们也可以通过老年频道把这些现代化的交流工具介绍给老年人，教会他们使用，以便让老年人体会到他们与时代共同进步。当然，政府也应继续宣传并组织为老活动，比如老人节、老年人运动会、家乡变化一日游等户外活动，以丰富老年人的精神生活。

（四）提高空巢老人的收入水平，农村空巢老人尤为迫切

从前文的分析中我们得知空巢老人的平均月收入是1203.63元，低于非空巢老人的1424.46元。同时，农村空巢老人的平均月收入是418元，远低于城市空巢老人的2274元。根据国家统计局《2016年国民经济和社会发展统计公报》公布的数据，2016年度全国城镇居民人均可支配收入33616元，月均2801.33元；农村居民人均可支配收入12363元，月均1030.25元。根据青岛市统计局公布数据，2016年度全市在岗职工平均工资为58551元，月均4879.3元。可见，青岛市空巢老人的月收入水平低于全国城镇居民人均可支配收入，更远低于青岛市在岗职工水平，并且与之的差距非常显著。我们进一步地研究收入来源发现，绝大部分城乡老人均依靠养老金维持老后的生活。

所以，为解决老年人的生活贫困问题，最直接的方法就是提高他们的收入，城市退休老人的养老金在2015年之前实现了每年10个百分点的十连涨，近几年的涨幅也始终稳定在6%左右。但是，在农村，最初的基础养老金设定为55元，虽然当前青岛市城乡居民的基础养老金已调高至168元，但是与物价水平相比仍显不足。这与较低的城乡居民养老保险费是密切相关的，所以建议政府相关机构向广大农民做好宣传工作，适当提高保险费缴费额，同时政府加大财政投入，提高养老金的待遇水平。

（五）积极发展长期护理保险制度，扩大受益的范围和内容

青岛市于 2006 年开始探索通过城镇医保，解决老人的社区医疗护理住院问题，并于 2012 年颁布《关于建立长期医疗护理保险制度的意见（试行）》，首创长期医疗护理保险制度。2018 年 4 月 1 日，《青岛市长期护理保险暂行办法》正式实施，保障对象由完全失能人员，扩大到重度失智人员，在原长期医疗护理基础上，将基本生活照料纳入职工护理保障范围，创新实施"全人全责"长期护理保险制度，进一步丰富和完善了多层次社会保障体系。但是，我们看到还有"大部分不能自理老人"和"部分不能自理老人"也都对护理有需求，甚至即使对很多能够自理的老人而言，生活照料也是急需的养老服务之一。所以把长期护理保险的服务对象逐步扩大到全体老年人，不仅是医疗护理而且把生活照护放入保险的范围，也是政府接下来要做的工作。

二、社会尽力

（一）帮助空巢老人居家，解决生活困境

我们的调研数据显示 86% 的空巢老人不愿入住养老机构，他们更愿意居住在熟悉的家里。但是空巢老人，尤其是身体欠佳的空巢老人也有被他人照料的需求，所以我们建议通过以下的方法提高老年人在家中养老的质量。

1. 建立空巢老人电子信息档案，为独居的空巢老人配备生活指导员

发挥基层组织的作用，由城市社区或农村村委会为每一位空巢老人建立电子档案，包括老年人的人口信息和健康信息，该电子档案应与社区医院联网，同步掌握老年人的病理状况。为独居空巢老人配备生活指导员，这些指导员可以在本社区内招聘兼职人员，比如可以是待业人员、全职妈妈，也可以是已经退休的低龄老人。生活指导员每天打电话问候独居老人，每周走访独居老人的住处，了解他们的身体和安全情况，解决他们的心理诉求。同时，随时把走访的信息在电子档案里更新。电子档案可以在全市联网，老人如有搬迁，档案随老人走。

2. 政企合作发展连锁型社区居家养老服务中心，满足空巢老人的生活需求

社区居家养老的模式早在十几年前就提了出来，但是发展缓慢。一方面是因为老年人花钱买服务这种观念的转变需要一个过程，另一方面因为很多服务项目都是街道办事处在主持工作，但是它们并没有足够的人力、物力和精力把它做实。我们的调研数据发现，有10%的空巢老人依次对医疗保健护理、水电气维修、紧急救助、打扫卫生、一日三餐、住家保姆、陪同买菜、理发洗澡、陪同聊天等服务有需求。针对每一种服务需求，市场上也确实都有对应的服务窗口，比如家政公司、五金店、理发店等，外出寻找服务对年轻人而言是很容易办到的事情，可是对老年人而言有时就会感觉特别困难。所以我们需要这样的服务中心，在这里工作人员可以随时提供上门服务，可以解决老年人所有的生活需求。

作为政府，可以鼓励、引导和支持社会力量出资兴办这样的社区居家养老服务中心，政府一方面制定优惠政策给予引导，另一方面可以把原有的政府购买上门居家养老服务委托给该中心加以支持。为了降低成本，我们认为类似的服务中心应该同时服务于多家社区或街道办事处，做好网络信息平台，提高效率。同时，我们认为要做出品牌效应，让老人们用的舒心、用的放心。

3. 组织专业机构，大力发展医养结合中的"家护"、"巡护"模式

正如前文所述，老年人最大的困难是疾病缠身，而有些病尤其是慢性病是需要长期护理的，但是出于居住习惯大多数老年人又不愿离开家，所以如何在家中既能养老又能养病就成为了关键。青岛市出台的长期护理保险中有专护、院护、家护和巡护四种模式。其中家护和巡护是面向城市和农村的居家老人提供的护理服务，现在主要由社区医院来承办。它们的发展比起专护和院护略显滞后，我们认为可以由其他的机构，比如专业的护理机构，或者上述的居家养老服务中心参与到家护和巡护的工作中。一方面可以把护理的等级区分开来，服务的细化、专业化可以提高效率。比如初中级的护理交由社区医院，中高级护理交由专业护理机构负责，生活照料交由居家养老服务中心；另一方面多方参与也可以在市场上形成竞争机制，促进行业的良性发展。

4. 发挥志愿者的作用

充分发挥社会组织的作用，培养社工人员，鼓励大家利用碎片化时间帮助空巢老人。比如青岛大学智慧健康老龄化研究中心组织在校大学生志愿者到各街道办事处教老年人学习智能手机的使用方法，教会他们使用手机发微信、照相、移动支付、网上预约挂号等，在老年人中深受好评。老年人掌握了现代化的沟通工具，一方面会有强烈的社会存在感，认为自己并没有被现代化经济发展所遗弃，另一方面可以与子女、朋友经常联系，丰富日常生活。所以，可以把"教爷爷奶奶玩手机"这样的活动推广到全国。另外，还可以继续开发志愿者的作用，如为空巢老人提供生活照料、心理抚慰、法律援助等服务，为他们排忧解难，减少老年人不良心理、行为的发生，提高空巢老人的生活质量。

（二）帮助空巢老人走进养老机构，解决生活困境

老年人除了居住在家中，入住机构安度晚年也是一种选择。我们的调研数据显示有1%的老人打算三年内入住养老机构，7%的老人打算当生活不能完全自理的时候入住，有6%的老人打算当生活完全不能自理的时候入住。尽管从收集的数据来看，目前老年人入住养老院的意愿不高，可是一旦他们的自理能力下降，入住的意愿将大幅提高13%。即使内心并不愿意，但是迫于现实的压力不得不入住养老院也将会是相当一部分老年人的选择。大多数老年人不愿意入住养老机构，究其原因主要有三个：一是心理原因，不愿离开熟悉的生活环境；二是现在的医养产业还处在发展的初级阶段，大部分机构的条件远不及家里；三是消费观念滞后，当代60岁以上的老年人都出生在20世纪50年代以前，生长在艰苦岁月中，养成了节俭的生活习惯，所以对于花钱住养老院需要有一个接受的过程。

社会进步的一个体现是社会分工的细化，细化、专业化会提升效率和质量，社会养老服务也是如此，所以，老年人走出家庭入住机构是将来的一个趋势。分析《登记表》的数据我们发现，老人们对养老机构最关心的问题依次是，服务质量（20%）、收费适中（18%）、离子女近（10%）、具备医疗康复功能（7.8%）、交通便利（7.1%）、硬件设施好（6.9%）。如何把老年人"不得不"的选择，变成一个优先选择是我们现在应该做的。

1. 开办公办、民办、外资、合资等多种形式的养老机构，解决养老事业投入资金困乏的问题

为了让老年人觉得居住在机构里要远远好于居住在家里，这就需要大力投入机构的软硬件建设。众所周知，养老产业是一个朝阳产业，但是由于投资期限长、回报慢，再加之缺乏经验，所以国内的民间资本大多呈观望态度。仅有的一些资本也大多投资于高端养老产业，服务极少数的高收入人群，所以未能解决大多数空巢老人的根本问题。建立惠及广大群众的养老机构，但其经费主要依靠国家的财政来补贴是不现实的，因此，我们建议可以引入国外的资本。日本等发达资本主义国家由于先于我国出现老龄化，并且老龄化程度也高于我国，所以这方面经验很丰富，适当引入其他发达国家的养老产业企业，一方面可以解决该行业目前投入资金不足的问题，另一方面还可以借鉴他们先进的管理理念和经验。把国外资本和民间资本相融合，建立公立、民办、外资、合资的养老机构，这将有助于推动养老事业的发展。

2. 开办专业化、人性化、个性化的养老机构，满足不同类型空巢老人的养老问题

很多养老机构追求大而全，不管是完全自理老人，还是半自理或者失能老人都是它们的服务对象。诚然，我们需要大而全的机构，但是更需要小而专的机构。把同一类型的老年人集中在一起，一方面老年人的病情相近，便于照顾；另一方面，护理人员更加专业，对老年人的服务更有针对性，这种精细化、专业化的分工将会使得服务质量和效率都得到提高。比如我们可以建立专门的失智老人养老院、失能老人养老院、临终关怀型养老机构等。即，在发展医养结合型养老院的同时分工再细化。

此外，现在的养老院大到房间的陈设，小到床品脸盆都是统一配置，老年人入住不仅没有宾至如归的感觉，反而像是进了医院。我们可以学习日本的一些经验，比如把家里的小家具、摆设、挂饰都搬到养老院，被褥等生活用品皆从家里带来，这样老年人走入房间就如同回到了自己熟悉的家中，使用的生活用品都是多年来自己用惯的，这种在心理上的归属感将有助于老年人的身体健康（康复）。所以只要稍加改变，提供更加人性化的服务，养老机构就可以做到如家的感觉，也可以吸引到更多的空巢老人。

我们还可以发展一些有特色的养老机构或养老社区，按照老年人的兴趣

爱好、职业背景、人生经历进行规划，让老人们抱团养老。这样，老人们即使离开了熟悉的家庭环境，也可以找到志同道合的朋友，有了共同语言，他们的身心也都是愉悦的。另外，还可以在一些环境适宜、居住成本低的地方兴建类似美国太阳城一样的老年城。

3. 培养并吸引专业化的管理人才和护理人才，提高他们的收入水平

软件的提升主要依靠人才的培养。当下机构的护理人员主要以中年妇女为中坚力量，而且有相当一部分是文化程度较低的人员，经过简单培训后就上岗。大专院校里即使有护理专业，但毕业后大部分同学都转做他行，年轻人不愿意从事这一行业是不争的事实。所以，为了破除人们传统的旧思想，让有专业素养的人进入到该行业，我们认为可以从以下几点入手：

一是建立护理员等级配比制，每个养老院根据收容人数和服务对象的难易程度，配备规定人数的不同等级的护理人员；二是与国外的护理院校或养老机构建立合作机制，派遣护理学院的学生或者工作人员，去国外学习先进的护理技术以及管理经验；三是把养老产业做大做强，只有产业发展的好了才能吸引到更多的年轻人投入到这个行业中来，两者是相辅相成的。

总之，社会需要多种多样的养老机构，只有百花齐放给老年人提供多种多样的选择，养老产业才能进入快车道，才能良性发展。

三、家庭尽心

受社会经济发展状况、老年人的观念等的制约，短期内社会化养老难以实现，现阶段还是以家庭养老为主。所以，我们应以家庭养老模式为基础，强调自身积累，倡导在家庭内部的反哺式养老。子女在尽孝的同时，父母积极面对老后生活。

（一）子女尽孝

首先，在社会上加强"孝文化"的宣传推广，提高年轻人家庭养老的意识。表彰敬老养老先进，批评不孝的行为。其次，制定和完善法律法规，对不尽赡养义务，虐待、遗弃老年人的行为加大处罚力度，必要时予以刑法处置。再次，鼓励子女常回家看看，企业可以为家在异地的员工设立探亲假，以往返父母所在地的票据作为享受该探亲假的依据。最后，作为政府，可以

借鉴新加坡的方法，鼓励子女与父母同住，对与父母同住的子女在购房时给予价格上的优惠，或者向因照顾老人而放弃工作的子女发放补贴。在农村，可以依据当地的特点发展多种产业，鼓励年轻人回乡创业、就业。

（二）老人自强

老年人的幸福很大程度上取决于自己，所以建议老年人，一是树立积极乐观的心态，不断地调整自己的心理，以宽容和体谅的心态对待社会和家庭；二是培养兴趣爱好，走出户外广交朋友，参加老年大学、社区组织的各项文体活动等；三是鼓励身体较好的低龄老人参与到社区志愿者队伍中，发挥余热。

四十年前响应国家号召施行独生子女政策的一代父母现在已经步入老年，他们中的大多数人都处在空巢状态，再过10—15年他们将迈入高龄老人的行列，彼时身体和日常生活开始需要有人照料，但是其子女还处在工作状态，所以如何解决好这些老人的养老问题迫在眉睫。虽然我国已经推出了二孩政策，但是由于人们的生育意识已经发生改变，加之我们的研究表明有两个子女的老人更倾向于空巢，所以预计未来空巢老人的规模将会进一步扩大。因此，不管是从主观还是从客观角度而言，家庭养老的功能会日趋弱化，所以大力发展社会化养老迫在眉睫。

解决好空巢老人的养老问题需要政府、社会和家庭三方共同努力。政府给予政策上的帮助和扶持，社会力量积极参与，家庭发挥其传统的作用都是非常重要且必要的。

第五章　失独老人养老困境及解决对策研究

第一节　研究背景

20世纪70年代末80年代初，为了缓解人口快速增长的压力，提高人口素质，我国开始在全国范围内实行计划生育政策。计划生育政策推行为中国的发展减少了人口爆炸的风险，但这一政策在实施过程中也伴随着一个特殊群体的产生——"失独家庭"。失独较早的家庭大多数很快补生了子女，失独较晚的家庭其独生子女已经生育了孙子女或外孙子女，但是对于失独时年龄在中年以上，难以再生养子女的家庭而言，他们是最为痛苦的。随着年龄的增长发展成为失独老人。

失独老人产生的原因主要有以下几个方面。一是独生子女因疾病身故，例如恶性肿瘤、罕见病等；二是意外事故导致独生子女死亡，例如交通意外等；三是独生子女自杀身亡；四是不可抗力原因导致独生子女死亡，例如自然灾害等。失独老人由于遭遇子女不幸死亡的厄运，他们的精神受到重创，面临无人养老的危机。失独老人在养老问题上主要存在几大顾虑：一是普遍感到寂寞、孤独与精神失落，希望接受专业的心理咨询服务；二是担心年老体弱无人照料和护理；三是担心高龄需要照护时缺乏经济来源；四是担心生病需要就医时乏人陪伴。目前我国对于空巢老人的研究较多，虽然失独老人也属于空巢老人的范围，但一方面因为其数量相对较少，另一方面因为这一问题也是最近几年才慢慢凸显，所以并未得到学术界的普遍关注。对于数以百万的失独家庭来说，如何使他们安度晚年，成为一个迫切需要解决的社会问题。

根据中国社科院人口与劳动经济研究所人口预测专家王广州的测算，2010 年全国独生子女总量在 1.45 亿左右，累计死亡的独生子女数量超过了 100 万人。根据计算机仿真技术所得数据，2016 年我国 35 岁及以上失独妇女总量共 140 万左右，在不幸失去唯一的子女之后，他们中的大多数都很难再生育，伤痛之余，他们面临的养老问题将更加现实与迫切。在我国，失独家庭数量排在前 4 位的地区分别为四川、山东、江苏及广东。数量规模积累越大，意味着数字背后产生的现实敏感问题将更突出。这一现象直接导致了 50 岁以上的失独群体不断增加，也使失独老人养老形势趋向严峻，为完善失独老人养老保障体系进一步增大了难度。如何审慎思考并有效应对，是我们必须致力解决的重大现实问题。然而，对于如此不可忽视的社会角色、如此庞大的社会群体，其相对应的措施、制度却显得有些模糊。没有相应的管理部门、没有统一的扶助标准、没有相关的执行人员、没有监督体系、没有反馈渠道等。政府并没有系统了解失独者的真正需求，缓慢涨幅的扶助金在物价持续上涨的情况下也显得杯水车薪。因此，在各地现有财力情况不一、优质养老院一床难求、公共兜底还无法顾及大多数老年人的现实情况下，解决失独老人的养老问题，给予特殊关照，具有重要的现实性与必要性，具体体现在以下几个方面：

一是由我国基本国情决定。1982 年计划生育成为我国的基本国策，此后大多数家庭生育的都是一个子女，所以出现了很多独生子女家庭，这也成为现在我们要研究解决失独老人养老问题的政策背景。

二是我国失独老人人口数量庞大。王广州（2013）指出我国失独家庭在 2010 年已达百万。人口学专家易富贤（2012）认为"即便不计算 2010 年后新增的独生子女家庭和死亡子女数量，到 2035 年也会有 1000 万失独家庭"。主流观点认为"我国至少有 100 万个失独家庭，每年新增失独家庭 7.6 万个"。失独已不再是个人和家庭问题，而是已经上升为越来越突出的社会问题。

三是失独老人身心问题堪忧。失独老人精神、情绪、认知、心理等方面都会出现相应的亚健康状态，进而产生自卑、自我封闭的心理，回避社会交往，不能胜任日常生活和工作，甚至出现严重的社会功能受损。失独老人特殊的心理特点，对其养老环境提出了更高的要求。

四是失独老人的经济生活不容乐观。2001 年 12 月国家出台的《人口与计划生育法》第 27 条规定：独生子女发生意外伤残、死亡，其父母不再生育和收养子女的，地方人民政府应当给予必要的帮助。据此，全国各省市的地方性法规也相应地作了一些相关规定。2007 年，国家人口计生委、财政部联合发出通知，决定从当年开始，在全国开展独生子女伤残死亡家庭扶助制度试点工作。以后逐年全面铺开。根据这一通知，独生子女伤残死亡后未再生育或合法收养子女的夫妻，符合相应条件的，由政府给予每人每月不低于 110 元和 135 元的扶助金，直至子女康复或本人亡故为止。到目前，北京市、浙江省、河南省等一些地方政府逐步提高标准，但也限于每人每月 300—400 元之间。他们中有相当一部分人几乎没有经济来源，甚至温饱问题都难以解决。本章使用《登记表》的数据对青岛市的失独老人养老方式的选择及成因做出分析，并找到失独老人的养老困境，从而有针对性地提出意见和建议。

第二节   研究综述

在查找国外相关文献之后发现，国外在失独老人养老方面的研究很少。主要原因是计划生育政策是我国的特殊国策，所以失独问题是我国的一个特殊问题。因此这里只针对国内现状作研究综述。通过查找相关资料发现，国内对失独老人这一群体的关注是随着近几年失独群体越来越大和养老问题越来越严峻才逐渐多了起来，甚至"失独"这一概念都是在 2012 年才进入大众视野。

研究已有的文献资料和新闻报道等后，我们发现这些资料文献大都提到了失独老人的经济压力、健康问题、生活照料等亟待解决的养老问题。目前，中国社会对于失独群体的心理救助机制几乎没有，甚至社会上还存在一些对于他们的误解与歧视，而且缺乏有力、有效的医疗保障和社会养老保障，我国现在对于解决失独老人养老的研究也是少之又少。

王莲瑞（2013）和刘祥敏、张先庚（2016）提出，中国失独老人现存的困境一是经济拮据组织无保障，二是身体衰弱生活无照料，三是心理抑郁情感无寄托，四是老无所养，病无所医。谢勇才等（2013）、韩珍珍（2015）等也提出了失独老人经济拮据、生活不便等相似的观点，但是对于失独老人的抑郁孤独等心理和精神问题被提到得较少，这是已有研究的一个不足，我们也将对此进行重点补充。

查阅到的资料在提出解决方案或政策建议时，主要是针对当前我国的养老保障体系和现有的养老服务资源，从制定法律法规和完善养老保障制度方面入手。马一（2014）提出要建构当代中国失独家庭救济机制的系统。具体的有放宽失独家庭收养条件，增设不完全收养法律制度；法律应明确规定将社会抚养费作为失独补偿的主要资金来源；明确失独家庭管理机构，建立专门失独者养老院；完善相应法律法规，构建制度化保障。在法律法规方面具体的建议有：完善我国《收养法》的配套制度；完善我国《社会抚养费征收管理办法》及其配套立法并加强执行；改进《全国独生子女伤残死亡家庭扶助制度试点方案》，鼓励先进地区的地方制度推广。李真（2015）建议通过尽快调整计划生育政策、加强立法、推进失独老人社会保障法律框架的建构。用"制度尽孝"以慰藉失独老人生存之殇、完善社区护理措施，建设"精神家园"、加强立法，推进失独老人社会保障法律框架的建构等，以改善失独老人养老的困境。吴鹏辉（2018）指出要从政策层面上关爱失独老人，解决失独之殇；从制度层面上加强救济政策改革，进一步改革现有失独家庭的经济状况；鼓励和扶持互助养老、结伴家庭养老等民间养老模式。

目前基于管理学、社会学、心理学等理论对失独家庭医养结合问题进行探讨的研究较多，但多为理论层面的探讨，缺乏针对服务需求的定量研究，定性研究与定量研究相结合的方法则使用得更少，因此难以为失独家庭提供"量身定做"的服务。基于以上情况，我们使用微观调研数据研究失独老人的养老现状和需求，而且将失独老人与非失独老人进行对比分析，力求全面而不失针对性地剖析目前中国失独群体的养老困境，并给出适当的改善建议。

第三节　青岛市失独老人的特点

《登记表》有一个问题是向调研对象询问子女的人数，选项有"无"、

"失独"、"1个"、——、"6个及以上"，我们把选择"失独"的调查对象归为失独老人，以他们为对象进行重点分析研究。样本方面，我们选取了市南区、城阳区和平度市，分别代表城市、城乡接合部以及农村地区的老年人口。市南区的样本有54478人，失独老人87人，占样本的0.16%；城阳区的样本有28805人，失独老人46人，占样本的0.16%；平度市的样本有19914人，失独老人162人，占样本的0.81%。虽然三个地区的失独老人占比都不高，不及总人口的1%，但是相比较而言平度市要远高于市南区和城阳区，显然农村失独老人的比例更高。三个地区共有失独老人295人，其中，市南区失独人数占总失独人数的比例为29.5%，城阳区为15.6%，平度市占比为54.9%。以下我们将分析各个地区失独老人的特点。

一、低龄化

如表5-1所示，失独老人有低龄化的特征。三个区中60—69岁的失独老人数量最多，并且年龄越大，失独老人数量就越少。市南区和城阳区90%以上的失独老人集中在80岁以下，尽管平度市的这一比例低于市南区和城阳区，但是也超过了82%。

表5-1　失独老人的年龄分布

年龄	市南区	城阳区	平度市
60—69	74.71%	82.61%	64.81%
70—79	18.39%	8.70%	17.28%
80—89	5.75%	6.52%	13.58%
90—99	1.15%	2.17%	4.32%
总计	100.00%	100.00%	100.00%
样本数量	87	46	162

二、城乡收入差距显著

失独老人的平均月收入是1054.8元，最高月收入是6000元，有四人收入为0。按地区划分，市南区失独老人的平均月收入是2500元，城阳区是622元，平度市是401元。把月收入按500元或1000元不等分成六组，发现市南区的样本多集中于 1500 元以上，其中 1500—2500 元最多；而城阳区和平度市多集中在 1000 元以下，其中，500 元以下最多，尤其是平度市 72% 的失独老人的月收入都不足 500 元（详见表 5 - 2）。由此可见，城市以及城乡接合部、农村的差距非常明显，这与城市和农村老年人的收入差距是一致的。

表 5 - 2　失独老人的收入分布

月收入	市南区	城阳区	平度市
<500	2.30%	50.00%	72.11%
500—1000	0.00%	39.13%	21.05%
1000—1500	0.00%	2.17%	4.21%
1500—2500	63.22%	6.52%	0.53%
2500—3500	20.69%	2.17%	0.53%
≥3500	13.79%	0.00%	1.05%
总计	100.00%	100.00%	100.00%

三、以与配偶居住或者独居为主

表 5 - 3 列出了各区市失独老人的居住方式。可以看出，三区都是与配偶同住的占比最多，其中又以市南区最多（72.41%），平度市最少（52.47%）；其次是独居，平度市最多（35.19%），城阳区最少（17.39%）。还有部分失独老人选择与有赡养能力的子女等晚辈同住，这里同住的晚辈有可能是孙子女，也有可能是其他亲属；还有少部分失独老人选择两代老人同住。

值得注意的是平度市有 1/3 强的失独老人处于独居状态，即使是市南区和城阳区的独居失独老人也达到了总数的约 1/5。丧偶、离异、分居应该是老年人独居的三大原因，其中又以丧偶为主，我们的数据中，有 60 位丧偶老人，占失独老人的 20%，其中，平度市的丧偶老人达到 45 位。老人在失去子女的同时又失去配偶，这在精神上是一个沉重的打击，同时对生活的影响也是巨大的。所以，关注失独老人，尤其是关注独居的失独老人应该是我们政府和社会应该做的。

表 5 – 3　失独老人的居住方式

	市南区	城阳区	平度市
独居	19.54%	17.39%	35.19%
与配偶同住的纯老家庭	72.41%	67.39%	52.47%
与有赡养能力的子女等晚辈同住	3.45%	13.04%	6.79%
与无赡养能力的子女等晚辈同住	0.00%	0.00%	0.00%
两代老人同住的纯老家庭	4.60%	2.17%	4.32%
其他	0.00%	0.00%	1.23%
总计	100.00%	100.00%	100.00%

四、健康状况良好

从表 5 – 4 可以看出，三个地区失独老人的健康情况比较相似，大部分失独老人是健康的，少部分带病老人也大多只患有一种老年慢性病。平度市的失独老人的健康水平最好，有 74.5% 的老人没有任何疾病，在剩余的带病老人中以患有一种老年慢性病居多；其次是城阳区，健康老人占 65.22%，其余的带病老人中也是以患有一种老年慢性病的居多。健康老人在三区中相对较少的是市南区，尽管这样占比也达 59.09%，即近六成的失独老人是健康的，但是带病老人的特点与其他两个地区不同，患有两种老年慢性病的最多，占 13.64%，其次是患有一种老年慢性病，占 11.36%，而患有三种及以上疾病的失独老人也有近一成，达到了 9.09%。由此可见，农村失独老人的健康水平要明显好于城乡接合部和城市，而城乡接合部又好于城市，城乡之间存在明显的差异。这或许与城乡之间的生活环境、生活习惯以及食物等原因有关。

表 5 – 4　失独老人的健康水平（多选项①）

	市南区	城阳区	平度市
健康	59.09%	65.22%	74.85%
患有一种老年慢性病	11.36%	26.09%	14.72%
患有两种老年慢性病	13.64%	6.52%	3.07%

---

① 本章对于多项选择题数据的处理，是统计每个选项各有多少票以计算选项的比重，即总票数记为 100%。

	市南区	城阳区	平度市
患有三种及以上老年慢性病	9.09%	0.00%	4.29%
患有大病（有证）	6.82%	2.17%	3.07%
总计	100.00%	100.00%	100.00%

五、以利用免费公共医疗卫生服务为主

如表 5 -5 所示，三区各有21%—36%左右的失独老人没有享受过任何形式的公共医疗卫生服务，尤其是市南区的占比最多（35.71%），但是根据表 5 -1 我们得知市南区失独老人的健康率是最低的。

城阳区和平度市的失独老人对于公共医疗卫生服务的利用主要侧重于国家政府机构提供的最基本的免费医疗，按利用人数占比由高到低依次是免费体检、建立健康档案和年检补助。而市南区相对而言比较分散，各方面都有。除了免费的基本医疗之外，还包括门诊大病、居家长期医疗护理服务和家庭病床，尤其是后两项，在城阳区和平度市的利用率均为 0。究其原因，一方面跟老年人的健康水平有关，但另一方面也凸显了城乡养老服务资源不均的现状。

表 5 -5　失独老人的医疗服务利用现状

	市南区	城阳区	平度市
无	35.71%	27.42%	21.46%
享受老年人年检补助	4.46%	4.84%	4.11%
公共医疗机构每年免费体检	18.75%	33.87%	36.53%
门诊大病	8.93%	0.00%	0.91%
健康档案	12.50%	29.03%	36.53%
居家长期医疗护理服务	2.68%	0.00%	0.00%
家庭病床	0.89%	0.00%	0.00%
其他	16.07%	4.84%	0.46%
总计	100.00%	100.00%	100.00%

第四节　失独老人的养老困境及成因

一、养老困境

目前我国包括失独老人在内的所有老年人都面临四类问题：第一，由于丧失劳动能力而产生的收入风险；第二，由于年龄增长而产生的疾病风险；第三，由于疾病或意外造成的失去生活自理能力的失能风险；第四，由于缺乏子女陪伴而产生的精神孤独。在非失独家庭中，老人们可以得到子女的赡养与经济上的帮助，假定子女都尽其应尽的义务，老人们无论在身体上，还是在精神上，都可以得到慰藉和改善。而在很多失独家庭中，收入主要为工资性收入，当他们年老退休后，收入明显减少，身体日渐虚弱，医疗性开支大幅上升，生活越发窘迫。和城镇相比，乡村家庭的收入更为单一，社会保障体系无法完全覆盖，失独老人一旦失去劳动能力，只能依靠低保生活，如果再遇到身体不好、生活不能自理的情况，将变得非常无助。中国人传统的养儿防老观念靠代际传承来寄托希望，把生命的全部意义都寄托在子女身上，子女不仅是血脉的延续，也是精神的寄托。因此，大部分失独者害怕刺激，害怕孤独，害怕孤身一人或生病时无人看护，害怕将来无人送终，害怕没有尊严地死去或去世多日无人知晓。

失独家庭因独生子女的离世而深受打击，这些父母陷入了老无所依、老无所养的困境。首先，经济方面，失独老人缺少了子女的赡养可能会面临经济上的困难。农村失独老人面临的形势更加严峻，农村的老人往往没有退休金，有些有为数不多的新型农村养老保险金，而国家每年发放的失独老人补助更是杯水车薪。其次，精神方面，自独生子女离开后失独老人情绪崩溃、情感压抑，长期压抑且缺乏心理辅导的意识，极易出现精神抑郁、自我封闭甚至出现自杀倾向。再次，生活方面，失独老人一旦突发疾病，不能及时送往医院，而住院又面临着无人签字无人看护的窘境。最后，日常照料方面，养儿防老对于他们而言已无从谈起，只能靠自己或配偶。以下我们将对失独老人的养老困境展开具体分析。

（一）与非失独老人的对比

就生活中最大的困难而言，无论是失独老人还是非失独老人选择没有困难的占多数，但是该比例失独老人（64.04%）要明显低于非失独老人（74.79%）10个百分点。在所面临的困难中，不管是失独组还是非失独组，排在后两位的相同，分别是贫困和缺乏照料。而排在前三位的顺序各不相同。其中，失独组中选择精神孤独的最多，占11.99%；其次是其他未列出的困难，占8.56%；第三是疾病缠身，占7.88%。反观非失独组，排在困难第一位的是疾病缠身，占8.15%；第二位的是精神孤独，占6.5%；第三位是其他未列出的困难，占5.19%（详见表5-6）。

表5-6 失独老人与非失独老人的养老困境对比

困难	三区合计		三区合计占比	
	失独合计	非失独合计	失独合计占比	非失独合计占比
无	187	216746	64.04%	74.79%
疾病缠身	23	23631	7.88%	8.15%
生活贫困	18	11292	6.16%	3.90%
精神孤独	35	18845	11.99%	6.50%
缺乏照料	4	4260	1.37%	1.47%
其他	25	15044	8.56%	5.19%
合计	292	289818	100.00%	100.00%

对于失独群体来说，最直接、最大的冲击就是心理上的创伤。失独组的精神孤独的比重近乎非失独组的两倍，由此可见，痛失独生子女对父母的精神打击是非常巨大的，而且这种心理上的打击还会反映到身体上，从而造成疾病的困扰。

按照中国人的传统习惯，父母往往把儿女视为生命最为重要的部分，而当子女一旦早逝，白发人送黑发人时，他们难以承受的是心灵之痛。失去独生子女的创伤使得几乎所有的失独父母都到了需要心理治疗人员介入的程度。由于中国目前在这个领域的专业人员和机构很少，极少有失独父母能够得到专业治疗，这一块空白常常是由亲戚、朋友的安慰填补，但是这些非专业人士所能提供的心理医治极为有限。失去独生子女后许多人会出现创伤后应激障碍，由于缺乏心理专业人员的帮助，他们往往很长时间走不出来。一个最直接的表现就是社会功能受损，远离人群，害怕与人接触，任何细小的情节都可能引发其痛苦回忆。所以，相对于物质上的扶助，精神上的扶助对失独家庭更加重要。

(二) 三区的比较

通过表5-7对市南区、城阳区和平度市三地的失独老人做进一步地分析对比，发现越是在农村地区老年人的困难越少，平度市有70.37%的老年人表示没有困难，而这一比例在城阳区占65.22%，但是在市南区骤然下降到49.43%。比较具体的困难发现，精神孤独是城市老年人最大的困难，市南区的这一比例高达25.29%，相当于其他所有困难的总和；并且相当于城阳区（4.35%）的6倍，平度市（6.69%）的4倍，城市与乡村出现了巨大的差异。而疾病缠身是城乡接合部的城阳区（10.87%）和农村地区的平度市（8.64%）的失独老人面临的最大的困难。

分析出现如此不同的原因，一是城市老人的经济水平较乡村地区高，他们有一定的经济能力克服疾病、缺乏照料等困难，这点从面对生活贫困的比例市南区要低于城阳区和平度市这一点也可以说明。但是，精神上的孤独却是金钱很难克服的。二是城市地区的医养设施明显优于乡村，尤其是青岛市最好的三甲医院有两家坐落在市南，所以在疾病的治疗方面城市老人比乡村老人具有明显优势，对于乡村老人而言解决身体方面的疾病比精神孤独具有更加迫切的需求。三是城市居民居住在高楼大厦中，邻里之间的交流互动较少；而农村居民虽然住独门独院，但是邻里间的互动很频繁，甚至一个村就是一个姓氏的聚集区，很多人都有亲戚关系，因此失独老人心理慰藉的渠道相对较多，再加上村里的年轻人外出务工的较多，导致村里空巢老人不在少数，这样也减少了失独老人的孤独感。

表5-7　城乡失独老人的养老困境的对比

困难	市南区	城阳区	平度市
无	49.43%	65.22%	70.37%
疾病缠身	4.60%	10.87%	8.64%

续表

困难	市南区	城阳区	平度市
生活贫困	4.60%	6.52%	6.79%
精神孤独	25.29%	4.35%	6.79%
缺乏照料	3.45%	0.00%	2.47%
其他	12.64%	13.04%	4.94%
合计	100.00%	100.00%	100.00%

二、困境的成因

(一) 经济基础薄弱，生活困难

随着年龄增长，失独老人渐渐失去劳动能力，入不敷出，老无所养，生活质量每况愈下。目前我国老年人获得养老费用的来源大多是退休金、养老保险以及子女给予的赡养费。大部分失独老人退休金较低甚至没有退休金，养老保险不完善，又失去了子女的赡养，物质生活上较为窘迫。2007 年 8 月，我国正式出台了计划生育家庭特别扶助制度，主要内容是对独生子女伤、病、残或死亡后未再生育或合法收养子女的夫妻，满 49 周岁后，按规定条件由政府给予每人每月不低于 80 元或 100 元的扶助金，直至亡故或子女康复为止。但是，这些失独老人多为中老年群体，面临着即将退休、劳动能力丧失的境况，每月 80—100 元的扶助金显得杯水车薪。同时，他们的经济来源有限且原有的资产也无法实现增值，被动地陷入无钱养老的困境。

(二) 计划生育政策的限制

1982 年开始计划生育政策成为我国一项基本国策，是指有计划地生育子女的措施，主要内容及目的是提倡晚婚、晚育，少生、优生，从而有计划地控制人口。尽管 2016 年进一步放开二孩政策，但是之前计划生育政策的实施使得许多家庭在失去独生子女后，也失去了再生育一个子女的机会，导致出现失独家庭。

（三）失独老人的情绪难以调节

首先，失独老人自身的情绪容易反复，自我标签意识强，因此不愿与他人接触，自我封闭。这在一定程度上降低了失独老人的心理健康水平。其次，当前的社会心理救助机制不够健全，缺乏相关的志愿人员对失独老人进行心理救助，帮助他们度过心理上的困顿期。也因这种社会机制的欠缺，导致社会上还有一部分人对失独老人采取漠视的态度。虽然一些社会组织也提供了关于失独老人的很多服务，但一方面，大多数服务围绕生活照料、物质帮扶等，对于精神慰藉较为忽视或者服务效果不显著；另一方面，服务缺乏持续性，很多失独老人开始拒绝社会组织提供的服务，是害怕承受二次伤害，而且服务缺乏持续性会加深老年人受伤害的程度。如何建立一个针对失独家庭的长效心理救助机制是摆在社会组织和政府面前的一大难题。

（四）失独老人的社会保障体系不完善

关于失独家庭的相关制度保障，目前我国主要出台的是 2001 年《中华人民共和国人口与计划生育法》和 2007 年的"独生子女伤残、死亡家庭扶助制度"，各省依据相关法规制度结合本省实际情况进行政策实施。但是由于缺乏具体的量化标准，没有详细的细则来指导操作，各省在政策的具体执行中存在较大的差异并产生了一些问题。具体体现在：帮扶措施没有形成制度化，还处在零散的摸索阶段。地方政府也在积极探索如何加强对失独家庭的帮扶。我国失独老人的数量不断增加，对失独老人的社会保障的需求也与日俱增。但是针对失独老人的社会保障体系却极其不完善，同时也没有具体、明确的关于失独老人的社会保障制度的法律。目前养老院的入住设有需要子女等监护人签字的条件，所以失独老人面临投院无门的困难，诸如这样的问题还有很多。

失独老人面临如上的诸多困难在现实生活中能否加以解决，下一节通过分析其养老现状及对养老服务的需求做进一步的讨论。

第五节　失独老人的养老现状及养老需求

一、养老现状

(一) 居家养老现状

如表5-8所示,在青岛市失独老人群体中,三地都是以自我照料为主,其次是配偶照料,还有子女照料的情况。① 并且这三个比例相加的总数在三个区里相差不大。而这三种照料再加上亲戚照料,我们可以把这四类划归为传统的家庭养老,剩下的政府购买上门居家养老服务等各种服务可以划归为新型的社区居家养老。

其中城阳区需要政府购买服务的失独老人相较其他两个区多一点,有1.35%;仅市南区有自费住家保姆(0.81%)和钟点工服务(1.61%)的需求。出现这种情况的原因之一是在失独老人中有些年龄不太大或身体比较好的人群可以自我照料,更为重要的原因是目前我国养老保障体系还未健全,针对失独老人等特殊群体的养老服务政策措施还远远不够。

表5-8　失独老人居家养老现状

内容	市南区	城阳区	平度市
自我照料	59.68%	55.41%	67.42%
配偶照料	22.58%	24.32%	18.10%
子女照料	12.90%	14.86%	11.76%
亲戚照料	0.00%	0.00%	1.36%
政府购买上门居家养老服务	0.81%	1.35%	0.45%
自费住家保姆服务	0.81%	0.00%	0.00%
自费钟点工服务	1.61%	0.00%	0.00%

---

① 结合老年人的居住方式,我们发现选择由子女照料的失独老人大部分的居住方式都是独居或者与配偶居住,有6个样本选择两代老人同住,还有3个样本是选择与有赡养能力的子女等晚辈同住,从样本的年龄以及居住地来看,这里的子女照料有可能是孙子女。因为两个60岁和63岁的样本来自农村地区的平度市,一个89岁的样本来自城乡接合部的城阳区。

续表

内容	市南区	城阳区	平度市
志愿者服务	0.00%	4.05%	0.00%
其他	1.61%	0.00%	0.90%
合计	100.00%	100.00%	100.00%

(二) 社区养老现状

从享受的社区养老服务来看，三个区的地域差距比较大，仅市南区有接近半数的失独老人享受了社区养老服务，城阳区和平度市的失独老人，大部分都没有享受，平度市选择无社区养老服务的比例甚至高达90%以上，这一点是与三个区的经济发达程度高度相关的。享有社区养老服务的这部分失独老人，也多是享有社区娱乐室和互助点的服务，其他的社区服务比较少。从表5-9已有的选项来看，现有的社区养老服务比较全面，但是享受到这些服务的老人非常少。

表5-9　失独老人社区养老现状

内容	市南区	城阳区	平度市
无	53.00%	74.00%	92.26%
在社区老年人娱乐室活动	19.00%	12.00%	2.38%
在社区养老互助点服务	14.00%	6.00%	1.19%
享受社区老年人助餐点餐用餐或送餐服务	9.00%	0.00%	1.19%
在老年人日间照料中心接受照料	1.00%	2.00%	1.19%
其他	4.00%	6.00%	1.79%
合计	100.00%	100.00%	100.00%

(三) 参加文体活动情况

除了生理上的病痛，失独老人与其他老人最大的不同在于心理上的变化。多参加文体活动、接触社会是让失独老人调节心情，走出心理阴影的一个便捷的方法。表5-10显示在市南区和城阳区有超过一半的失独老人参加文体活动，但是在平度市却相反，有一半以上的失独老人不参加任何文体活动，并且这个数字高达69.54%。隶属农村地区的平度市与另外两区的差距如此明显，一方面是因为经济水平相对落后，另一方面比起城镇，农村地区的为老服务设施落后、老年活动团队少也是原因之一。尤其是在参加老年大学的选项里，市南区有 4.23%，而属于城乡接合部的城阳区，以及平度市都是 0 选择。

自独生子女离开后失独老人情绪崩溃、情感长期压抑，又缺乏接受心理疏导的意识，极易陷入精神抑郁、自我封闭。所以，建议政府在失独老人的心理抚慰方面给予投入。

表 5 – 10　失独老人参加文体活动情况

内容	市南区	城阳区	平度市
无	43.66%	42.59%	69.54%
经常到老年活动中心（室）活动	16.90%	11.11%	6.32%
经常在室外活动场所活动	22.54%	37.04%	18.39%
参加老年文体活动队伍	5.63%	7.41%	1.72%
上老年大学	4.23%	0.00%	0.00%
其他	7.04%	1.85%	4.02%
总计	100.00%	100.00%	0.00%

二、养老需求

尽管调查显示失独老人对居家养老服务、社区养老服务、文体活动等的利用率不高，但是作为老年人他们还是有这方面的需求。

（一）愿意自费居家上门服务需求

城乡出现了明显的差异。市南区 90% 以上的失独老人几乎对各种服务都有需求，尤以打扫卫生（33.33%）和住家保姆（29.63%）为重。而在城阳区和平度市，相反地有 90% 以上的失独老人不愿意接受自费居家上门服务，城阳区仅在医疗护理方面有需求（2.17%），平度市在紧急救助、住家保姆、医疗护理和打扫卫生方面有少量的需求（详见表 5 – 11）。究其原因，最大的可能是供需都不足。一方面老年人本身的经济情况不好，在维持基本生活之外难以负担额外的服务费用，即需求不足；另一方面，比起市内城阳区和平度市，尤其是后者的地理位置偏远，上门服务的提供也相对比较少，即供给不足。

表 5 – 11　失独老人对自费居家上门服务的需求

内容	市南区	城阳区	平度市
无	7.41%	93.48%	95.73%
住家保姆	29.63%	0.00%	0.61%
紧急救助	3.70%	0.00%	1.83%
医疗护理	3.70%	2.17%	0.61%
打扫卫生	33.33%	0.00%	0.61%
理发洗澡	0.00%	0.00%	0.00%
陪同聊天	3.70%	0.00%	0.00%
买菜做饭	3.70%	0.00%	0.00%
陪同外出（就医、购物）	3.70%	0.00%	0.00%
其他	11.11%	4.35%	0.61%
合计	100.00%	100.00%	100.00%

（二）自费社区养老服务需求

与自费居家上门服务的需求相仿，市南区有一半的失独老人对社区提供的养老服务有需求，尤以医疗保健（17.31%）和一日三餐（13.46%）为重，城阳区仍然有 93.48% 的样本选择没有需求，但是平度市对社区养老服务的需求有所上升，增加了 6 个百分点，且每个服务项目都有涉及（详见表 5 – 12）。

表 5 – 12　失独老人对自费社区养老服务的需求

内容	市南区	城阳区	平度市
无	50.96%	93.48%	89.88%
定期探视	3.85%	0.00%	1.19%
医疗保健	17.31%	2.17%	1.79%
一日三餐	13.46%	0.00%	1.19%
日间托养服务	0.96%	0.00%	0.60%
水电气维修	8.65%	0.00%	1.79%
其他	4.81%	4.35%	3.57%
合计	100.00%	100.00%	100.00%

（三）文体活动场所需求

失独老人对文体活动场所的需求率明显高于他们参加文体活动的比率，尤以室外活动场地的需求最多（详见表5－13）。市南区参加老年大学的比率是4.3%，但是对老年大学的需求率达到16%，城阳区对老年大学的利用率是0，但是需求率有2.04%。由此可见，失独老人普遍较少参加文体活动的原因部分来源于场所不足，即供给不足。

不管是对活动场所的利用率还是需求率都是市南区最高，平度市最低，城阳区居中。城乡之间有明显的差异。

表5－13　失独老人对文体活动场所的需求

内容	市南区	城阳区	平度市
无	36.00%	44.90%	63.28%
室内活动场所	10.00%	12.24%	11.30%
室外活动场地	34.00%	40.82%	25.42%
老年大学	16.00%	2.04%	0.00%
其他	4.00%	0.00%	0.00%
合计	100.00%	100.00%	100.00%

第六节　对策研究

从前文的分析可以看出，失独老人无论在本身的特点还是养老服务的利用或需求上都存在明显的城乡差异，而且在养老服务的供给上存在明显的不足。对于数以百万的失独家庭来说，如何解决或减轻他们的困境，如何使他们安度晚年，成为一个迫切需要解决的社会问题。因此，结合实际，我们从以下几点出发，建议发挥政府和社会各部门的作用，共同努力建立完整的失独老人关怀机制。

首先是物质层面上的帮助。提高失独老人的经济补贴，增加他们的收入，尤其对丧偶失独老人，以及农村失独老人应该给予更多的物质关怀。可以采取中央、省、市等多级财政共同分担的方法，以弥补老人由于丧失子女所带来的经济方面的困难。

其次是精神层面上的帮助。社区可以建立一对一的帮扶机制，及时掌握失独者的生活和心理动态，主动上门沟通，解决其实际困难，在特殊节假日主动上门慰问并赠送慰问品，让他们感受到社会的温暖。各部门还需要帮助失独者建立与外界的联系。失独者往往陷入极度的悲痛之中而不能自拔，将自己封闭起来。社会组织、计划生育、工会和妇联等部门应采取措施，对失独者进行疏导，重新建立与外界的联系，特别是通过各种方式让失独者之间加强联系，以让他们相互关怀、相互取暖。在这方面，已有不少失独者开始自我救赎、抱团取暖，如大连的一些失独者通过QQ群相互传递温暖，并每隔一段时间组织活动相互慰藉，以穿越苦难，走出悲伤，背对阴影，面朝阳光。相关部门应总结这方面的经验，并进行正确引导，帮助失独者从无法自拔的伤痛中走出来。

再次是养老保障层面上的帮助。失独家庭之所以成为一个社会问题，就是在于不完善的养老制度。因为缺乏养老保障，在养老还多靠家庭的当下，失独意味着孤独。政府应当完善失独老人养老的相关法律法规，出资建立医养结合的养老院等养老机构，目前我国已经有一些可以对失独老人的养老起到借鉴作用的例子，比如青岛的颐养小镇。其发展理念是坚持绿色发展、特色发展，重点突出以健康管理、康复护理、健身康体、养生养老等"治未病"为特色的健康服务业；以人才集聚和科研创新为支撑，逐步形成"医养结合、以医助养、以研促医"的发展模式，促进产业转型升级和产城融合发展。类似这样的养老机构既可以为患病的失独老人提供医疗护理，又可以利用青岛的旅游优势创造良好的生活环境，有利于失独老人的精神心理健康。但是缺点也同样存在，主要体现在这些设施需要大量的财力人力，又没有很高的利润，因此能否维持要看政府能否给予支持。政府和社会各部门共同努力建立完整的关怀机制可以使有同样遭遇的老人因同病相怜相互安慰而不存芥蒂，既可以解决监护人缺位问题，又可以避免其他老人子女探望引起失独者的失落。更重要的是，这部分人的养老和医疗问题由国家承担，解决了他们的后顾之忧。北京市的"失独养老院"在这方面释放了政策善意。考虑到"失独"老人多不愿与有子女的老人同住，北京市将"第五福利院"改造成专门接收"失独"老人或独生子女伤残老人的福利院。

另外，作为数据科技时代的产物，无线网络生物探测技术给我们提供了新的视角。利用这项技术，小区和村委可以实时掌握失独老人在家的情况，也可以利用 AI 实时监控老人状况，AI 可以 24 小时在岗，为失独老人提供安全保障和健康问诊，由此可以大幅减少老人在家晕倒无人知道或是突发疾病就医不及时的情况。有统计显示，中国每年约产生 7.6 万个失独家庭，中国的失独家庭总数已超百万。让失独老人也能拥有幸福晚年，已经上升为社会共识。对于失独老人的养老需求，无论是官方还是民间，都给予了高度重视。但面对庞大的养老需求，必须"两条腿走路"。一是发挥社会的作用，推动养老产业的发展。二是发挥政府的作用，推动养老事业的发展。如果养老单纯成为一种产业，就可能过度市场化，从而影响养老事业。很多失独老人面临沉重的经济压力，政府建设专门面向失独老人的福利院，可以在更大的层面推开，释放更多的制度性善意。

下　篇

典型养老模式的实证分析
与养老服务体系构建

第六章　典型养老模式分析

按照国际惯例把人口划分为三类，一是 14 岁及以下的年少人口，二是 15—59 岁（或 15—64 岁）的劳动力人口，最后是 60 岁（或 65 岁）及以上的老年人口。而养老模式就是人类个体进入到老年阶段后的生活方式。专家学者和有关部门之所以对老年人的生活方式专门进行研究，不仅因为老龄化会给一个国家的经济、社会发展带来很大的影响，而且从社会保障的角度出发，老年人在他们的劳动力年龄期为社会做出了贡献，随着年龄的增长身体各项机能下降，甚至出现不得不借助他人帮助才能继续生活的情况。所以家庭有义务、社会有责任为老年人提供适宜的养老模式，让他们能有尊严、健康地度过老后生活。

第一节　国外几种典型的养老模式

人口老龄化最早发生在西方国家，经过近一个世纪的研究和实践，西方国家针对老龄化所引起的社会问题积累了丰富的经验，并且逐步形成较为成熟的养老模式。以下将以西方国家的英国和美国，亚洲的日本和新加坡为例进行介绍。

一、英国——社区照顾

社区照顾是英国主要的养老模式。在此之前的养老模式是住院化照顾，即把老年人安置在政府兴办的福利院中精心照料，然而这种模式使得老年人逐渐失去了适应社会正常生活的能力，遭到人们的诟病。加之福利国家的逐步衰退，政府顺势倡导，于是社区照顾的方式应运而生。

社区照顾是指在社区内对老年人提供服务和供养，包括社区内照顾和社区照顾两个类型。前者是运用社区资源，在社区内由专业工作人员对生活不能自理以及孤寡老人进行照顾，该社区与老年人的生活区域是相通的，所以老年人不必脱离他们所熟悉的环境；后者是由子女、亲戚、朋友、邻居及志愿者等提供的照顾。社区照顾的目标是让老年人不改变原来的生活环境，尽可能降低由环境的改变所带来的不适等养老问题。英国社区照顾主要由政府出资、根据政策引导、依靠社区，体系较为完整。主要内容包括四个方面，一是生活照料，如饮食起居的照顾、买菜做饭、打扫卫生等；二是物质支援，如提供食物、安装设施、减免税收等；三是健康支持，包括生理和心理健康，看病、预防保健宣传、上门提供护理、打针换药等；四是整体关怀，如改善生活环境、兴办社区活动中心、老年人工作室等。

二、美国——居家、社区与机构相结合

美国社会崇尚个人独立，主张"单项接力"的代际关系，法律上也明确子女年满 18 岁后，与父母之间互不存在供养与被供养的义务关系。子女成年后一般与父母分开居住，这种独立性很强的生活模式使得大多数老人已习惯于自己独立生活。所以老龄化的发生发展并没有让其他家庭成员带来根本性的改变，更多地是向社会提出了如何让老年人独立生活和安全生活的问题。美国的养老模式可以分为以下三种：

（一）居家养老模式

该模式又大体包括三种形式，会员制模式、合作居住模式和医疗护理模式。会员制模式是指参加的老年人每年缴纳一定的会员费，享受由志愿者提供的家政、房屋维修、代为购物等基本生活服务，还包括一些专业机构提供的基本的家庭保健护理和医疗服务。合作居住模式是指在房屋建设的初期就设有私人住宅区和公共设施区，人们在享受私密空间的同时，可以通过共享休息区、洗衣房、健身房、花园等公共设施，达到交流互动、降低老年人的孤独感、丰富其精神生活的目的。医疗护理模式是基于联邦政府于 1997 年推出的综合性老人健康护理计划，对于 55 岁以上体弱、患病和行动不便的老人提供的包括病理医疗、物理理疗、处方药物、营养咨询、喘息照护、社会公

益服务等在内的必需的医疗护理救助服务。

（二）社区养老模式

该种模式是通过兴建专门面向老年人的住宅社区而实现的，通常对入住人员有年龄下限的限制。一般分为四类——生活自理型社区、生活协助型社区、特殊护理型社区以及持续护理退休社区（又简称 CCRC 社区）。简单地说，前面三个社区是可以单独设立的，而最后一个 CCRC 社区是把前三个服务内容融合在了一起。

其中，生活自理型社区定位于生活能够自理的老人，提供餐饮、休闲娱乐、定期体检等基本服务。入住生活自理型社区的老人在生活上可以完全自理，选择这样的社区居住更多的是为了使用社区内丰富的公共设施，享受较好的生活环境，并且可以与同龄人互相交流以排解内心的孤独感。生活协助型社区定位于生活需要照顾但没有重大疾病的老人（类似第三章介绍的部分不能自理老人），提供生活辅助用药管理等照料服务。社区可以根据老年人个体的不同，为其提供简单的生活辅助及护理服务。特殊护理型社区定位于为有慢性疾病、处于术后恢复期及有记忆功能障碍的老人（类似第三章介绍的大部分不能自理或完全不能自理老人），根据这些老年人病情的不同，社区会提供专业的照护服务和医疗护理服务。社区定位于退休不久、当前生活能够自理、但考虑将来生活自理能力下降且不愿频繁更换居所的老人，社区一般包括生活自理单元、生活协助单元与特殊护理单元，从而能够为老人不同生活阶段提供持续服务。很多退休老人考虑到年纪增长以后会出现身体机能的退化、疾病增加，为避免变更老后的生活环境，而在这里购买房屋。该社区可以根据老人不同年龄段、不同健康状态的需求提供不同的服务，涵盖了老人从生活全自理到需要生活协助再到需要特殊护理的晚年全阶段。美国的集中养老社区已有超过五十年的历史，有面向富裕阶层的高端养老社区，如佛罗里达州的太阳城中心，也有面向平民阶层的大众养老社区。随着老年人要照护内容的增加、需求护理的专业水平的提高，这些生活社区的费用会随之上升。

近几年来还出现了"大学老年村"，即毕业的校友可以回到母校抱团养老，由于他们有共同的兴趣爱好和专业知识，所以集体养老对老年人的身心健康发展极为有利。据调查，居住在这些集中社区的老年人的平均寿命远高于美国的平均水平，并且医疗费用也会明显地下降。

（三）专业机构养老模式

美国的养老机构包括老年公寓、养老院、护理院等。养老公寓面向低收入老年群体以公租、廉租为主，多分布在大城市人口密集区，公寓里提供餐饮、图书阅览、健身及各项文娱活动等场所和服务。专业养老院、疗养院和护理院主要面向因患有慢性病、经历过重大手术和失能失智等而生活不能自理的老人。机构中设有专业护理设施，配备医生和护理人员，为老人提供生活照顾、医疗诊治、健康监管和康复治疗等服务。

三、日本——依附介护保险制度展开

日本是最后一个进入老龄化的工业国家，却是世界上老龄化进程最快、老龄人口比例最高的国家。日本政府在基本解决了老年人的经济、医疗保障后，将目光投向了如何解决日益庞大的老年人的日常生活照料问题，于2000年4月建立了介护保险制度，目的在于支援年老病弱人员，使他们在需要看护的状态之中保持尊严，实现人人都能安心生活的社会。依靠该制度日本建成了以家庭养老为中心、以社区老年服务为补充的养老模式。

介护保险制度的运营主体是居民所在地的区市町村（相当于我国的市、区、村这一级别）政府，国家和所在都道府县（相当于我国的省、自治区、直辖市这一级别）提供支援，确保制度的顺利运营。40岁以上的国民参加该保险，其中65岁以上的人被称作第1号被保险人，40—64岁的人被称作第2号被保险人。这两类被保险人有照护的需求时就可以向区市町村政府提出"需要介护认定"，其中65岁以上的老年人无论是因为何种原因所造成的介护需求，都可以成为服务提供的对象，服务内容包括被认定为需要照护的1—5级五个级别；对于40—64岁的被保险人只有因特定疾病（如癌症（晚期）、风湿性关节炎、硬化症、初期老年痴呆症等16种）造成的有照护需求时，才可以成为服务提供的对象，服务内容有被认定为需要支援1、2级的人可使用的两级服务。

介护保险的服务内容可分为三大类。一种是被保险人在家接受的服务，

有上门看护、夜间对应性上门看护、定期巡视、随时对应型上门看护、上门入浴看护、上门护理（遵从医嘱进行疗养照顾和辅助治疗）、上门康复指导、居家疗养管理指导等。另一种是去看护设施接受的服务，包括去设施中接受看护（白天）、痴呆症对应型的设施看护（白天）、去设施中接受康复指导（白天）、短期入住设施的生活看护（最长适用期限是30天）、短期入住设施的疗养看护（最长适用期限是30天）、小规模多功能型的居家看护。第三种是专门针对65岁以上的老年人，让他们直接入住看护设施。包括看护老人福利设施，主要对象是需要随时看护但是在家中却无法实现的老年人，有30人以下的小规模或者30人以上的较大规模之分；看护老人保健设施，服务的主要目的是帮助病情稳定后出院的老年人早日恢复在家生活的能力；还有看护疗养型医疗设施，对象是需要长期日常医疗护理及慢性期康复指导和看护的老年人；还有专为老年痴呆症患者提供的集体设施，以及其他的收费型养老院或护理院等。此外，日本的介护保险还可以用于轮椅、看护专用床等的出借，入座式便桶、入浴用座椅等的购买，改造住宅安全，如安装扶手、消除地面高低不平等的费用，可以说涵盖了老年人生活的方方面面，几乎做到了全覆盖式的养老服务。

四、新加坡——推进家庭养老模式

新加披早在1995年11月颁布《赡养父母法》，成为世界上第一个把子女赡养父母立法的国家。法律规定对拒绝赡养或资助父母的子女，其父母可以向法院起诉，一经查实将对子女罚款1万元或判处一年有期徒刑。我们知道维持家庭养老的家庭规模基础应该是三代及以上同堂的家庭，为实现这一目标，新加坡政府做了很多努力。首先，政府弘扬孝道文化，大力营造尊老爱老、赡养老人的良好社会氛围。其次，通过实施一些具体的房屋优待政策鼓励子女与老年人同住。中央公积金制度是新加坡主要的社会保障制度，建屋局把保险人缴纳的保费中的大部用于建设"组屋"，再以低廉的价格出售或出租给公民。为鼓励子女与父母同住，在分配组屋时，对三代同堂的家庭给予价格上的优惠以及优先分配，同时规定单身人士只有在愿意与父母或四五十岁以上的老人同住时才有资格申请组屋，此外与父母同住的子女可以继承父母遗留的组屋并享受遗产税的减免。再次，政府推出一系列津贴计划鼓励儿女与父母同住，包括为需要赡养老人的低收入家庭提供养老、医疗津贴；公积金填补计划中有专门针对老年人的敬老保健金计划；将享有的扣税额增加到 5000 元，为父母填补公积金退休户头（即对父母提供经济支援）的人也可以扣除税额；低收入的老年人还可以享受政府给予的医疗津贴和援助金。

正是因为政府为子女赡养老人的家庭提供了具体的经济援助，使得老人和子女在住房、医疗等方面获得实实在在的实惠，所以绝大部分新加坡人仍然选择传统的家庭养老模式。

第二节　国内主要养老模式

20 世纪 90 年代以前我国的养老模式主要分为家庭养老和机构养老，其中，家庭养老占据了绝大部分。由于养儿防老思想的深入，加之机构养老供给有限，所以长期以来我国主要以传统的家庭养老作为老年人的养老模式。步入 90 年代以后，随着人口老龄化、少子化、家庭规模小型化、空巢化等加速发展的影响，传统的家庭养老受到了冲击，以子女供养老人，尤其是养老服务方面的供养变得越来越难以实现，老年人的养老问题遇到了很多的困境。在此背景下，又陆续出现了很多新型的养老模式，如社区居家养老、以房养老、异地养老、互助养老、医养结合等。

一、家庭养老

家庭养老是指老年人居住在家中，其养老服务或经济供养由家庭成员提供，这种养老模式的基础是家庭具有一定的规模，通常在三代及以上的家庭中适用。子女在年少时由父母抚养，等到父母老后子女再赡养父母，这是下一代对上一代予以反馈，在两代人之间互惠均衡，所以可以看作是一种反哺式养老模式。这也是最为传统的一种养老模式。

二、机构养老

机构养老是指老年人到国家、企业、个人等依法设立的养老服务机构中接受免费的或有偿的专业性养老服务的一种养老模式。包括为老年人提供饮食起居、清洁卫生、生活护理、健康管理和文体娱乐活动等综合性服务的机构。养老机构主要有社会福利院、养老院、敬老院、老年公寓等类型。

三、社区居家养老

社区居家养老于 20 世纪 90 年代被提出，是指以家庭为核心、以社区为依托、以专业化服务为依靠，为居住在家的老年人提供以解决日常生活困难为主要内容的社会化服务。包括两种形式，一是老年人居住在家中，由社区的服务机构提供上门服务；二是老年人走出家门，到社区的日间照料中心等服务机构接受养老服务。社区居家养老模式的出现使得老年人仍然可以居住在家中，而养老服务从原来的子女提供变成由子女和社区共同提供，这样可以很好地弥补传统的家庭养老的不足。

四、医养结合

长期以来医疗机构和养老机构相互独立，自成系统，老人一旦患病就只能在家庭或养老机构与医疗机构之间往返，甚至有一些患有慢性病的老人长期把医院当家、当成养老院，使得真正需要住院的病患无法接受救治，极大地浪费了医疗资源。而医养结合就是把养老服务和医疗服务合并在一起，通过在医院设立养老床位、在养老院设立医疗床位，或者由社区医疗卫生站为居住在家中的老年人提供医疗服务等形式，保障老年人健康地度过老后生活。利用"医养一体化"的发展模式，把医疗、生活、康复、养护、养老等结合为一体。

五、其他模式

除了上文中介绍的养老模式之外，还有以房养老、异地养老、互助养老等形式。

以房养老是指老年人把自己拥有产权的住房抵押给银行、保险公司等金融机构，由上述机构支付给老年人金钱，以弥补他们在经济上的不足。以房养老是一种反向抵押贷款，主要目的是实现房屋价值上的流动，为老年人在余存的生命期间，建立起一笔长期、持续、稳定乃至延续终生的现金流入。

异地养老是指老年人离开现有的住宅，到外地居住养老的一种模式。包括旅游养老、候鸟式养老、度假养老、回原籍养老等。旅游养老适合身体健康及经济能力较好的老年人，到全国各地甚至国外旅游观光，不仅可以领略到大自然美丽的风光，还能了解各地的风土人情，有助于老年人的身心健康。候鸟式养老指老年人冬季到温暖的南方避寒，夏季到凉爽的北方避暑，对于有季节性疾病的老年人尤其适合。度假养老适合一些身体健康状况欠佳但可以远行的老年人，到环境优美、气候适宜地区的养老院或疗养院进行疗养。回原籍养老是指年轻时在外地工作，等到退休后回到自己祖籍生活的一种模式，也是源于中国人落叶归根的传统思想的一种养老方式。

互助养老主要依靠老年人之间进行互相的照料、帮扶与慰藉，形成伙伴式的养老模式。这种方式可以作为社区居家养老的补充，通过发起成立互助社，带动低龄老人服务高龄老人，或同龄老人中较健康的服务欠健康老人，以互助的方式解决社区养老问题，为社区居家养老提供低成本运营和满足深度需求的互助式的系统解决方案。这种方式不仅在城市，而且在农村同样适用，其互助内容更倾向于生活照料和精神慰藉，但是对医疗护理的互助相对比较困难。

第三节　国内外养老模式的对比分析

经过以上的分析我们发现，尽管同样面临人口老龄化的威胁，但是东西方国家由于思想意识的差异在养老模式上也采取了不同的方式。最突出的不同就是对待子女等家庭成员的态度方面。英国和美国虽然也有居家养老，但更强调的是社区的照顾，哪怕是老年人居住在家中，也是以自我照料为主，很少涉及子女的义务。反观日本和新加坡，比较重视家庭成员的作用。日本提出"一碗汤的距离"，意思是子女把一碗刚做好的汤送到父母家时，汤还是热的没有冷掉，即建议子女和父母就近居住，必要时给予照料。同时，政府通过介护保险制度的推行极大地降低了老年人的护理费用，且丰富了居家养老的服务内容，对老年人居住在自己的家中养老有非常大的促进作用。新加坡更是大力推广传统的家庭养老，既满足了老年人的根本意愿，同时也解决了老年护理机构和专业人士不足等社会问题。

在我国则是把传统的孝道思想和新型的养老模式结合在一起。早在"十一五"期间上海最先提出了9073计划，即90%的老人依靠家庭养老、7%的老人依靠社区养老，还有3%的老人依靠机构养老。现实中虽然大多数老人确实选择了家庭养老，但是是以自我养老为主，子女的贡献非常有限，而社区居家养老的供给与需求也不相匹配，机构养老出现一床难求和闲置床位共有的局面。所以采用何种养老模式来解决前文中分析的老年人的养老困境，是接下来要研究的主体内容。

第七章　老年人居住方式的选择及
其影响因素分析

根据以往研究发现我国的老年人更倾向以传统的家庭养老的方式度过晚年。一方面是源于中国古老的历史文化传统和"养儿防老"观念的传承，通过与子女同住体现了家庭对老年人照料的支持。另一方面，中国自1999年进入人口老龄化，发展到当下正好是二十年，这期间城乡社会保障制度虽然在不断改革完善，但是社会养老服务体系建设仍显滞后，完全借由政府，通过社会保障体制承担起养老的重任实属困难，所以在未来的一段时期内，依靠家庭养老仍然是我们的重要选择之一。

虽然老年人从自身角度出发对家庭养老的需求和依赖很大，但目前的很多客观因素却对家庭养老带来诸多不利。首先，少子化，即生育率下降的问题。实施计划生育基本国策的30多年来中国的总和生育率不断下降，1992年破2，即使政府于2011年开始在全国实施"双独二孩儿"政策，并在2013年放开了"单独二孩儿"政策，乃至2015年全面放开二孩儿政策，鼓励生育，但是现实中很多夫妇迫于种种压力选择不生。2017年的全国总和生育率仅有1.63，家庭养老中负责养的人在减少。其次，家庭规模小型化。少子化使得家庭人口规模缩小，家庭养老的基盘日趋松动。出现了越来越多的"四二一"家庭，即夫妇两人不仅要抚养一个孩子，还要同时赡养双方的四位老人，家庭养老变得困难重重。再次，随着现代化经济社会的快速发展，年轻人的压力越来越大，家庭伦理道德和儒家传统中的敬老爱老传统也在悄悄地发生改变，传统的家庭养老受到极大的冲击。

既然家庭养老的难度很大，而且当前社会保障不完善的客观状况和老年人养老的迫切需求也是现实存在的，那么在未来一段时间内，为了应对老年人的养老保障问题，究竟应当选择何种方式作为老年人养老的强有力支柱呢？

老年人的居住方式和养老模式息息相关，而居住作为人们衣食住行的四个方面之一，对人类的福祉也有着非常重要的影响，人们对居住的认知越来越重要。因此，在对老年人养老问题的探讨上，对老年人的居住安排让我们更加关注，并且老年人的居住形式会直接影响其采取怎样的养老模式。为此，本章运用交互分析和 Logistic 模型，利用青岛市李沧区的数据，对影响老年人居住方式选择的因素进行分析，进而提出相应的政策建议，以更好地从小的视角转换到大的视角上来考察整个中国老年人居住方式选择的问题和应对人口老龄化背景下老年人的养老保障问题。

第一节　研究综述

目前，对老年人晚年生活中居住方式的研究文献很多，我们按照实际居住方式、居住意愿和其他方面的研究做分类归纳。

一、老年人实际居住方式的研究

杜鹏（1999）把第三次和第四次全国人口普查的数据做 1‰的抽样，再选取生活在家中的 60 岁以上的老年人作为研究对象，发现 20 世纪 90 年代以前三代户仍然是家庭的主要居住方式，并且随着老年人年龄的增长，三代户的比例也在不断增加。张震（2001）和郭志刚（2002）分别采用"1998 年高龄老人健康长寿调查"数据（"中国高龄老人健康长寿"研究课题组，2000），对 80 岁以上的高龄老人的居住方式做分析，皆得出大多数高龄老人与家人同住的结果，在众多的影响因素中，老年人的年龄、经济水平、居住在城市还是农村、婚姻状况、以前的职业、自理能力等对其的居住方式影响显著。但是，杜鹏（1998）使用 1992—1994 年的"北京老龄化多维纵向研究"数据（北京老年病医学研究中心）得出了略有不同的结果，老年人不与子女同住的比例正在增加。进入 2000 年以后随着我国人口结构以及家庭规模的变化，老年人的居住方式也在发生着改变。孙鹃娟（2013）利用第五次和第六次全国人口普查的数据分析得出我国老年人家庭的空巢化明显，即老年人不与子女居住的家庭在增多，并且独居户与夫妻户的老人呈现出两极化倾向。曲嘉瑶、伍小兰（2013）利用 2000 年、2006 年和 2010 年三次全国性老年人专项调查数据（中国老龄科学研究中心），分析了近十年来中国老年人的居住方式和居住意愿的最新特点和变化趋势，得出我国老年人的居住独立性增强，与配偶同住已经成为他们最主要居住方式的结论。由此可见，我国老年人家庭从 20 世纪 90 年代以三代同堂为主，进入 21 世纪以后逐步发展成与配偶同住为主的居住方式。

二、老年人居住意愿的研究

上文中居住方式的改变是客观原因造成的老年人不得不的选择？还是老年人主观上自己的选择？我们通过以下的论文可以了解。陆杰华等（2008）利用 2005 年全国老年人口健康状况调查问卷数据对北京、天津、上海和重庆四个直辖市老年人的居住方式意愿进行实证研究，得出有近六成的老年人愿意与子女同住，还有三成老年人希望能独居但同时希望子女住在附近，方便需要时及时照顾。实际居住方式、人口因素、经济因素等对大城市老年人居住方式意愿有着显著的影响，健康因素又通过经济特征对居住方式意愿产生作用，老年人的居住意愿和实际居住方式有显著的差异。王梁（2006）利用扬州、南京、镇江、泰州四个城市的调查数据分析城市居民对理想养老居住方式的选择，发现老中青三代中都有 70% 以上的居民不愿意与子女居住，分析得出观念、经济和体制是居民选择养老居住方式意愿的主要影响因素，其中观念因素主要体现在文化程度变量上，是最重要的因素。我们可以看到经济因素在以上的研究中都发挥了作用。

三、其他研究

还有的研究关注了其他因素对居住方式的影响，例如焦开山（2003）利用追踪调查数据专门针对影响老年人居住方式因素中的婚姻状况来详细探讨，得出丧偶对老年人居住方式的选择存在显著差异，丧偶后老年人更倾向跟子女同住；而且在性别和年龄分组上差异明显，对女性老年人和高龄老年人的影响更大一些。曾宪新（2011）利用 2008 年中国老年人口健康长寿的跟踪调查数据研究了老年人的居住与其生活满意度的影响，研究得出老年人的实际居住方式和居住意愿是否得到满足，对其生活满意度有显著的影响，且因婚姻状况的不同该影响不尽相同。

上述研究文献表明影响老年人居住方式选择的因素很多，有些达成了共识，但是也有的研究结果还存在争议，比如性别的影响、老年人自理能力的影响等。本书利用 2013 年青岛市李沧区老年人口信息统计数据，对老年人目前的居住方式选择情况及其原因进行分析，并对以往研究中存在的争议进行相应的验证。再加入子女情况、居家养老现状以及住房情况等重要因素进行更深入的分析。

第二节　变量说明

本章使用的是《登记表》中李沧区的数据，调查时间是 2013 年，调查对象为青岛市李沧区的 60 岁及以上老年人。李沧区的实际老年人口数约为 70000 人，本次调查总共收回问卷 33044 份，占实际老年人口的 47%。

一、因变量——居住方式

通过分析以往的研究发现，对老年人居住方式的分类大致有以下几种。

一是按照生活层面划分。包括老年人是否与家人同住、与老年人同住的家庭成员的数量、家庭成员与老年人的关系状况以及其他家庭成员对老年人生活的介入等。

二是按照养老方式划分。根据家庭养老、社会养老和自我养老三种养老方式相应地延伸出三种居住方式，分别是与子女同住、居住在养老院或社会福利院、独居。

三是按照世代居住结构划分。这里又分为两种，第一种是按照家庭世代居住结构，将其分为单身户、夫妇户、二代户、三代及以上户、隔代户等。第二种是直接按老年人是否与后代，尤其关注是否与子女同住划分。

四是直接划分。分为独居、只与配偶居住、与家庭中其他成员合住、多代合住、居住在养老院等方式。

五是按照居住地点划分。划分为家居和院居，前者指老年人居住在家中，后者指居住在养老院。

　　根据本章的研究方向和目的，我们按照上述第三种家庭世代居住结构的第二种方法将老年人的居住方式分为与子女同住和不与子女同住两种情况。在回归模型中，同住编码为"1"，不同住编码为"0"。在调查问卷《登记表》中，居住状况有以下几种选择："独居"，"与配偶同住的纯老家庭"，"两代老人同住的纯老家庭"，"与有赡养能力的子女等晚辈同住"，"与无赡养能力的子女等晚辈同住"，"其他"。我们将回答"与有赡养能力的子女等晚辈同住"视为"与子女居住"，将其他回答归为"不与子女同住"。在分类中，之所以没有将"与无赡养能力的子女等晚辈同住"归为"与子女同住"是因为该回答的老年人仅有 371 人，仅占总样本的 1.15%，并且在回归中也进一步检验发现两种分类的回归系数差别很小，因此最终确定仅将"与有赡养能力的子女等晚辈同住"视为"与子女同住"。

二、自变量

　　从理论而言，影响老年人居住选择的因素主要有宏观、中观以及微观三个方面。其中，宏观方面主要指经济与社会的发展和变迁；中观方面是指老年人居住的地区（社区及村院）所提供的社会养老服务情况；微观方面是指老年人的自身情况，即其人口、健康以及经济等方面。在研究中，本书将更多的重心放在微观因素上，以更好地洞察老年人的晚年生活状况。为此，我们从以上微观层次的三方面的特征因素中选取了如下变量（详见表 7 - 1）。

表 7 - 1　变量说明

变量	样本量	均值	标准差	最小值	最大值
居住方式 （与子女同住 = 1）	32，286	0.2022	0.4017	0	1
年龄 （年龄越大数值越高）	32，970	70.6484	8.3589	60	102
性别 （男 = 1）	32，970	0.4491	0.4974	0	1
教育程度 （教育程度越高数值越高）	32，259	1.7571	1.3770	0	9
婚姻状况 （有配偶 = 1）	32，222	0.77707	0.4204	0	1

续表

变量	样本量	均值	标准差	最小值	最大值
子女情况 （子女越多数值越高）	32，163	2.3903	1.2295	0	6
健康状况：健康 （肯定＝1）	32，004	0.6143	0.4868	0	1
患有一种老年慢性病 （肯定＝1）	32，004	0.1489	0.3560	0	1
患有两种老年慢性病 （肯定＝1）	32，004	0.1189	0.3237	0	1
患有三种老年慢性病 （肯定＝1）	32，004	0.0666	0.2493	0	1
自理情况 （自理能力越差数值越高）	32，136	1.1458	0.4877	1	5
居家养老现状 （子女照料＝1）	32，093	0.0630	0.2430	0	1
住房情况 （有住房＝1）	32，196	0.8889	0.3142	0	1
每月固定收入水平 （收入越多数值越高）	32，726	2120.6090	1115.8820	0	11000

（一）人口特征因素的变量

在人口特征因素中，模型中加入的变量有年龄、性别、教育程度、婚姻状况和子女情况。年龄变量是连续性变量；在性别变量中，将"男性"编码为"1"，"女性"编码为"0"；在教育程度变量中，将其分成10个不同的档次作为一个连续型变量，档次划分为无学历（问卷中为其他）、小学、初中、高中、中等专科及技工学校、职业高中、大学专科、大学本科、硕士、博士；对于老年人的婚姻状况，本书主要针对是否有配偶，因此将回答"初婚""再婚""复婚"的归为"有配偶"，编码为"1"，将回答"离婚"、"丧偶"、"未婚"、"未说明婚姻状况"的归为"无配偶"，编码为"0"；在子女情况的变量中，将其分成7个不同的层次，将回答"无"和"失独"的归为"没有子女"，编码为"0"，将回答"1个"的编码为"1"，回答"2个"的编码为

"2"，以此类推，回答"6个及以上"的编码为"6"。

（二）健康特征因素的变量

在健康特征因素中，模型中加入的变量有健康状况、自理情况以及居家养老现状。在健康状况变量中，问卷提供了五种选择，分别是健康、患有一种老年慢性病、患有两种老年慢性病、患有三种及以上老年慢性病以及患有大病（有证），由于患病数量和患病严重程度无法做比较，因此本书仅考虑健康与非健康的区别以及在非健康中所患慢性病的多少，而将患有大病（有证）这种情况不做考虑；此外，问卷还调查了青岛市李沧区老年人的生活自理情况，并将其分成5个层次（能自理、部分不能自理、大部分不能自理、完全不能自理以及失智）作为一个连续型变量；在居家养老现状的变量中，本书主要考虑是否有子女照料，因此将回答"子女照料"的视为"有子女照料"，编码为"1"，将回答"自我照料""配偶照料""亲戚照料""政府购买上门居家养老服务""自费住家保姆服务""自费钟点工服务""志愿者服务"和"其他"的归为"无子女照料"，编码为"0"。

（三）经济特征因素的变量

在经济特征因素中，模型中加入的变量有住房情况和每月固定收入水平。对于老年人的住房情况，本书主要针对老年人是否有自己的住房，因此将回答"自有住房"的视为"有住房"，编码为"1"，将回答"市场租房"、"住直系亲属房"、"住公有住房"、"住军产房或宗教房"、"住廉租房或公共租赁住房"的归为"无住房"，编码为"0"；老年人的每月固定收入水平使用连续型变量。

第三节 理论假设和研究方法

一、理论假设

根据目前已有文献和研究，再结合当下老年人的现实情况，我们提出以下理论假设：

第一，目前，传统代际传承的观念发生了改变，大多数老年人更多地选择不与子女一同居住。

第二，老年人的居住选择会因性别的差异而不同。一是在对外界资源索取的整个生命过程中，女性地位低下的原因会造成其在资源的可获得性上远低于男性、相应自身身体状况也远差于男性的局面；二是一般而言，女性的寿命高于男性，其在老年生活中更可能经历没有配偶的生活，因此女性老年人更多地选择依赖自己的子女，即更倾向于选择与子女同住。

第三，婚姻状况对老年人的居住选择作用显著。无配偶的老年人不仅生活上缺乏照顾，而且心理上压力也非常大，相应地健康状况便容易恶化，因此无配偶的老年人会更多地选择与子女同住。

第四，老年人的生活自理能力不仅是一个描述自身健康情况的指标，也是一个衡量生活品质的重要因素。日常生活自理能力弱的老年人对照料资源的需求更大，在社会或政府无法提供足够的养老资源时，他们便不得不把需求的重心转向自己的子女，即更倾向于与子女同住。

第五，每月固定收入水平对老年人的生活自立层次和独立生活空间需求的影响很大，老年人的经济供给独立程度越高（收入越多），其不与子女同住的意愿越强烈，即收入高的老年人至少不会由于经济上的压力而被迫选择其他居住方式。

二、研究方法

用 Logistic 逐步回归的分析方法，选取调查问卷中的"居住状况"作为本研究的因变量，建立三个模型。在模型一中，仅将老年人的人口特征因素变量加入；在此基础上，将健康特征因素所选取的三个变量加入，作为模型二以分析其结果；待模型二分析完后，再将经济特征因素的变量加入作为最终模型。通过逐步回归法分析各自变量对因变量（老年人是否与子女同住）的作用影响，并检验各个变量发生的变化及变化的原因。

第四节 老年人居住方式选择的交互分析

在32286个有效样本中，选择不与子女同住的老年人共25757人，占样本总量的79.78%，而选择与子女同住的老年人仅占样本总量的20.22%，即近八成的老年人选择不与子女同住，这明显说明目前家庭养老的力量很薄弱。

通过使用卡方检验分析自变量与因变量的影响程度，得出以下各变量的P值均为0.000，均通过卡方检验。表7-2给出了该问题的分析结果：

一、人口特征因素的角度

从年龄变量上看，分布在60—70岁（含60岁）之间的样本量最多，占总样本的52.08%，70—80岁（含70岁）之间的样本量比重次之，占30.23%，90岁及以上的样本量比重仅占1.84%；不仅如此，各年龄段老年人的居住方式差异显著，低年龄组的老年人更倾向不与子女同住，而随着年龄增长，其与子女同住的趋势会逐渐加大。从表7-2最后一栏的数据中可以看出，对80岁之前的老年人而言，与子女同住占不与子女同住的比重仅为0.2左右，而到了80—90岁时，该参数跃升为0.47，最后90岁及以上老年人的该参数竟达到1.16，即与其他年龄段的老年人不同，90岁及以上的老年人与子女同住的比重超过了不与子女同住的比重。

表7-2 自变量与因变量的交互分析

变量	变量类别	比例	居住方式选择		1占0的比重
			0 = 不与子女同住	1 = 与子女同住	
年龄	1 = ［60 70)	52.08%	43.29%	8.78%	0.2
	2 = ［70 80)	30.23%	24.96%	5.41%	0.22
	3 = ［80 90)	15.85%	10.66%	5.03%	0.47
	4 = 90岁及以上	1.84%	0.86%	1.00%	1.16
性别	1 = 男	44.91%	37.90%	7.07%	0.19
	0 = 女	55.09%	41.87%	13.15%	0.31

续表

变量	变量类别	比例	居住方式选择		1占0的比重
			0 = 不与子女同住	1 = 与子女同住	
教育程度	0 = 其他	11.32%	7.04%	4.30%	0.61
	1 = 小学	37.42%	28.75%	8.68%	0.3
	2 = 初中	33.92%	28.87%	5.05%	0.17
	3 = 高中	11.01%	9.58%	1.41%	0.15
	4 = 中等专科 + 技工学校	0.68%	0.57%	0.10%	0.18
	5 = 职业高中	0.67%	0.58%	0.09%	0.16
	6 = 大学专科	3.54%	3.06%	0.48%	0.16
	7 = 大学本科	1.43%	1.27%	0.16%	0.13
	8 = 硕士	0.01%	0.01%	0.00%	0
	9 = 博士	0.01%	0.01%	0.00%	0
婚姻状况	0 = 无配偶	22.93%	12.76%	10.18%	0.8
	1 = 有配偶	77.07%	66.97%	10.10%	0.15
子女情况	0 = 无子女 + 失独	0.90%	0.87%	0.03%	0.04
	1 = 有一个子女	24.62%	20.28%	4.34%	0.21
	2 = 有两个子女	34.83%	28.94%	5.90%	0.2
	3 = 有三个子女	22.34%	17.81%	4.52%	0.25
	4 = 有四个子女	10.87%	7.77%	3.10%	0.4
	5 = 有五个子女	4.38%	2.81%	1.56%	0.56
	6 = 有六个及以上子女	2.06%	1.24%	0.82%	0.66
健康状况	0 = 健康	61.43%	50.94%	10.50%	0.21
	1 = 患有一种老年慢性病	14.89%	10.78%	4.13%	0.38
	2 = 患有两种老年慢性病	11.89%	8.85%	3.04%	0.34
	3 = 患有三种及以上老年慢性病	6.66%	5.01%	1.64%	0.33
自理情况	1 = 能自理	89.65%	73.50%	16.16%	0.22
	2 = 部分不能自理	7.42%	4.47%	2.95%	0.66
	3 = 大部分不能自理	1.78%	1.07%	0.71%	0.66
	4 = 完全不能自理	1%	0.59%	0.41%	0.7
	5 = 失智	0.15%	0.08%	0.06%	0.77
居家养老现状	0 = 无子女照料	93.70%	77.03%	16.66%	0.22
	1 = 有子女照料	6.30%	2.61%	3.70%	1.41

续表

| 变量 | 变量类别 | 比例 | 居住方式选择 | | 1占0的比重 |
			0 = 不与子女同住	1 = 与子女同住	
住房情况	0 = 无住房	11.11%	7.22%	3.84%	0.53
	1 = 有住房	88.89%	72.52%	16.43%	0.23
每月固定收入水平	1 = ［0 1000）	8.55%	5.14%	1.89%	0.37
	2 = ［1000 2000）	38.14%	30.43%	8.40%	0.28
	3 = ［2000 3000）	38.42%	31.62%	7.40%	0.23
	4 = ［3000 4000）	7.50%	6.19%	1.44%	0.23
	5 = ［4000 5000）	3.86%	3.27%	0.65%	0.2
	6 = 5000 元及以上	3.52%	3.10%	0.47%	0.15

在性别变量中，女性老年人居多，占比达55.09%。女性老年人中与子女同住占不与子女同住的比重为0.31，而男性的同参数仅为0.19，这有力地说明女性老年人更倾向于与子女同住。也从另一个角度反映出现阶段在社会资源上我国的女性老年人低于男性老年人，相应地在晚年社会地位上女性也低于男性，因此女性老年人在年老时更倾向于依赖自己的子女。

在整个教育程度样本中，老年人之间的学历差别很大，小学学历和初中学历的老年人居多，分别占37.42%和33.92%，而大学学历、硕士学历及博士学历的老年人少之又少，分别仅占1.43%、0.01%和0.01%，这与他们的出生年代有关。表7-2中数据显示，随着老年人教育程度的上升，其与子女同住占不与子女同住的比重大体上呈现出逐渐缩小的趋势，且教育程度越高，该比例缩小的幅度也越大，在低学历（无学历和小学学历）上，该参数为0.6和0.3，而当学历为初中至大学本科时，该参数迅速降为0.13—0.18左右，随着学历上升为硕士和博士，该参数变为0。这可以理解为：受教育时间的增加不仅会使老年人的独立性增强，也会使其经济条件变得更好，因此其不与子女同住的倾向度便会加大。

从表7-2婚姻状况的数据中可以看出：其一，有配偶的样本量占绝大多数，占比达77.07%；其二，老年人的婚姻状况对其居住选择会造成明显不同，77.07%的有配偶老年人选择与子女同住的比重仅为10.10%，而22.93%的无配偶老年人选择与子女同住的比例却是10.18%，且从表7-2最后一栏的数据中也可以发现，无配偶的老年人更趋向与子女同住。也有研究显示，比起有配偶的老年人来说，无配偶的老年人更可能由于代际交换的动机而选择与子女同住，同时基于对无配偶老年人照顾的便利，子女们也更希望自己的父母搬来与其同住。

对老年人而言，其所拥有的子女数量也是一个显著的影响因素。在统计样本中，拥有两个子女的老年人最多，占总样本的34.83%，其次是有一个子女和三个子女的情况，比例分别为24.62%和22.34%；不难发现，随着老年人自身所拥有子女数量的增加，表7-2最后一栏中的参数也呈逐渐上升的趋势：拥有三个以内子女的老年人的该参数仅为0.2左右，而当老年人拥有四个、五个以及六个及以上的子女时，该参数一跃为0.4、0.56和0.66，这说明子女的拥有量对老年人与子女同住的影响是正向的，即老年人所供给的资源（自己拥有的子女数量）对养老需求（居住选择）有很大的影响，也即所谓的供给决定需求。

二、健康特征因素的角度

老年人的居住选择因健康状况的不同而不同。分析结果显示：首先，在该样本中，健康的老年人比重最大，为61.43%，患有一种老年慢性病的老年人比重次之，为14.89%，患有两种老年慢性病的老年人的比重为11.89%，还有6.66%的老年人患有三种及以上老年慢性病；其次，明显看出在健康与非健康之间，老年人的居住选择差异明显，从表7-2最后一栏的数据中可看出，健康老年人的参数仅为0.21，而非健康（不论患几种老年慢性病）老年人的参数均在0.33及以上；但是，在非健康老年人的样本中却呈现出所患慢性病数量越多而越不与子女同住的趋势，对此可解释为由于样本中所使用的是疾病的种类而非其严重程度，而在健康变量中这两方面的差异非常大，于是便出现了在不健康老年人之间居住选择差别不显著的结果。

从交互分析中可看出，不同自理情况的老年人在居住方式的选择上差异显著，在自理情况变量中，能自理的占了整个样本的绝大多数，其比例为89.65%；并且随着老年人生活自理能力的变差，其选择与子女同住占不与子女同住的比重呈逐渐上升的趋势：能自理的老年人的该参数仅为0.22，而当老年人不能自理时，该参数一跃为0.66，且不能自理的程度越大该参数越高，即老年人选择与子女同住的倾向度更大。

一般说来，老年人的抵抗力比年轻人弱，身体状况也会更差，所以生活中是否有子女照料对老年人居住方式的选择非常重要，分析结果显示，无子女照料的老年人的比重极大，占整体样本的93.7%，并且是否有子女照料在老年人选择居住方式上的影响非常显著，从表7-2最后一栏数据中便可看出，无子女照料的比重仅为0.22，而有子女照料的比重却为1.41，因此生活中有子女照料的老年人更青睐与子女同住。

三、经济特征因素的角度

有无住房会严重影响老年人的居住选择。样本数据显示，有住房的老年人占绝大多数，比例为88.89%，并且从表7-2最后一栏数据中可以看出有住房的老年人更倾向于不与子女同住（0.53），而没有住房的老年人更倾向于与子女同住（0.23）。

以往有研究表明，有经济收入的老年人更独立。通过交互分析可以看出，老年人居住方式的选择在每月固定收入水平上的分布差异显著：其一，月固定收入在2000至3000元之间的样本量最多，占比达38.42%，其次是1000至2000元之间的样本量，占比为38.14%；其二，随着收入水平的上升，明显看出表7-2最后一栏的数值呈逐渐下降的趋势，即收入越高的老年人会更多地趋向于不与子女同住。

第五节　老年人居住方式选择的回归分析

本节分析的因变量是老年人的居住方式选择，这是一个非连续型变量，因此采用 Logistic 逐步回归的分析方法，即在回归时将其他相关的影响因素加以控制，逐步加入与因变量相关的变量以讨论各个因素对老年人居住方式选择的影响。

一、Logistic 回归模型

对该二值选择模型而言，可采用如下计量经济学理论模型：$Y_i = X_i\beta + \mu_i$，且 $E(y \mid x) = 1 \cdot P(y=1 \mid x) + 0 \cdot P(y=0 \mid x) = P(y=1 \mid x)$，

具体模型如下：

$$Ln\left(\frac{p}{1-p}\right) = \beta_0 + \sum \beta_i \cdot X_i$$

其中，Y_i 为 "1"，即选择与子女同住，Y_i 为 "0"，即选择不与子女同住。X_i 即表 7 - 3 中所列的各个变量，P 表示老年人与子女同住与否的概率，β_0 即常数项，β_i 是变量 X_i 的偏回归系数。

二、模型设置及回归分析

本节在设置模型时采用逐步回归法，根据检验结果，首先把含有婚姻状况的模型作为基础模型，然后依次导入其他自变量。将人口特征因素（年龄、性别、教育程度、婚姻状况、子女情况）作为自变量，构成模型一；在此基础上，将健康特征因素所选取的三个变量（健康状况、自理情况、居家养老现状）加入，建立模型二；最后在模型三中加入经济特征因素（住房情况、每月固定收入水平）。

在回归结果表中，本书提供了系数和几率比以及他们各自的标准差，其中系数以 *Coef.* 来表示，说明变量增加一个微小量所引起对数几率的边际变化，在分析中看其正负来说明对因变量的影响；几率比以 $Exp(\beta)$ 来表示，说明变量增加一单位引起的几率的变化倍数，在分析中看其与 "1" 的大小来说明对因变量的影响。通过观察各变量的几率比发现，模型中影响最大的两个变量是居家养老现状和婚姻状况。具体回归分析的结果见表 7 - 3。

在模型一（仅加入人口特征因素）中，教育程度、婚姻状况以及子女情况变量在 1% 的显著性水平下显著，性别变量在 5% 的显著性水平下显著，年龄变量不显著。该模型的准 R^2 为 0.1010。

在模型二（加入人口特征因素和健康特征因素）中，由于健康因素的加入，模型得到了一定程度的改善，整体模型是显著的，其准 R^2 上升为 0.1211。在该模型中，年龄、教育程度、婚姻状况、子女情况、健康状况、自理能力以及居家养老现状变量在 1% 的显著性水平下显著，性别变量在 10% 的显著性水平下显著。

模型三（将人口特征因素、健康特征因素以及经济特征因素全都加入）即为确定的最终模型，模型整体是显著的，其准 R^2 为 0.1293，整个模型中除了性别变量不显著外，其余各个变量均在1%的显著性水平下显著。

以下逐一分析表7-3的回归结果，并且讨论各个自变量对因变量（是否选择与子女同住）的影响及原因：

（一）人口特征因素对老年人居住方式选择的回归分析

从年龄与因变量的回归结果中可以看出：在最终的回归模型中，其系数是-0.0129，几率比是0.9872，这说明年龄对老年人在选择与子女同住上的影响是负向的，即年龄越大越不选择与子女同住；但同时发现该模型的几率比与1非常接近，也即说明该负向的影响微乎其微。

在性别与因变量的分析上，虽然在前述交互分析中通过了卡方检验，但随着模型中变量的增加，其显著性逐渐降低，最终没通过变量的显著性检验，说明老年人在选择是否与子女同住的问题上男女之间无差异，这一方面说明了本章所提假设二不成立，另一方面也恰恰验证了之前学者的结论——性别对老年人居住方式的选择或意愿没有显著影响。

表7-3　Logistic 回归结果表

变量	模型一		模型二		模型三	
	Coef. (S. E.)	Exp（β） (S. E.)	Coef. (S. E.)	Exp（β） (S. E.)	Coef. (S. E.)	Exp（β） (S. E.)
年龄	0.0013 (0.0023)	1.0013 (0.0024)	-0.0147*** (0.0025)	0.9854*** (0.0025)	-0.0129*** (0.0026)	0.9872*** (0.0027)
性别	-0.0732** (0.0323)	0.924** (0.0298)	-0.0578* (0.0332)	0.9438* (0.0310)	-0.0176 (0.0339)	0.9825 (0.0331)
教育程度	-0.1464*** (0.0135)	0.8638*** (0.0126)	-0.1263*** (0.0136)	0.8813*** (0.0128)	-0.1035*** (0.0148)	0.9017*** (0.0139)
婚姻状况	-1.5087*** (0.0342)	0.2212*** (0.0075)	-1.4191*** (0.0355)	0.2419*** (0.0085)	-1.3973*** (0.0360)	0.2473*** (0.0089)
子女情况	0.0524*** (0.0149)	1.0538*** (0.0155)	0.0479*** (0.0154)	1.0491*** (0.0162)	0.0453*** (0.0156)	1.0463*** (0.0164)

续表

变量	模型一		模型二		模型三	
	Coef. (S.E.)	Exp（β） (S.E.)	Coef. (S.E.)	Exp（β） (S.E.)	Coef. (S.E.)	Exp（β） (S.E.)
健康状况： 患有一种老年慢性病			0.3548*** (0.0416)	1.4260*** (0.0600)	0.3391*** (0.0421)	1.4037*** (0.0601)
患有两种老年慢性病			0.2360*** (0.0465)	1.2662*** (0.0587)	0.2125*** (0.0470)	1.2368*** (0.0581)
患有三种及以上 老年慢性病			−0.2022*** (0.0647)	0.8169*** (0.0528)	−0.2575*** (0.0657)	0.7730*** (0.0510)
自理情况			0.2003*** (0.0318)	1.2218*** (0.0400)	0.1935*** (0.0321)	1.2135*** (0.0403)
居家养老现状			1.1044*** (0.0583)	3.0175*** (0.1822)	1.0933*** (0.0590)	2.9840*** (0.1817)
住房情况					−0.6384*** (0.0439)	0.5282*** (0.0242)
每月固定收入水平					−0.0001*** (0.000)	0.9999*** (0.0000)
Pseudo R^2	0.1010		0.1211		0.1293	

注：括号内的数字表示标准差。***、**和*表示在1%、5%和10%水平下显著。

教育程度变量对因变量的回归系数是−0.1035，几率比是0.9017，这说明教育程度对老年人与子女同住上的影响是负向的，即教育程度越高，越不与子女同住。对此，齐明珠、徐征（2002）也发现文化因素在老年人居住选择的考虑上作用突出。分析原因，主要有以下几个方面：一是教育程度越高，所接触的西方观念会越深，相应的自由主义观念也越浓厚，这种观念的存在便是其更希望拥有属于自己的相对独立的生活空间，因此更不选择与子女同住；二是教育对生活质量有正向影响，于学军（1999）研究发现教育对老年人的生活自理能力有积极的导向作用，即教育程度越高，老年人的生活自理能力越强，对环境的适应能力也更好，相应地更不选择与子女同住。

婚姻状况作为进入模型的首要变量，应着重分析：其一，从表7−3回归结果来看，其系数是−1.3973，几率比是0.2473，这表明婚姻状况对老年人与子女同住的影响是负向的且十分重要，即无配偶的老年人更倾向与子女同住。对此可作以下解释：一是在人的晚年生活中，配偶之间相互扶持、相互帮助的重要性会更加显著，当一方去世后，剩下的一方便可能因被照顾的需要而搬到子女家里与其同住；二是当配偶去世后，老年人的心理认同以及新角色的适应都得需要一个过程，迫于此，子女也很可能会要求老年人与其一同居住；三是当配偶去世后，照顾配偶的责任和负担的减轻以及帮助子女照看孙子女的动力便会更加明显，基于这种代际交换的目的，老年人选择与子女一同居住的可能性也会加大。

老年人所拥有的子女数量对其居住选择作用显著，在回归模型中，0.0453 的系数和 1.0463 的几率比说明子女数量对老年人与子女同住有正向影响，即子女越多老年人越倾向与子女同住。对此可以这样理解：若老年人没有子女，则与子女同住的概率为 0，但随着子女数量的增加，在子女之间轮流居住的概率也就增大，且对每个子女而言照顾父母的压力也不会特别重，这便增加了与子女同住的可能性。

（二）健康特征因素对老年人居住方式选择的回归分析

从表 7-3 可看出，患有一种老年慢性病的系数是 0.3391，几率比是 1.4037，患有两种老年慢性病的系数是 0.2125，几率比是 1.2368，患有三种及以上老年慢性病的系数是 -0.2575，几率比是 0.7730，这表明随着所患老年慢性病数量的增加，老年人与子女同住的概率在减小。这似乎与常理不符，但是正如前文所述，由于本书使用的变量是所患疾病的数量而不是严重程度，而患病数量与患病严重程度并不一定成正比，再加上不能否认样本中存在一部分被调查者已经不居住在家中的现状，所以出现了如上的结果。

生活自理情况在人的晚年生活中是一重要方面，根据表 7-3 其系数是 0.1935，几率比是 1.2135，这说明自理情况的好坏对老年人与子女同住的影响是正向的，即自理能力越差，其更趋于与子女同住。这是因为当老年人生活自理能力差、不懂得照顾自己时，与子女一同居住会是解决该问题的最好办法。

居家养老现状变量对老年人居住方式选择的回归系数是 1.0933，几率比是 2.9840，这说明是否有子女照料在老年人与子女同住上有正向影响且影响最大，即依赖子女照料的老年人更倾向与子女同住。

（三）经济特征因素对老年人居住方式选择的回归分析

从住房情况与因变量的回归结果来看，其系数是 -0.6384，几率比是 0.5282，说明住房情况对老年人与子女同住的影响是负向的，即有自己住房的老年人更倾向不与子女一同居住。对此可理解为当老年人有自己的住房时，更希望享受这种自由、独立的空间，因此可能不选择与子女同住，反之，老年人之所以与子女同住，很大部分原因是由于其居住条件的窘迫所致。

每月固定收入水平的回归系数是 -0.0001，几率比是 0.9999，说明经济独立程度对老年人与子女同住存在负向影响，即经济越独立，越不愿与子女同住。显而易见，当老年人手中有充裕的资金时，其不依赖子女、不与子女一同居住仍然可以生活得很好，因此随着老年人收入水平的提高，可能更加倾向不与子女一同居住。但同时也可以看到，这种影响非常微弱。

第六节　结论与建议

一、结论与讨论

根据上述结果，本书对前述假设进行了相应的检验发现，除了假设二，其余各个假设均得到了模型结果的验证，并得出了以下几点结论：

第一，老年人传统的居住方式已发生改变，上述数据表明选择不与子女同住的老年人占总样本的 79.78%，而与子女同住的老年人的比例仅为 20.22%。在近八成不与子女同住的老年人中，他们更多地选择与配偶同住、独居以及两代老人同住的居住方式。

第二，在人口特征因素的分析中，性别对老年人的居住选择没有显著影响（$P < 0.1$），这虽然与假设二存在冲突，但是在以往的研究中也发现很多学者证实了性别的不显著作用。其次，从回归中不同模型的比较发现，年龄在老年人居住方式的选择上作用甚微。而老年人的受教育程度、婚姻状况、子女情况变量对老年人的居住方式选择有着很大的影响，教育程度越高、无配偶、子女数量越多的老年人越倾向不与子女同住，这与假设三一致。

第三，在健康特征因素的分析中，老年人的健康状况、自理情况以及居家养老现状与其居住方式的选择均有显著的相关关系，不健康的、自理能力差的以及依赖子女照料的老年人更倾向与子女同住。其中对自理能力的研究结果反驳了前述学者的结论，验证了本书所提出的假设四。

第四，在经济特征因素的分析中，住房情况和每月固定收入水平在老年人选择居住方式时有显著影响，拥有自己的住房、每月固定收入水平更高的老年人更倾向不与子女同住。这反驳了前述学者认为经济因素不对老年人选择居住方式起作用，也验证了文章中所提的假设五。

第五，根据逐步回归法比较准 R^2，各变量进入模型的先后顺序是：婚姻状况、居家养老现状、住房情况、教育程度、子女数量、每月固定收入水平、健康状况、自理能力、年龄以及性别。通过比较各变量的几率比大小也可以发现居家养老现状和婚姻状况是老年人在选择居住方式时所考虑的最重要的两个变量。

二、政策建议

结合前文交互分析和 Logistic 回归分析的结果，我们提出以下相应的政策建议，以更好地应对人口老龄化背景下老年人的养老保障问题。

（一）发展社区居家养老

虽然目前不与子女同住是大多数老年人选择的主要居住方式，但是从表 7-4 可以明显看出，大多数不与子女同住的老年人也都选择与子女居住在较近的范围内。其中，住在同一社区（村）的有 36.42%、同一街道（镇）的有 7.33%、同一区（市）的有 17.78%、同住青岛市的有 16.58%，且这四种情况占到总样本的 78.10%。这说明传统家庭养老的方式虽已弱化，但是与子女居住在较近的范围内可以部分地弥补这一弱势。

表 7-4 不与子女同住的老年人与其最近子女距离的交互分析

居住距离	同一社区（村）	同一街道（镇）	同一区（市）	同住青岛市	市外省内	省外国内	国外
比重	36.42%	7.33%	17.78%	16.58%	0.40%	0.83%	0.28%

众所周知，目前老年人的养老方式主要有家庭养老、社区居家养老和机构养老三种。在家庭养老弱化和机构养老供给不足并存的情况下，尤其是通过对老年人居住方式选择的分析，我们认为社区居家养老成为目前最适合的一种养老方式。社区居家养老是家庭养老和社区养老的结合。其养老服务形式主要有两种：一种是老年人在家里居住，服务由社区上门提供（以下称"居家上门服务"）；另一种是老年人走出家门，到社区中享受社区养老机构所提供的各项服务（以下称"社区养老服务"）。研究发现，由于目前老年人对社区居家养老的认识度不够，因此对社区养老的利用度和需求度很低，下面通过以下四个表格（均为多选变量）详细说明：

1. 居家上门服务

表7-5介绍了目前老年人居家养老的现状，表中后五项显示了居家上门服务的种类及利用程度，明显看出目前该养老方式的利用度很低——后五种类型的比重加总仅为2.18%。

表7-5　目前居家养老的现状

种类	自我照料	配偶照料	子女照料	亲戚照料	政府购买上门居家养老服务	自费住家保姆服务	自费钟点工服务	志愿者服务	其他
比重	84.06%	36.83%	34.89%	0.58%	0.46%	0.41%	0.19%	0.22%	0.90%

表7-6给出了目前老年人愿意自费居家上门服务的需求种类和程度，可以看出打扫卫生占到了首位，比重为2.27%，紧急救助以1.47%的比重排位第二，而需求最小的是陪同外出（就医、购物），其比重仅为0.20%，也有部分老年人对其他上门服务有一定的需求。

表7-6　愿意自费居家上门服务的需求

种类	无	住家保姆	紧急救助	医疗护理	打扫卫生	理发洗澡	陪同聊天	买菜做饭	陪同外出（就医、购物）	其他
比重	93.44%	0.51%	1.47%	1.03%	2.27%	1.12%	0.63%	1.24%	0.20%	1.67%

2. 社区养老服务

研究表7-7发现，在社区养老的各项活动中，老年人最倾向于在社区老年人娱乐室活动，比重为8.5%，其次是在社区养老互助点活动，比重为

2.81%，对社区老年人助餐点用餐或送餐服务的选择最少，比重仅为0.88%。

表7－7 享受社区养老服务的现状

种类	无	在社区老年人娱乐室活动	在社区养老互助点活动	享受社区老年人助餐点用餐或送餐服务	在老年人日间照料中心接受照料	其他
比重	85.91%	8.50%	2.81%	0.88%	1.09%	3.52%

表7－8中显示出老年人对水电气维修和医疗保健的需求最显著，两者的比重分别是6.53%和3.51%，对定期探视和日间托养服务的需求最少，分别仅为0.70%和0.44%。

表7－8 愿意自费社区养老服务的需求

种类	无	定期探视	医疗保健	一日三餐	日间托养服务	水电气维修	其他
比重	88.67%	0.70%	3.51%	1.11%	0.44%	6.53%	1.99%

将以上四张表进行比对发现，无论是社区居家养老的利用现状还是自费购买养老服务的意愿都不多。但是，比较社区居家养老的两种方式，更多的老年人倾向于后一种，即走出家门，到社区中享受机构提供的各项服务。

老年人对社区居家养老的利用度和意愿都不高，对此可从以下几点来解释：其一，老年人对这一新型养老模式的认识度不够，进而心理接受和认可的程度不够；其二，传统代际传承以及"养儿防老"观念的影响，使得老年人对家庭养老格外偏爱；其三，老年人及其子女对社区提供的服务质量的担心以及服务费用过高的考虑也使其难以利用。

（二）发展社区居家养老的几点建议

针对目前老年人养老方式和社区居家养老的现状，如何保证老年人充足的养老资源供给和晚年生活幸福是我们亟待考虑的。就此问题给出以下几点建议：

第一，加大对社区居家养老的宣传力度，让更多年轻人和老年人了解这一新型养老方式，进而接受、认可这一晚年生活模式。

第二，以社区这一平台作为基础，给居家服务和机构服务提供中介性的依托，让更多提供服务的机构在基层落地生根。可将专业服务机构先做成

"旗舰店",然后向社区发展,进而从社区延伸到家庭,形成一个具备整合效应的"机构—社区—居家"联合体,将养老服务做到既专业化又社会化,更好地提升社区居家养老的服务质量。

第三,目前的社区居家养老处境尴尬,布置由上级要求,因此其装修、维护等成本非常大,并且由于机构规模和服务人数的限制也会使经营成本大大上升,最后只能通过"政府购买服务"来艰难维持。因此,在利用好现有福利设施的基础上,政府应进一步加大财政投入,改善养老设施,同时制定一些相关的优惠政策,鼓励民间团体、社会力量投资兴办各种层次的老年公寓及养老社区。

第四,走市场化道路。解决上述社区养老收费高的问题的最佳方案就是将经营权下放给市场,即下放给"机构—社区—居家"整合式经营的老年服务运营商,在运营过程中以成本核算为基础收取服务费用,同时政府给予相应的补贴,只有这样才能在满足老年人各方面需求的情况下使养老服务真正繁荣,让老年人的晚年生活更加幸福。

第八章　社区居家养老服务的现状及其影响因素分析

西方国家在 20 世纪 60 年代，提出了"在合适环境中养老"（Aging in Place）的概念，开启了最早的养老新模式——居家养老。我国在居家养老上起步相对较晚，20 世纪 70 年代初才正式提到"居家照顾"，香港是国内最先把养老服务和社区照料相融合的地方。从 2000 年开始，上海、北京、大连、南京等地区也相继开始了居家养老方面的研究。在各地试点有序发展的基础上，民政部于 2005 年发布的《关于开展养老服务社会化示范活动的通知》正式确定了居家养老的地位。同时，有条件的一些地区，如杭州、宁波等市的 29 个县区不仅在城市范围内发展居家养老，还把它发展至乡镇。

青岛市从 2006 年开始推出居家养老方面的制度，2009 年被选为全国养老工作的观测点和试验地。从 2011 年起，在国家养老政策的指引下，青岛市居家养老服务的相关政策也得到了许多改进。随着老龄化率的快速增长，面对日益严重的养老问题，如何让老年人健康无忧地度过老年生活成了当前社会的主要目标，在第七章中我们也给出了大力发展社区居家养老的建议，那么社区居家养老利用的现状如何，什么样的人会选择社区居家养老，或者什么样的因素会左右老年人对社区居家养老的选择权，这些问题将在本章一一揭晓。

以下，我们将首先明确社区居家养老的概念，其次分析青岛市居家养老的现状，本章使用青岛市老龄办在 2013 年作的调研数据，通过描述性统计对青岛市社区居家养老的现存问题进行分析，之后用主成分分析法找出决定老年人选择社区居家养老意愿的影响因素，再使用逐步回归法找到是什么原因影响老年人选择养老服务项目。最后结合青岛市经济、文化发展的特点，对社区居家养老服务提出具体的产业化发展建议。

第一节　社区居家养老的概念及国内外研究回顾

一、社区居家养老的概念

目前，学术界对养老方式的划分方法并不统一，名称也繁多。所以我们首先区分概念，将养老方式划分为家庭养老、机构养老和居家养老三种模式。其中，家庭养老即传统的在家养老，养老服务的提供主体是老年人本人、配偶、子女或其他亲属等。机构养老是老年人到机构养老院居住接受养老服务。而社区居家养老是在家庭养老和机构养老的基础上不断探索和发展的一种新型养老方式，即老年人在自己家中居住，并能够享受到社区、政府乃至整个社会对老年人基本生活、精神需求及医疗保健等方面提供的服务，它汇集了家庭养老和机构养老的优点。其养老服务大体分为两种，一种是指老年人居住在家中，由社区提供上门的养老服务（以下称"居家上门服务"）。服务包含住家保姆、紧急救助、医疗护理、打扫卫生、水电气维修、理发洗澡、陪聊、买菜做饭、陪护就医、购物等内容。另一种是老年人到社区的日间照料中心等场所接受养老服务（以下称"社区养老服务"）。服务包括在老年人娱乐室或生活区养老互助点活动、在老年人餐厅用餐或送餐、在老年人日间照料中心接受照料、定期探视、医疗保健、日间托养等内容。

社区居家养老一方面可以让老年人继续生活在自己熟悉的环境中，有助于其精神状态的维持；另一方面由社区提供日常生活及护理方面的照料，弥补了老年人自我照料的不足，有助于其生活质量的提高。我国目前的国情是家庭养老能力不足、机构养老资源供需不平衡。在这样一个背景下，居家养老将逐渐成为养老方式的主流，其发展空间和为未来养老事业的贡献将不可估量。

二、国内外研究回顾

随着全球老龄化的日趋严峻，更多的国家把居家养老作为解决老年人口养老问题的一个主要方式。英国在 1993 年推出"社区照顾"的社会化养老服务方式。包括"社区内照顾"和"由社区照顾"，前者针对生活基本不能自理的老人，在社区内的养老服务机构接受专业工作人员的照顾；后者针对有一定自我生活照顾能力的老年人，通过血缘关系或道德维系的没有政府直接干预的非规范性养老照料。服务项目主要有居家服务、家庭照顾、老人公寓、托老所和老年社区活动中心等［祁峰（2010）］。现今，社区照顾已经成为欧美福利国家占主导地位的养老模式。在亚洲，由于日本最早进入老龄社会，所以其养老模式发展经验也最为丰富。日本早在1989年建立了居家养老模式，主要以居家养老、居宅看护为发展方向。具体地又分为居家养老（同居式家庭养老、分居式家庭养老和社会化养老）和社区照顾（福利院护理、家庭访问护理和老年保健咨询服务），在政府发挥主导作用的同时，鼓励和支持社会力量的广泛参与［尹银（2009）］。郭竞成（2010）认为根据政府的介入程度居家养老可以分为政府主导型和市场并重型两种模式。其中，市场并重型指居家养老服务项目主要由社会团体或中介组织按商业化原则提供。比如在美国，有世界上最大的非营利性质的老年照顾机构"居家养老院"，由5000个社区分支机构提供陪伴和家务、个人护理、健康引导和专业护士服务等。在日本，有25万个民间企业的服务单位参与"护理保险制度"的运营。虽然目前大部分的政府主导型国家仍然以政府资助、慈善捐款、服务收费作为居家养老服务的主要融资方式，但是，资金不足、经费筹集渠道单一已成为各国的突出问题。以瑞典为代表的西方国家已然提出居家养老市场化，开始把越来越多为老年人提供的服务项目承包给私营公司经营。在我国，近几年也提出了居家养老服务产业化、市场化的观点。李爽（2012）从完善扶持民间资本参与养老服务具体政策的角度出发，提出了在扶持政策以及配套制度、政策方面的建议。高秀艳、吴永恒（2009）认为城市社区居家养老产业应引入竞争机制，鼓励民营资本进入养老产业。张旭升、牟来娣（2010）理清了政府和社会组织在居家养老服务中的作用，即政府应成为"居家养老"的资源提供主体，以企业、非营利性组织和社区为代表的社会组织应该成为"居家养老"的服务提供主体。陈颐（2010）提出了促进我国养老服务产业化发展的思路，指出我国养老服务的发展必须坚持产业化的方向，认为养老服务的"福利化"和"产业化"并不是互相抵触和矛盾的，而是并行不悖、互为表里、互相促进的。在具体如何实施居家养老的问题上，孙泽宇（2007）

提出构建三级居家养老服务运作体系，确定了居家养老服务对象和服务方式。高红（2011）对2009年青岛市市南区和四方区老年人的社区居家养老意愿和现状的抽样调查数据进行分析，提出了加强政府的主导作用，创新服务运作模式，促进专业化、社会化与市场化发展等对策。

总的来说，国内对居家养老的研究大都局限于模式发展，少数对于居家养老服务产业化的研究也大都局限于国家层面上，对具体城市层面展开研究的较少；另外，研究以简要叙述为主，大部分是定性的描述和分析，缺乏定量的实证分析。本章将在这些方面弥补以往研究的不足。

第二节　青岛市社区居家养老服务的现状及其影响因素

一、社区居家养老服务的利用现状

我们使用青岛市老龄办于2013年对青岛市市南区、市北区、李沧区老年人做的《登记表》的调研数据进行分析。三区共回收25万余份问卷，我们抽取总数的2%，共5007个样本进行分析，其中市南区1239人，市北区3109人，李沧区659人。

虽然社区居家养老是目前最为理想的一种养老模式，但是其发展现状却不容乐观。近年来，青岛市在各个市区的社区中建立了日间照料中心和照料服务平台，动员全社区可利用的资源给老年人创造养老条件。在社区开展老年人娱乐室、养老互助点、老人餐厅灵活用餐或送餐等服务。通过分析《登记表》的数据，我们得知有4.55%的老年人使用了社区娱乐室，2.09%的老年人享受到了养老互助点的服务，使用社区老年人餐厅用餐或送餐相关服务的有1.41%，在老年人日间照料中心接受照料的有0.68%，还有1.55%的老年人享受到了其他类型的服务。但是，没有享受到任何社区养老服务的竟高达91.8%。

在居家上门服务方面，有0.58%的老年人雇有住家保姆，0.40%的老年人聘请了钟点工，享受政府购买上门居家养老服务的占0.50%，接受志愿者服务的有0.26%，还有0.77%的老年人选择了其他形式的服务。而采取自我照料、配偶照料、子女亲戚照料的纯家庭式养老的老年人比例达到90%以上。

可见，无论是社区养老服务还是居家上门服务，居家养老服务的利用率非常低，大部分老年人仍然以传统的家庭养老为主。

二、老年人选择社区居家养老服务的六类影响因素

尽管如此，全社会仍然有近一成的老年人选择了社区居家养老服务，是什么原因让他们在家庭养老和社区居家养老之间做出了取舍。我们将从老年人的个体特征和家庭状况的角度出发，通过以下的描述性统计进行对比分析。

（一）老年人的文化程度

现阶段，社区居家养老仍是比较新鲜的事物，人们对它的接受程度与文化程度密切相关。文化程度越高的老年人接受新事物的能力越强。同时，文化程度相对较高的老人对生活品质的要求也相对较高。如图 8-1 所示，高中及以上学历的老人参与社区居家养老的比选择家庭养老的人数多，低学历的老年人社区居家养老选择度较低。

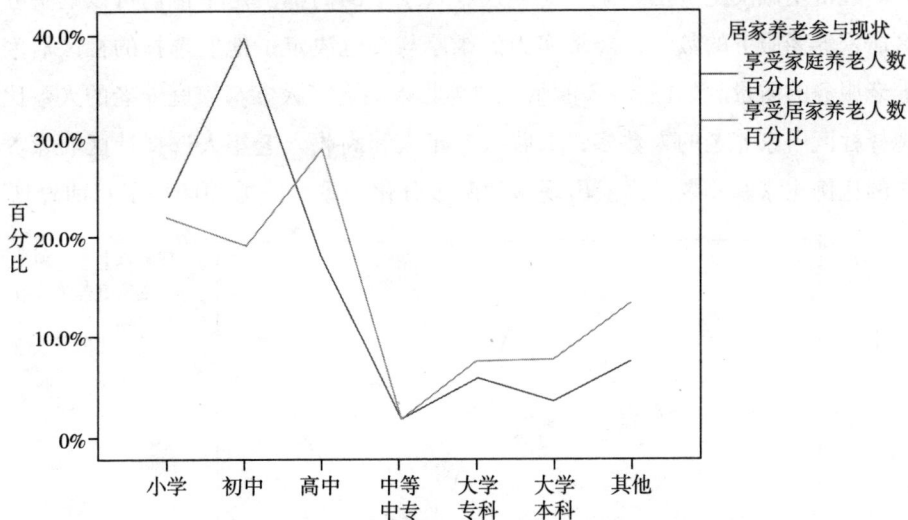

图 8-1 文化程度对社区居家养老参与度的影响

（二）老年人的健康水平

那些身体不健康、得病相对较多的老年人对各种照料帮助的需求比健康的、日常生活没有困难的老年人要高。从图 8-2 可以看出，患病的老年人享

受居家养老服务的比例比健康的老年人多，且患病情况越严重的老年人选择社区居家养老的比例越高。

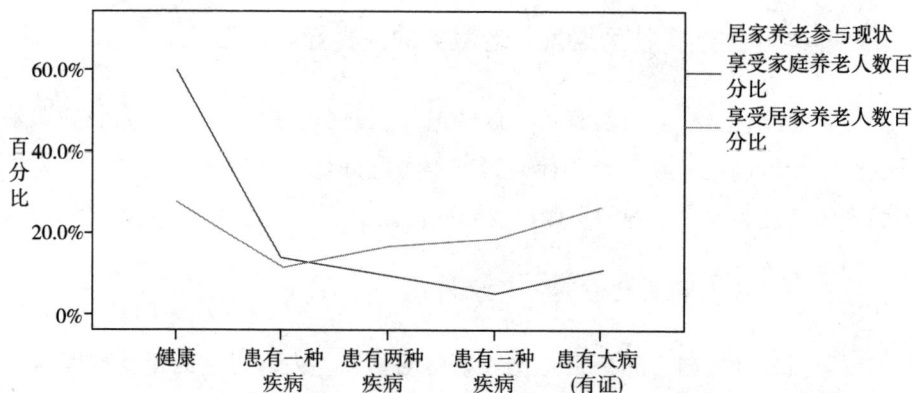

图 8 - 2　健康状况对社区居家养老参与度的影响

（三）老年人的收入水平

经济基础决定上层建筑，老年人收入水平的高低决定了他们可以购买社区居家养老服务的数量，经济实力的雄厚与否也决定了他们选择的社区居家养老服务的质量。如图 8 - 3 所示，中等收入的老年人参与家庭养老的人数比选择社区居家养老的人数多；低收入老年人和高收入老年人选择社区居家养老的比例比家庭养老的高。出现这种两级分化现象，一方面印证了目前青岛

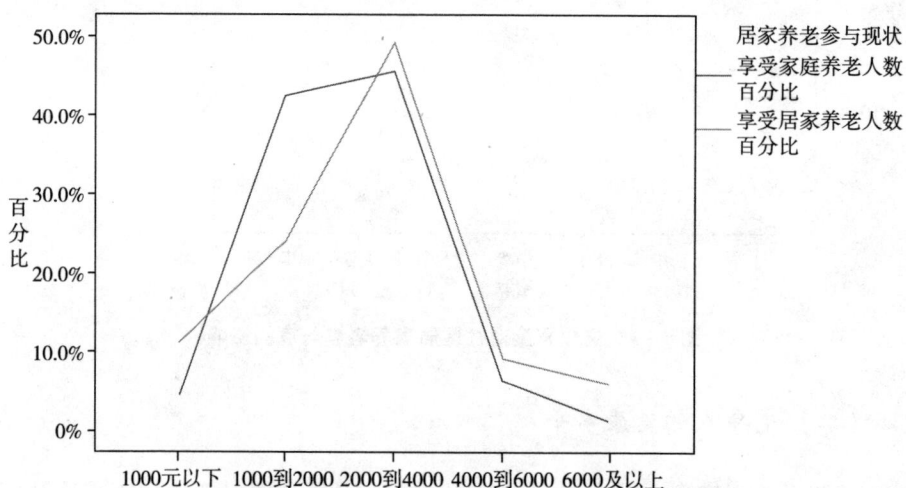

图 8 - 3　老年人收入水平对社区居家养老参与度的影响

市社区居家养老的一个现状，即政府出资购买居家养老服务以解决生活困难老人及低收入家庭老人的养老问题；另一方面说明高收入老年人更愿意花钱享受更专业的养老服务。

（四）老年人的居住状况

据数据显示，大多数老年人是和配偶相互扶持生活，这个比例为57.42%；和有赡养能力的子女晚辈一起生活的只有18.71%；而老年人独自一人居住的有10.23%。老年人的居住情况会反映出其可享受家庭照料资源的多寡。空巢老人日常生活中享受不到来自子女的照料，他们往往更倾向参与社区居家养老服务。从我们的调查中也得出了这样的结果，即空巢老人参与社区居家养老的比例较之参与家庭养老的多，反之非空巢老人参与家庭养老的比例较之参与居家养老的多，但是两者差别都不是很大，皆在5%以内。

（五）子女的人数

家庭养老的主要承担者是子女，老人享受不到子女的照料就只能选择社会与之提供的服务。但子女太多也会形成相互之间的攀比和责任推脱，使他们的父母养老状态陷入尴尬之地。目前，青岛市三区的老年人平均拥有子女数约为2.16人。其中，拥有两个子女的老年人比例最多，占35.33%；其次是有一个子女，占32.65%；还有0.25%的失独老人。图8-4可以看出，有

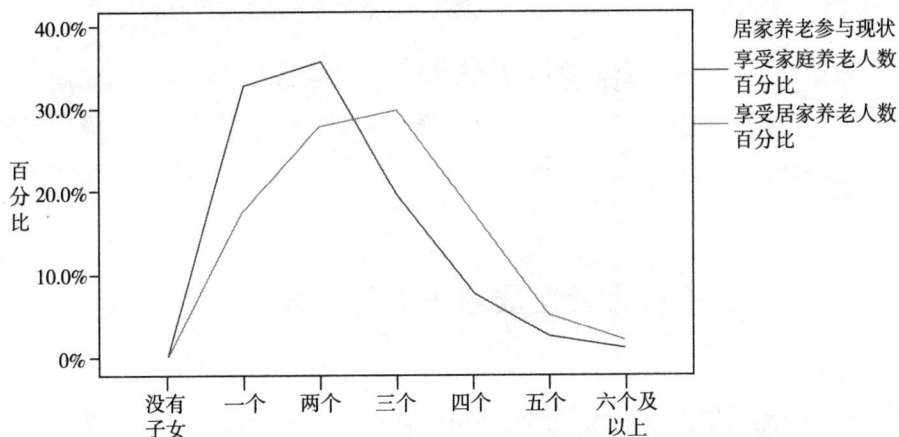

图8-4　老年人拥有子女的人数对社区居家养老参与度的影响

三个及以上子女的老年人参与社区居家养老的人数普遍较多，有一个或两个子女的老人更依赖于家庭养老。

（六）子女与父母居住距离的远近

随着社会经济的发展，因为生活观念、经济状况或工作现状，很多子女离开了父母，没有和父母一起住，他们与父母距离的远近也在一定程度上影响了这些老年人的养老状态。难以得到子女照料的老人更需要来自外界的照料，更容易选择居家养老。图 8-5 显示，与子女同住一个街道或社区的老年人选择家庭养老的比例要远高于选择社区居家养老的比例，而与子女居住的距离只要超出同一区（市）的范围，则老年人选择社区居家养老的比例会更高。

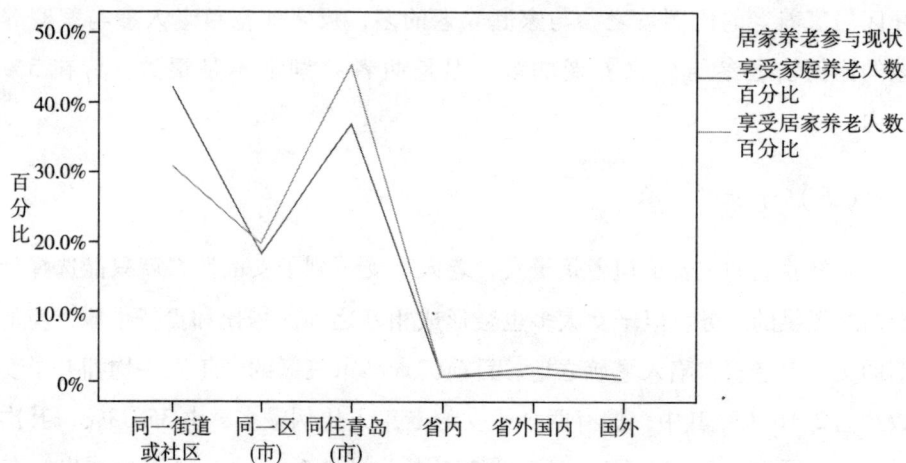

图 8-5　老年人与子女的距离对社区居家养老参与度的影响

根据以上的对比分析，我们得知学历高、健康状况差、收入水平高、空巢老人、子女人数多、与子女居住距离远的老年人比起家庭养老更倾向于选择居家养老。

第三节　青岛市社区居家养老服务发展存在的问题

作为全国的试点城市之一，青岛市的社区居家养老服务工作虽然取得了众多成绩，但仍然存在很多不足。以下我们将对青岛市社区居家养老服务的利用、需求和供给所存在的问题分别进行阐述。

一、服务利用率低

《登记表》对老年人的居家养老现状提供了 9 个备选选项（可多选，下同）。其中，84.49% 的老年人选择自我照料，选择配偶照料和子女照料的分别占 28.19% 和 25.54%，还有 0.49% 的老年人选择了亲戚照料，而这些都属于传统的家庭养老。作为新型社区居家养老服务的代表，政府购买上门居家养老服务只占到 0.5%，而诸如自费住家保姆、自费钟点工、志愿者服务所占比重也很低，均不到 1%，分别是 0.58%、0.40% 和 0.26%。

关于社区养老服务的利用情况。没有享受到该服务的人占老年人总数的91.8%。而在享受了的老年人中，以在社区老年人娱乐室活动的居多，占4.55%；其次是在社区养老互助点活动，占 2.09%；享受助餐点用餐或送餐服务，占 1.41%，还有 0.68% 的老年人在日间照料中心接受照料。

如上所述，目前在青岛市传统的家庭养老仍然占主导地位。到社区接受养老服务的老年人比重不到 10%，而上门提供养老服务的利用率则更少，只有不到 2%。这说明社区居家养老服务的普及度和参与度还很低，政府在全面推行居家养老服务的道路上任务依然艰巨。

二、服务需求不高

根据《登记表》的数据显示，有 92.74% 的老年人并无意愿自费购买居家上门服务。在仅有的不到 8% 的有需求的老年人当中，需要打扫卫生和紧急救助服务的老年人所占比重相近，分别是 2.65% 和 2.63%。其次是买菜做饭（1.73%）、医疗护理（1.3%）、住家保姆（1.07%）、理发洗澡（0.90%）、陪同聊天（0.64%）和陪同外出（0.42%）。

在社区养老服务方面，90.57% 的老年人不愿意自费购买该服务，这一比例比购买居家上门服务略低。在近 10% 的有需求老年人当中，超过一半的老年人（5.4%）希望社区提供水电气维修服务，3.27% 的老年人希望提供医疗保健服务，2.13% 的老年人希望提供一日三餐服务，而希望提供定期探视、日间托老服务的老年人分别占 0.75% 和 0.71%。

由此可见老年人对居家养老服务的需求并不高。对老年人分成 4 个年龄段进一步分析得知，年龄段越高的老年人越倾向于自费购买服务，这一点在利用上也是相同的。

但是，与利用率相比较，居家养老服务的需求明显高于利用，尤其是在居家上门服务方面，高出了近6个百分点，即还有很多老年人的需求并没有得到满足。这点很大程度上是受有限收入的影响，另外也可以从以下的供给上找原因。

三、服务供给不足

截至2014年底，青岛市老年人日间照料中心有1032家，拥有13187张床位。区（市）级老年活动中心有12处，总建筑面积约6.9万平方米，并且各个街道（镇）都建立了老年文体活动场所。老年大学21所，老年学校2997所，全市老年人入学率14.47%，在社区还有大食堂116个。居民养老服务中心（社、站）58家，为3万多老年人提供了居家养老服务。

各区市的分布如图8－6所示。其中日间照料中心数量最多的是黄岛区，有174家；日间照料中心床位最多的是平度市，有2930张。在中心数量和中心床位上都不占优的是市南区（66家，378张）、李沧区（67家，488张）和城阳区（44家，500张）。

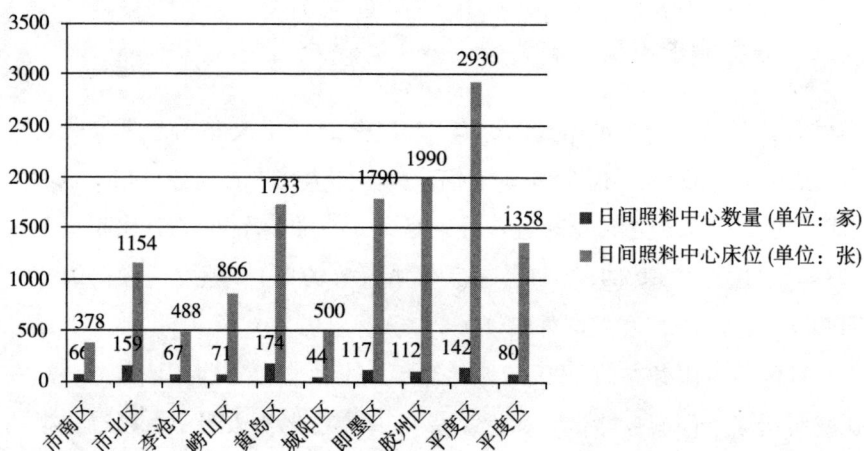

图8－6　青岛市各区市日间照料中心的数量

表8－1给出了各区市老年人活动中心的建筑面积，全市共有69032平方米，其中市北区和城阳区最多，约占总面积的一半。

表 8 - 1　青岛市各区市老年人活动中心现状（按建筑面积排序）

序号	老年活动中心名称	地址	建筑面积（平方米）
1	市北区老年活动中心	市北区辽阳西路 18 号	18000
2	城阳区老年活动中心	山城路 188 号	15000
3	崂山区老年活动中心	仙霞岭路（区政府东侧）	7660
4	黄岛区老年活动中心	钱塘江路 266 号	5300
5	市南区老年活动中心	大沽路 70 号	5000
6	青岛市老年服务中心	市南区延安三路 228 号民政大厦	3419
7	青岛市老年人体育活动中心	市南区西陵峡路 21 号	3153
8	原四方区北部老年活动中心	太康二路一号	3000
9	李沧区老年活动中心	永安路 25 号	3000
10	平度老年活动中心	人民路新平街 5 号	2600
11	胶州老年活动中心	湖州路 198 号	1800
12	原四方区南部老年活动中心	鞍山二路 40 号	1100
	合计		69032

资料来源：青岛市民政局。

尽管青岛市已经建成了很多社区居家养老设施，但是供给方面仍存在以下不足：

一是服务对象窄。青岛市的居家养老工作始于 2006 年，截至 2014 年底拥有居家养老服务中心（社、站）58 家，为 3 万余名老年人提供居家养老服务。而同一时期青岛市有 60 岁及以上的老年人口约 153 万人，其中失能半失能老人约 29 万人，现有居家养老服务设施的能力远不能达到老年人的需求。并且至今为止服务对象主要是有特殊困难的老年群体，其养老服务也多是由政府购买，服务对象量小面窄是当前的一个主要问题。面向全体社会老年人的居家养老服务发展缓慢，特别是对高龄、失能、独居、空巢和带病老年人的生活照料、康复护理、精神慰藉等服务严重滞后。

二是服务内容少。大部分社区养老设施主要以基本的老年活动为主，功能比较单一，服务水平不高。虽然社区卫生服务中心（站）于 2012 年开展了长期医疗护理制度，但对服务对象有严格的限制，因此在为数不多的接受社区养老服务的老年人中，其服务仍然以生活照料为主，缺乏专业的医疗护理项目。

三是服务场地硬件不足、利用效率低。在一些社区虽然挂出了"日间照料中心"的牌子，但里面既无床位，也无工作人员，更多的是摆放了一些棋牌桌、乒乓球台等，沦为了老年人的娱乐室。而一些老的社区由于场地狭小，也根本无从设立社区服务场所。

四是缺少专业的养老服务从业人员。一方面，提供上门服务的大多是年纪在四五十岁左右的中年妇女，专业化程度和服务水平都不高；另一方面，社区兴办的服务场所里通常是由社区居委会的行政人员兼任，这样势必会影响服务质量和数量。以上的不足均导致了老年人对居家养老服务的需求得不到满足。

综上所述，目前青岛市的居家养老服务存在供需差问题，也存在利用差问题。要解决这一问题，使养老服务资源达到利用的最大化和市场供需的均衡，我们认为居家养老的市场化、产业化发展势在必行。为了找到合适的发展方向，在下文中我们将对具体问题进行详细分析。

第四节　实证分析

一、社区居家养老服务利用现状的影响因素分析

在以上分析的基础上，我们以老年人社区居家养老服务参与情况作为因变量，把采取自我照料，配偶照料，子女、亲戚照料的纯家庭式养老的记为0，把参与政府购买上门居家养老服务以及社区养老服务的记为1。选取性别、文化程度、每月固定收入水平、居住状况、婚姻状况、子女人数、与最近子女的距离等因素作为自变量（详见表8-2）。建立离散选择模型，对数据进行 Logistic 回归分析。研究哪些因素是影响老年人选择居家养老服务的主要原因，回归结果如表8-2所示。

表8-2　社区居家养老服务利用现状的影响因素

变量	B	S. E.	Wald	df	Sig.	Exp（B）
性别	0.163	0.257	0.402	1	0.526	1.177
文化程度	0.106	0.050	4.451	1	0.035	1.112
每月固定收入水平	0.341	0.152	5.028	1	0.025	1.406

续表

变量	B	S. E.	Wald	df	Sig.	Exp （B）
居住状况	−0.310	0.323	0.920	1	0.338	0.734
婚姻状况	−6.851	0.567	145.998	1	0.000	0.001
子女人数	0.285	0.097	8.725	1	0.003	1.330
与最近子女的距离	0.336	0.111	9.126	1	0.003	1.400
Constant	−3.974	0.116	1178.255	1	0.000	0.019

分析结果表明，每月固定收入水平、婚姻状况、文化程度、子女人数、与最近子女的距离等五个变量在5%的显著性水平下对老年人的居家养老服务参与情况有显著影响。收入越多、文化水平越高、子女人数越多、与子女居住的距离越远，老年人越倾向于选择社区居家养老服务。此回归结果在一定程度上也证实了上一节的对比分析结果。此外，有配偶的老年人更倾向于选择社区居家养老。因为他们在生活中有伴侣的陪伴，对子女照料的要求相对较低，但对力所不能及的事情则需要社区的帮助，所以他们选择社区居家养老的可能性相对较大。而没有配偶的老年人一方面与外界接触较少，对社区居家养老不了解，生活相对孤寂；另一方面，他们更愿意和子女亲属一起生活，所以对社区居家养老的需求相对较少。我们的调研数据也进一步证明了此观点，有配偶的老年人大多是空巢老人，无配偶的老年人大多与子女晚辈同住。

二、社区居家养老服务需求意愿的影响因素分析

因为选择社区养老服务的样本比居家上门服务的样本多，所以在下文中我们将以社区居家养老服务为例进行分析。

先从《登记表》中选取可以使用的14个影响因素，对它们做主成分分析，降低自变量的维度，提炼主要影响因素。再以老年人是否愿意自费购买社区养老服务为因变量（愿意的取1，不愿意的取0），进行Logistic回归，最终获得分析结果。剔除回答不完整的样本，实际使用的样本量为3763个。

表 8 - 3　主成分分析因子载荷阵

变量	成　分				
	1	2	3	4	5
年龄	0.152	0.827	0.141	0.115	-0.086
性别	0.391	-0.089	-0.098	0.466	-0.269
民族	-0.030	0.016	0.123	0.300	0.841
政治面貌	0.641	0.012	-0.080	0.087	-0.127
宗教信仰	-0.038	0.020	-0.043	-0.603	0.244
文化程度	0.722	-0.355	-0.034	-0.095	-0.011
技术职称	0.657	-0.145	-0.064	-0.167	0.059
健康状况	0.260	0.430	0.028	-0.295	0.056
居住状况	-0.044	0.242	-0.714	0.059	0.104
住房情况	-0.115	-0.151	0.415	0.455	0.054
子女人数	0.031	0.827	0.167	0.041	-0.059
与最近子女的距离	0.224	-0.090	0.666	-0.279	-0.067
收入水平	0.746	0.120	0.007	0.119	0.078
基本医疗情况	0.479	0.085	-0.029	0.028	0.331

　　由表 8 - 3 得到，第一个主成分受到政治面貌、文化程度、技术职称、收入水平、基本医疗情况等因素的影响较大，代表了老年人的个人基本特征；第二个主成分受到年龄、健康状况、子女人数三种因素的影响较大，代表了老年人的自理情况（包括子女照顾），即是否需要从外界获得基本生活照顾；第三个主成分受到居住状况、与最近子女的距离两种因素的影响较大，代表了老年人家庭情况；第四个主成分受到性别、宗教信仰、住房情况三种因素的影响较大，代表了老年人的价值观；第五个主成分主要是民族的影响。

表 8 - 4　Logistic 回归结果

主成分	系数	标准差	Wald 统计量	自由度	P 值	几率比
主成分 1	0.360	0.044	66.185	1	0.000	1.433
主成分 2	0.161	0.050	10.389	1	0.001	1.175
主成分 3	0.065	0.050	1.675	1	0.196	1.067
主成分 4	-0.275	0.043	40.123	1	0.000	0.759
主成分 5	0.006	0.041	0.022	1	0.882	1.006
常数项	-2.120	0.054	1526.572	1	0.000	0.120

表 8 - 4 的回归结果表明，主成分一、二和四在 1% 的显著性水平下对老年人居家养老服务的需求有显著的影响。其中，主成分一主要显示老年人个体的基本情况，其数值越大表明老年人的生活水平越高，对精神生活的追求越高，思想观念更具现代性，容易接受新事物，所以对社区居家养老这样的新型养老模式需求更大；主成分二反映了老年人从外部获得帮助的需求，老年人年龄越大，自理能力越弱，越需要外部的帮助，所以对社区居家养老服务的需求越大；主成分四反映了老年人的价值观，与因变量成负相关。其中，对于有宗教信仰的人而言，因为相信有神灵等的庇佑，所以对于养老问题的重视程度相对较弱，越不倾向于选择社区居家养老服务。

主成分三和主成分五即使在 10% 的显著性水平下对老年人居家养老服务的需求也并不显著。居住状况和与最近子女的距离都反映了老年人从自己或亲属处获得照顾的便利程度，而老年人是否选择社区居家养老服务主要受到自身基本条件和养老观念的影响，所以主成分三的影响较小；而民族基本不会影响到老年人的生活状态和养老观念，所以主成分五的影响微弱。

三、老年人选择社区养老服务项目的影响因素分析

上文已从社区居家养老服务的总需求方面进行了分析，表 8 - 5 是分别针对定期探视、一日三餐、医疗保健和其他服务等各项具体的服务内容展开讨论的结果。建立 Logistic 模型，通过逐步回归法获得影响老年人选择购买社区养老服务的因素，为各服务项目的长期发展提供可行性建议。由于研究对象仅限于选择愿意自费购买社区养老服务的老年人，因此样本容量减少至 361 个。因变量的取值为选择该项服务的为 1，不选的为 0。

表 8 - 5　对社区养老服务各选项的需求分析

变量	定期探视	一日三餐	医疗保健	其他
常数项	-4.381 ***	-4.802 ***	-1.183 ***	0.690
	(1.548)	(1.191)	(0.271)	(1.056)
年龄	0.040 *	0.029 *		
	(0.023)	(0.015)		
文化程度（1—7 越来越高）	-0.262 **	0.225 ***		
	(0.129)	(0.080)		

续表

变量	定期探视	一日三餐	医疗保健	其他
子女数	- 0. 334 *			
	(0. 207)			
与最近子女的距离（1 - 6 越来越远）	0. 478 * * *	0. 286 * *	0. 254 * *	
	(0. 155)	(0. 121)	(0. 106)	
是否与有赡养能力的子女晚辈同住			0. 497 *	
（是 1，否 0）			(0. 274)	
民族（汉族 1，少数民族 0）				- 2. 099 * *
				(1. 050)
健康状况（1 - 6 越来越差）				- 0. 345 * *
				(0. 119)
样本数	361	361	361	361
对数似然值	- 121. 754	- 182. 55	- 233. 72	- 144. 85
LR 统计量	16. 106 * * *	19. 285 * * *	7. 70645 * *	14. 9787 * * *
模型 R^2	0. 062	0. 05017	0. 01622	0. 04916

注：括号内的数字表示标准差。* * *、* * 和 * 表示在 1%、5% 和 10% 的显著性水平下显著。

首先，对定期探视服务，年龄的回归系数为正，这表明年龄越大的老年人越需要定期探视服务。分析其原因，一方面上了年纪的老年人希望得到更多的关心；另一方面他们受自身身体状况等因素的制约，难以外出活动，与他人交流较少，内心空虚，更需要有人上门探视。文化程度与因变量呈负相关，说明文化程度较低的老年人更需要定期探视服务。这是因为相对于文化程度较高的老年人而言，文化程度较低的老年人活动匮乏，精神寄托少，因此对定期探视服务需求更多。此外，子女数目少、与子女的居住距离远的老年人也更需要定期探视服务。这是因为这样的老人缺乏来自亲人的照顾，需要社区等居家养老服务提供者的帮扶，助其安享晚年。

其次，年龄越大、与子女距离越远的老年人越需要一日三餐服务。这是因为高龄老年人身体状况较差，已难以应付买菜做饭等复杂的工作；另外，子女不在身边，老年人的饭菜比较简单、缺乏营养，这严重影响了身体健康。因此更迫切需要有机构组织提供放心可口的饭菜。而文化程度较高的老年人由于其思想开放，社会参与能力较高，收入也相对较高，所以更容易接受一日三餐服务这样的新事物。

再次，与子女居住距离越远的老年人越需要医疗保健服务。这是因为子女不在父母身边，老年人自身更注重保持身体健康。而与有经济能力的子女晚辈同住的老年人的健康状况更被子女关心，且其子女能支付起医疗保健服务费用，因此对医疗保健服务的需求就会更多。

最后，少数民族同胞与健康状况良好的老年人希望社区居家养老服务提供者能推出其他服务。现有的居家养老服务中针对这两类老年人的服务项目比较少，因此在这方面仍有很大的发展空间。

第五节　结论与建议

一、结论

通过上述研究我们了解到，目前青岛市的老年人口仍然以传统的家庭养老为主，只有10%左右的老年人对新型的社区居家养老服务有需求，而对其的利用率则更低。老年人固定收入水平低、文化程度低、自身生活观念不同、对居家养老不甚了解等现象都是造成他们没有参与社区居家养老服务的原因。与此同时，社区居家养老服务的供给也存在严重的不足。

在对老年人选择社区居家养老服务需求的分析方面，老年人本人的基本特征起到的作用最大，其次是老年人的自理状况或子女对其的照顾程度，再次是老年人的价值观。

以选择社区居家养老服务的老年人为研究对象，分析他们对各服务项目需求的影响因素，我们得出老年人的年龄以及与最近子女的距离的影响最大。可以预见，针对高龄老人和空巢老人率先推出有特色的社区居家养老服务将是必要的。

正如国务院会议上提出的"满足老年人多个层面需求、提高其生活品质""竭力使广大老年人安享老有所养、老有所医、老有所乐的晚年人生"，当代老人已不再满足于"活下去"，他们更注重"活得好"。因此，我们建议可以从以下几点出发，以改善目前较低的居家养老利用现状。

二、建议

国务院办公厅在《社会养老服务体系建设规划（2011—2015 年)》中提出，要充分发挥市场机制的基础性作用，通过用地保障、信贷支持、补助贴息和政府采购等多种形式，积极引导和鼓励企业、公益慈善组织及其他社会力量加大投入，参与养老服务设施的建设、运行和管理。对照青岛市居家养老服务的现状，结合影响老年人选择居家养老服务的影响因素，我们认为可以从"养老中介服务产业链"与"社区托老产业链"两个方向入手，实现社区居家养老服务的产业化。

（一）养老中介服务产业链

根据上述研究分析，老年人对家政服务、紧急救助、医疗护理、聊天解闷等服务项目的需求较高。由于政府工作能力有限，不能为老年人提供详细的服务种类，再加上宣传能力不足，使得居家养老服务市场上信息不对称，严重制约了老年人的购买力。并且目前此市场的"计划经济"特点突出，社会资源配置不均衡，社会福利难以达到最大化。引入社会力量，稀释政府的工作量，从根本上解决养老服务市场供需不匹配问题，针对服务行业市场化的特点，服务中介便是解决这一难题的有效方法。

在居家上门服务方面建立专门的养老服务中介公司，或引导目前市场上的部分家政中介公司向为老服务转变，整合社会上各方面的力量，并引入竞争机制。这既有利于满足老年人的各种需求，又能使养老服务业实现规模效应，使服务中介市场向正规化发展。此外，在科技不断发展进步的未来，随着互联网信息平台完善成熟，老年人群体对互联网认可程度的提高，网络化道路将是养老中介产业发展的必由之路。

（二）社区托老产业链

青岛市目前的日间照料中心大多由社区居委会负责管理运营。一方面，社区事务繁杂，工作人员精力及专业人员数量有限，难以提供周到的服务；另一方面，由于政府财政力量的限制，众多日间照料中心并没有投入实际运营，如不及时转变思路，这一现状将继续恶化下去。我们建议将现在使用率较低的日间照料中心从社区管理中释放出来，交由有资质的民间企业经营，引入竞争机制，实现老年人暂托、半托、全托等服务的全覆盖。同时，也可以考虑交由社区卫生服务中心（站）经营管理。其优势有二，一是社区卫生服务中心的专业性强；二是可以节约成本、资源共享。

养老服务产业之所以发展缓慢，其中有很大一部分原因是成本高，收效慢。为鼓励民间企业积极进入社区居家养老服务领域，政府应给予政策上的优待。除了在传统的水电、税收、场所租赁等方面进行减免之外，由政府购买的养老服务应按社区划分到相应的民间团体，以帮助其稳定客源及收入。同时，以此吸引更多的老年人加入到居家养老的行列。

除了大力发展养老服务的供给之外，也应同时加强需求方的引导。现在年满 65 岁以上的老人都是新中国成立之前出生的一代人，他们经历过新中国成立以来最艰苦的时期，养成了勤俭节约、艰苦朴素的生活作风，因此在短时间内改变他们花钱买服务的思想尚有困难。另外，高龄老人多为 20 世纪三四十年代出生，普遍没有稳定的收入以保障其持续购买居家养老服务。而传统观念让老年人更依赖"养儿防老"。因此，应加大力度向其子女宣传为父母购买养老服务以尽孝道的观念。

我们应倡导社会各界人士积极参与到养老志愿服务中来。在大中小学可以设立社会实践学分；在机关、企事业单位可以设立助老小组，予以嘉奖，甚至减免企业的部分税负；在社区可以设立"时间银行"，参加服务的人员为自己将来享受社区养老服务储备时间。另外，为解决护理人员短缺问题可以对大中院校相关专业的学费予以减免，以鼓励更多的年轻人参与到养老服务工作中来。

综上所述，对居家养老服务进行产业化发展，一方面可以弥补目前"福利化"居家养老的不足，适应市场化的发展过程；另一方面"福利化"与"产业化"互为补充，互为表里，使居家养老服务的覆盖范围扩大，并且可以由市场均衡调节居家养老服务的需求和供给。不仅如此，还可以降低政府在居家养老服务中的主导作用，减轻政府的财政压力。

（三）其他建议

1. 形成多元化的养老服务资源筹资机制

现代社会中，因为各种原因导致家庭对养老的作用被削弱。但依据血缘关系而建立的养老关系是至今最可靠的养老关系。即使是发展居家养老模式，子女、亲情仍然是不可缺少的一个重要组成部分。所以，我们应该在全社会推进爱老、尊老、养老的教育，使人们建立正确的养老价值观，让年轻人在工作和家庭的权衡取舍中做出正确的选择。提倡关心孝敬老人，让父母为子女做出榜样，使子女从小树立正确的养老价值观。

政府应该增加居家养老方面的专项拨款，逐渐建立一条有序稳定的财务投放机制。正确创立居家养老服务资金预算体系，能在最大程度上解决老年人的养老问题。鼓励资金投入多元化，从各个角度吸引广大的社会力量参与到居家养老服务建设中去。可以出台相应的优惠政策，如减免税收、放宽贷款条件等，鼓励或动员民营社区居家养老事业的筹建和发展。把部分福利彩票的收入用于发展居家养老，呼吁更多的人参加到居家养老的慈善事业中去。

2. 提高居家养老服务的认知水平

老年人是居家养老服务的主体，要推进此服务的健康快速发展，首要条件就是提高他们对居家养老的认知水平。政府应该加大力度宣传居家养老服务，通过在各社区举行宣讲会和教育培训，使老年人充分认识并认同居家养老服务。对可以无偿享受居家养老服务的条件、低偿或有偿享受可以带来的便利等都进行系统的讲解，使老年人做出正确的选择，获得最大程度的帮助。

可以通过访谈或收取意见表、接收意见信等形式多途径地了解老年人的切实需求和对正在享受服务的真实建议和满意度，使居家养老得到最大的完善。鼓励老人在自己的权利受到侵犯时勇敢抵抗，加大宣传老年人的维权知识，提高老年人的维权意识。当老年人真正把自己当成居家养老服务的主人时，居家养老服务才能发挥最大的效益。

3. 加强政府部门间的协作与配合

社区居家养老工作需要社会多方共同协作，相互配合才可以取得成功。老龄办应该与财政局、社会保障部门、卫生局、税务局以及各个社区管理部门相互合作。财政部门应给予财政方面的支持协调，社会保障部门应做好离退休人员和特殊老人的管理工作，方便解决他们的养老补贴问题。和卫生部门进行紧密联系，建立医疗定点相互扶持机制。和税务部门协调配合，建立居家养老服务福利机构和民办养老产业的减税免税制度，在政策上给予居家养老服务项目最大的支持。

为保持社区居家养老服务的顺利稳定推进，青岛市应该成立居家养老服务监管部门，并对各市区、各社区的养老工作进行定期访查和监督。居家养老现阶段得到了不少政策倾斜，更有不少财务补贴。为避免其实施的过程中因为人为或管理的原因而出现各种问题，应监督其财政拨款的使用是否合乎标准、服务的质量是否达标、社区服务管理工作是否到位等，以促进居家养老服务的规范化运作和有效健康发展。

4. 提高服务人员的素质

提升养老服务工作人员的专业化水平，就要加大居家养老服务工作者的培养力度。政府应该规定一套居家养老服务者的行业准入准则，并定期举行考核，配备高职业素养的老师对学员进行培训。在提高服务人员各项职业能力的同时，也要加大对服务人员自身品德的培养。管理工作者更不能身兼数职以免工作时力不从心。从业人员也不能局限于下岗女工和农村妇女，应该与各大职业学校和卫生专科院校建立合作关系，定向培养一批专业化水平高的管理人才和服务人才。建立良好的居家养老服务人员工资薪酬体系，以便吸引更多专业化人才投身到此事业中。

此外，政府应该呼吁更多的有志之士投入到居家养老的服务队伍中去。规范地对志愿者及其进行的活动进行管理。应该加大志愿者服务的宣传力度，对广大志愿者的服务意愿及特长与居家养老工作的需求进行匹配，从而提高工作效率。加大与各个高校的合作力度，成立专门的学生管理会，呼吁高校学生成为志愿工作者的主力。大学的专业人才可以到居家养老的法律、医疗、文学等相关部门进行志愿工作。这样也可以使找不到社会实践的相关专业高校生得到学习机会。对从事养老服务志愿工作的志愿者来说，既能得到精神满足又能培养他们的爱心。

总之，社区居家养老服务不应由政府大包大揽，只有将其推向市场，形成产业化才有助于其快速、稳定的发展。即应以市场为主，政府为辅，民间力量为有益的补充。

第九章　机构养老服务的供需分析

继社区居家养老服务之后，本章以机构养老为研究对象，主要从机构养老服务的供给与需求是否充分、是否达到平衡等方面做分析研究。

第一节　机构养老设施供给现状

一、供给现状

截至 2014 年底，青岛市机构养老床位 39390 张，社区养老设施床位 13187 张。其中公办养老床位（含农村敬老院）与民办养老床位比例约为 2∶3；民办养老床位已经超过公办养老床位，成为青岛市养老事业的重要力量。同时，财政的投入力度也在进一步加大。对新建养老机构，每床位补贴 1.2 万元；对改造、租赁用房，每床位补贴 6000 元；对本市户籍老年人入住养老机构，按自理老人每月 200 元，半失能、失能老人每月 300 元补贴给养老机构，还为入住老年人购买意外伤害保险等。根据青岛市民政局的统计，青岛市拥有城区养老机构 175 家，床位 31352 张；农村敬老院 68 家，床位 8038 张（详见表9－1）。

表 9－1　青岛市养老机构的分布

序号	区市	城市养老机构		农村敬老院		合计	
		数量	床位（张）	数量	床位（张）	数量	床位（张）
1	市直机构	2	1206			2	1206
2	市南区	14	2134			14	2134
3	市北区	64	8380			64	8380

续表

序号	区市	城市养老机构		农村敬老院		合计	
		数量	床位（张）	数量	床位（张）	数量	床位（张）
4	李沧区	24	2969			24	2969
5	崂山区	10	1710	1	300	11	2010
6	黄岛区	14	2401	11	1050	25	3451
7	城阳区	11	3015	5	314	16	3329
8	即墨市	9	2888	22	2281	31	5169
9	胶州市	7	2232	11	1692	18	3924
10	平度市	12	1941	5	1076	17	3017
11	莱西市	8	2476	13	1325	21	3801
	合计	175	31352	68	8038	243	39390

二、养老机构的分类

根据不同的分类标准，养老机构可以分为不同的类型。我们按照常见的四种划分方式，对青岛市主城四区（市南、市北、李沧、崂山）的养老机构做以下的详细介绍。

第一，根据登记部门划分。根据登记部门的不同，养老机构可以分为事业单位、民办非营利性养老机构和民办营利性养老机构，其登记部门分别是事业单位管理登记局、民政部门以及工商行政管理部门。比较看来，事业单位型养老机构是政府和集体组织兴办的社会福利机构，其提供的服务是政府和集体组织供给的社会福利；民办非营利性养老机构和民办营利性养老机构都是政府和集体以外的其他社会主体兴办的，前者主要按照兼顾公益性和市场化的运作方式运营，后者则主要按照市场化的运作方式运营。民办非营利性养老机构并非不能营利，只是其营利不能用于分红。国家目前对民办养老机构的财政补贴和税费减免等扶持政策以及土地使用方面的优惠政策，主要是针对民办非营利性养老机构。民办养老机构中的绝大部分均通过民政部门登记为民办非营利性养老机构。青岛市主城四区养老机构的登记情况也符合这一规律，除了占比 3.6% 的 4 家养老机构属于事业单位，其余的养老机构中有 106 家登记为民办非营利性养老机构，占比达 94.6%，登记为民办营利性养老机构的只有 2 家，占比仅为 1.8%。

　　第二，根据投资兴办主体划分。随着社会福利社会化改革的推进，由政府包办老年社会福利的局面被打破，越来越多的社会力量参与到老年社会福利提供中来。根据投资兴办主体的不同，可以分为公办养老机构和民办养老机构两类。公办养老机构的硬件建设由政府和集体提供资金，其具体投资主体包括各级政府、街道、村（居）委会等。民办养老机构的硬件建设由政府和集体组织以外的其他社会主体提供资金，具体投资主体包括企业、事业单位、社会组织和个人。青岛市主城四区公办养老机构有 13 家，占比达 11.6%，民办养老机构有 99 家，占比达 88.4%，可以看到，民办养老机构在数量上已经占据绝对优势。

　　第三，根据运营主体划分。传统上，养老机构的运营主体和投资兴办主体是一致的，即养老机构的类型主要为公办公营和民办民营。政府在转变自身职能的过程中，注意到了公办公营养老机构效率低下，活力不足等方面的问题，于是开始探索将公办的养老机构的所有权和运营权分离，引入专业社会力量来运营公办养老机构，为公办养老机构的发展注入活力，于是又出现了公办民营类型的养老机构。公办公营的养老机构是指政府或集体组织不仅负责养老机构设施建设的资金投入和管理，还承担养老机构的人员安排和运作经费，养老机构按照行政化的方式来运行管理；公办民营养老机构是指政府或集体组织只负责养老机构设施建设的资金投入和管理，而养老机构的运行和管理则与行政部门脱钩，由社会力量按照市场化的方式来运作；民办民营养老机构则是指养老机构的建设和运行管理都由社会力量负责。根据这种分类方法，主城四区养老机构共有 5 家公办公营养老机构，占比达 4.5%；有 8 家公办民营养老机构，占比达 7.1%。数据显示，由政府负责运营的养老机构数量已经非常少，养老机构的运营已经全面社会化。

　　第四，根据服务对象划分。根据身体状况的不同，老年人可以分为自理型、半自理型和失能型。根据养老机构接收的老人类型，可以分为自理型养老机构、助养型养老机构和养护型养老机构三种。自理型养老机构以健康状况良好、能够自理的老年人为服务对象，为其提供辅助性生活照料、精神慰藉和文化娱乐等服务。助养型养老机构以健康状况较差的半自理老年人为服务对象，为其提供生活照料、康复护理、精神慰藉和文化娱乐等服务，同自理型养老机构相比，助养型养老机构中的生活照料服务的比重更高，且增加了康复护理服务。养护型养老机构以健康状况差的失能老年人为服务对象，主要提供生活照料、康复护理、精神慰藉、文化娱乐和临终关怀等服务。同助养型养老机构相比，养护型养老机构中的康复护理服务的级别和比重更高，且增加了临终关怀服务。根据服务对象划分养老机构，对政府、养老机构和老年人都有积极意义，有利于政府对养老机构进行分类管理、分类评估、分类补贴以及分类监管，有利于养老机构进行分类配置设施、分类服务、分类收费，有利于老年人按需选择。但目前，我国并没有根据服务对象划分养老机构的明确规定，现实中的养老机构往往同时接收多种类型的老年人。我们据调查资料所显示的养老机构入住情况，若某一养老机构的入住老年人中某一类型的比例超过50%，就将其划归为该老年人类型所对应的机构类型，如果入住老年人中没有任何一种类型比例超过50%，就将其划归为综合型。按照这一方法得到的分类结果是，自理型养老机构13家，占比为11.6%；助养型养老机构16家，占比为14.3%；养护型养老机构40家，占比为35.7%；综合型养老机构43家，占比为38.4%。可以看到，主城四区养老机构的服务对象总体上以介助老人和介护老人为主，这符合养老机构的功能角色定位。

三、养老机构存在的问题

近年来，青岛市虽然加大了各类养老服务设施的建设力度，但与日益增长的社会养老需求还存在较大差距，主要体现在以下几个方面。

（一）养老设施床位总量不足，结构不合理

2014年底全市千名户籍老人拥有养老床位数为34张，与外国先进水平（千名老人30—50床）、国家标准（千名老人35—40床）、山东省标准（千名老人40床以上）尚有一定差距。护理型床位（指内设医疗机构的养老机构）8900张，占机构养老设施床位的22.6%，尚未达到山东省标准要求到2020年护理型床位占养老床位总数的30%以上。同期，青岛市失能、半失能老人约29万人，护理型养老床位仅占失能、半失能老人数量的3.1%，护理型床位数量远不能满足失能、半失能老年人的实际需求。

（二）各区市养老设施发展不平衡

2014年底青岛市千名户籍老人拥有养老床位数34张，其中崂山区千名户

籍老人拥有床位最多，为 63.9 张；平度市千名户籍老人拥有床位最少，为 22 张；床位最多的区市是床位最少的区市的 2.9 倍。从城区、农村对比来看，青岛市中心城区千名户籍老人拥有床位约 40 张，农村地区千名户籍老人拥有床位约 30 张，城区养老床位是农村的 1.3 倍。

（三）养老设施建设标准偏低

2014 年，青岛市城市养老机构平均单床建筑面积约为 23 平方米，存在床位规模偏小、床均建设标准偏低的问题，空间较为局促，缺乏足够的活动空间和绿化场地，难以满足老年人养老需求。尤其是农村敬老院，平均床位规模不足 100 张，最小的仅为 28 张，居住和配套条件较差，服务能力较弱，有的甚至缺乏基本的医疗设施，老人入住意愿不强。

（四）养老设施床位利用率较低

国家统计局公布的数据显示，2014 年末全国各类提供住宿的养老服务机构 3.4 万个、养老床位 551.4 万张，入住的老人却只有 288.7 万人，养老床位空置率高达 48%。居高不下的养老机构床位空置率意味着一些地方养老服务业投资的失败，不仅浪费了大量宝贵的土地资源、财政资源，也影响了养老服务业的正常发展，更直接损害了政府的公信力。这是因为，一方面，各地政府对养老服务业的土地、财政投入日益增大，每年的床位数量超速增长，而另一方面，老年人却没有因此受惠，城乡居民因养老服务有效供给不足而引发的不安、焦虑情绪正在蔓延，这已经成为民生保障和基层社会治理中的一个重大现实问题。

青岛市床位利用率平均为 56.4%；其中市内三区床位利用率达到 71.2%，市郊三区的床位利用率为 51.6%，四个县级市床位利用率仅为 43.1%。从举办性质看，公办养老机构床位利用率较高，约为 80%，部分公办养老机构床位利用率达到 100%；民办养老机构床位利用率相对较低，约为 40%—50%。

第二节　老年人对机构养老服务的需求现状

《登记表》对青岛市居家老年人对于机构养老服务的需求做了调研。包括是否有入住养老机构的需求，以及对养老机构的关注点。

一、机构养老服务的需求现状

针对机构养老服务的需求有四个选项，分别是不愿住、打算近期（三年内）入住、当生活不能完全自理的时候入住以及当生活完全不能自理的时候入住。我们发现大部分老年人对入住养老机构表现出排斥态度，总样本中有86.2%的老年人不愿意入住养老院，有14%的老年人在中长期内有入住的可能，分别是打算三年内入住的有1.02%，打算当生活不能完全自理时入住的有7.16%，打算当生活完全不能自理的时候入住的有5.62%（详见表9－2）。可见，对机构养老的需求与健康水平密切相关。通过以下的统计表，我们深入分析哪些老年人更倾向入住养老机构。

（一）城乡差异明显，城市老年人的入住意愿突出。从表9－2可知，在入住养老机构的意愿方面，城市老年人比农村老年人更主动，在所有的三个中长期的计划中城市老年人选择入住养老机构的占比皆是农村的2倍多。

表9－2　城乡比较

城乡	不愿入住	打算三年内入住	生活不能完全自理时入住	生活完全不能自理时入住	总计
农村	91.56%	0.70%	4.66%	3.08%	100.00%
城市	79.50%	1.43%	10.29%	8.79%	100.00%
总计	86.20%	1.02%	7.16%	5.62%	100.00%
人数（人）	506,964	6,005	42,115	33,052	588,136

如果具体到各个市区，非常明显的一个特点就是市南区的样本中，选择入住养老机构的比例明显高于其他各区市（详见表9－3），排在第二位的是李沧区，市北区在打算三年内入住的占比超过了崂山区，但是当自理能力出现下降时崂山区的老年人更愿意入住养老机构。农村地区，三年入住和生活

不能完全自理时入住的占比都是胶州市高于平度市、平度市又高于城阳区；但是当老年人的生活完全不能自理时，该排序则完全扭转，即城阳区最高，胶州市最低。

表9-3　各区市比较

区域	不愿入住	打算三年内入住	生活不能完全自理时入住	生活完全不能自理时入住	总计
市南区	65.63%	3.60%	16.56%	14.21%	100.00%
市北区	83.89%	0.83%	8.64%	6.64%	100.00%
李沧区	80.98%	1.21%	8.26%	9.55%	100.00%
崂山区	81.54%	0.58%	9.04%	8.84%	100.00%
胶州市	89.10%	1.15%	6.50%	3.25%	100.00%
平度市	92.82%	0.54%	3.95%	2.69%	100.00%
城阳区	91.24%	0.25%	3.29%	5.22%	100.00%
总计	86.20%	1.02%	7.16%	5.62%	100.00%
人数（人）	506,964	6,005	42,115	33,052	588,136

（三）性别差异不明显，相对而言，男性比女性的入住意愿略高。如表9-4所示，在不愿入住和打算三年内入住养老机构方面，女性的比例要高于男性（前者相差约0.7%、后者相差0.04%），当生活不能完全自理时或者生活完全不能自理时入住养老机构方面，男性的比例高于女性（前者相差约0.6%、后者相差0.09%）。所以，比较而言，男性老年人比女性老年人更愿意入住养老机构，但是两者的差异微乎其微，可忽略不计。

表9-4　性别比较

性别	不愿入住	打算三年内入住	生活不能完全自理时入住	生活完全不能自理时入住	总计
女	86.51%	1.04%	6.87%	5.58%	100.00%
男	85.84%	1.00%	7.50%	5.67%	100.00%
总计	86.20%	1.02%	7.16%	5.62%	100.00%
人数（人）	506,964	6,005	42,115	33,052	588,136

（四）年龄有差异。在有意愿入住养老机构的老年人中，老年人年龄越大打算三年内入住的占比越多，90岁及以上的占到了1.95%，是低龄老人的两倍。但是当自理能力下降时这些90岁及以上的老人入住的比例反而低于其他

年龄段的老人，而 70—79 岁的老年人占比最高，分别是 7.58% 和 5.75%（详见表 9 – 5）。

表 9 – 5　年龄比较

年龄	不愿入住	打算三年内入住	生活不能完全自理时入住	生活完全不能自理时入住	总计
60—69 岁	86.16%	0.80%	7.42%	5.61%	100.00%
70—79 岁	85.62%	1.05%	7.58%	5.75%	100.00%
80—89 岁	87.17%	1.58%	5.81%	5.44%	100.00%
≥ 90 岁	88.03%	1.95%	4.79%	5.24%	100.00%
总计	86.20%	1.02%	7.16%	5.62%	100.00%
人数（人）	506,958	6,005	42,115	33,052	588,130

（五）文化程度越高入住意愿越强。总体而言随着学历的提高，老年人对机构养老的接受程度也相应提高，打算三年内入住的老年人中高中学历和大学及以上学历排在前两位，当生活不能完全自理或完全不能自理时大学及以上学历的老年人的入住意愿最高，分别是 19.83% 和 11.36%，而且比小学以下学历的老年人高 4—5 倍。这主要与高学历老人的思想意识和视野有关（详见表 9 – 6）。

表 9 – 6　文化程度比较

文化程度	不愿入住	打算三年内入住	生活不能完全自理时入住	生活完全不能自理时入住	总计
小学以下	90.60%	1.04%	4.74%	3.61%	100.00%
小学	89.16%	0.76%	5.39%	4.68%	100.00%
初中	84.61%	0.94%	7.93%	6.52%	100.00%
高中	76.84%	2.24%	12.17%	8.75%	100.00%
大学及以上	67.63%	1.19%	19.83%	11.36%	100.00%
总计	86.21%	1.02%	7.16%	5.62%	100.00%
人数（人）	505,411	5,983	41,951	32,928	586,273

（六）收入水平呈现 U 形。可以把表 9 – 7 所示的收入进一步划分成 2000 元以下，2000（含 2000）——5000 元，5000 元（含 5000 元）以上的三个层

次，发现老年人对入住养老机构的意愿在收入方面的特征基本一致。即收入在 2000 元以下或 5000 元以上的老年人更倾向入住，反而是中等收入阶层的老年人入住意愿更低，收入整体呈现 U 形的特点。

表 9 – 7　收入比较

收入	不愿入住	打算三年内入住	生活不能完全自理时入住	生活完全不能自理时入住	总计
<200 元	82. 05%	2. 98%	9. 41%	5. 56%	100. 00%
200—499 元	81. 64%	1. 10%	9. 64%	7. 62%	100. 00%
500—999 元	85. 79%	1. 03%	7. 51%	5. 67%	100. 00%
1000—1999 元	87. 72%	0. 95%	6. 25%	5. 07%	100. 00%
2000—2999 元	89. 92%	0. 85%	5. 01%	4. 22%	100. 00%
3000—3999 元	90. 91%	0. 80%	4. 36%	3. 93%	100. 00%
4000—4999 元	91. 07%	1. 08%	4. 41%	3. 44%	100. 00%
≧ 5000 元	74. 66%	2. 85%	14. 05%	8. 45%	100. 00%
总计	86. 21%	1. 02%	7. 15%	5. 62%	100. 00%
人数（人）	505, 237	5, 993	41, 928	32, 917	586, 075

（七）婚姻状况有差异。无配偶老人打算三年内入住的比例高于有配偶老人，但是当生活自理能力下降时，有配偶老人愿意入住养老机构的比例增加，甚至超过无配偶老人，分别是 7. 48% 和 5. 75%（详见表 9 – 8）。

表 9 – 8　婚姻状况比较

配偶	不愿入住	打算三年内入住	生活不能完全自理时入住	生活完全不能自理时入住	总计
无配偶	87. 38%	1. 21%	6. 16%	5. 25%	100. 00%
有配偶	85. 81%	0. 96%	7. 48%	5. 75%	100. 00%
总计	86. 19%	1. 02%	7. 16%	5. 63%	100. 00%
人数（人）	505, 989	6, 001	42, 048	33, 029	587, 067

（八）无子女老年人更倾向于入住养老机构。无子女老人，尤其是失独老人更愿意入住机构进行养老，在有子女的老年人中，子女人数越多入住养老机构的意愿越低，这与多子女可以互相分担对父母的养老责任有关（详见表 9 – 9）。

通过上述的分析我们得知，总体上居住在城市（尤其是市南区）、高学历、收入在2000元以下或5000元以上，没有子女的老年人更愿意入住养老机构。90岁以上或无配偶的老人打算三年内入住的意愿更强一些，70—79岁或者有配偶的老人当自理能力下降时入住养老机构的比例更高。

表9–9　子女人数比较

子女	不愿入住	打算三年内入住	生活不能完全自理时入住	生活完全不能自理时入住	总计
无子女	82.05%	2.98%	9.41%	5.56%	100.00%
一个子女	81.64%	1.10%	9.64%	7.62%	100.00%
二个子女	85.79%	1.03%	7.51%	5.67%	100.00%
三个子女	87.72%	0.95%	6.25%	5.07%	100.00%
四个子女	89.92%	0.85%	5.01%	4.22%	100.00%
五个子女	90.91%	0.80%	4.36%	3.93%	100.00%
六个及以上子女	91.07%	1.08%	4.41%	3.44%	100.00%
失独	74.66%	2.85%	14.05%	8.45%	100.00%
总计	86.16%	1.02%	7.18%	5.64%	100.00%
人数（人）	503,351	5,974	41,953	32,931	584,209

二、老年人对机构养老服务的关注点

老年人选择入住养老机构时最关注哪些条件呢？表9–10给出了答案，从青岛市的总样本来看，服务质量被排在了第一位，其次是收费适中，排在第三位的是养老机构离子女的住处近，农村地区的关注点与总样本一致。但是城市老年人把收费适中排在了第一位，其次才是服务质量，当然两者的差距不大，只有1个百分点。排在第三位的是机构应具备医疗康复功能，之后才是养老机构离子女的住处近。分析城乡老年人之间产生差异的原因，一是在城市养老机构的类型远比农村丰富，服务内容也呈现多样化，城市老人们接触的信息多了自然对机构寄予的期望就高，尤其在专业性方面。

表9–10　老年人最关注的养老机构的情况（多选）

	青岛市	城市	农村
无	70.41%	61.27%	77.80%
收费适中	18.29%	26.91%	11.32%

	青岛市	城市	农村
硬件设施好	7.05%	12.29%	2.81%
服务质量好	19.57%	25.62%	14.67%
具备医疗康复功能	7.92%	12.21%	4.45%
离子女近	10.34%	11.54%	9.37%
交通便利	6.92%	9.04%	5.21%
其他	1.53%	1.70%	1.40%
样本量（人）	594459	265715	328744

第三节　结论与建议

根据以上对《登记表》数据的分析可知，尽管大部分老年人愿意居住在家中，但是仍然有近14%的老年人有未来入住养老院的意愿，尤其是当他们的健康水平下降需要专业照料的时候，这远远超出了青岛市之前制定的"9073"计划，因为在该计划中我们是希望3%的老年人入住养老机构进行养老。老人们对养老机构的服务质量、收费标准、是否具备医疗康复功能以及机构所在地与子女居住距离的远近是他们最关心的问题。

近几年青岛市养老机构的建设已经得到了长足的发展，机构数量和床位数都有了大幅提升。截至2016年年底，全市登记养老机构232家，公办养老机构24家，其中公建民营14家。民办养老机构208家，床位3.03万张，分别占机构数和机构床位数的90%和76%。尽管如此，应对老年人未来的需求仍显不足。为解决机构养老服务供需不匹配的现状，给出以下几点建议。

一是要做好统筹规划。在充分调查的基础上，各区市均应根据本地人口结构、老年人的需求及其变化趋势，对养老服务设施进行全域规划、合理布局，并以此作为促进养老服务业健康发展的基本依据，避免养老服务设施建设与本地老年人的实际需求脱节。

二是调整养老机构的服务对象，以非健康老人、高龄老人、无子女老人为重点。发达国家入住养老院的年龄多在80岁以上，我国则是从60岁开始算起，对于处在低龄时期的老年人而言，大多数需要的是多样化的家政服务而不是养老床位，只有进入高龄或者丧失生活自理能力时才会有明确的机构入住及护理需求。为此，养老服务业的发展应当确立不同年龄段老年人的需求满足指标，同时明确养老机构主要面向高龄或失能老人，且对其的收住率不应低于80%。无子女老人尤其是失独老人应该给予政策倾斜、特殊照顾。

三是发展社区嵌入式养老机构。老年人居住方式的初衷是居家，即想生活在自己熟悉的环境里，但是从健康水平和照护的角度出发，当不能自理时选择入住养老机构的比例会上升，其主要目的是寻求专业化的护理帮助。所以既能得到很好的照护，又不离开自己熟悉的生活圈子，是很多老年人追求的晚年生活，社区嵌入式小型养老机构就可以帮助老年人实现家门口养老的愿望。

四是与长期护理保险制度联动，大力发展医养结合型养老机构。对于失能与高龄老人而言，护理成本之高绝非退休养老金可以承受，德国、日本等国家的经验表明，长期护理保险制度是一种提高老年人购买养老服务特别是护理服务支付能力的可行制度安排，值得我国借鉴。

五是进一步完善政策支持体系，实现养老服务业效益最大化。如利用社区的闲置房屋改建养老设施，以便就近提供为老服务，并节约土地资源；限制大规模的养老机构建设，优先扶持立足社区的养老服务连锁店；分类分层配置资源，确保公共资源保障失能老人、高龄老人的服务供给，调动市场与社会力量满足低龄、健康老年人的服务需求。

六是明确规范养老服务标准并严格监督，让老年人及其家庭能够放心在养老机构养老或接受养老服务。当前一些地方的养老机构服务质量低劣，虐待入住老人或因管理不善导致入住老人在意外灾难中非正常死亡的案例时有发生，打击了一大批养老需要者入住机构和接受服务的信心。因此，要让老年人成为养老服务业的积极消费者，还必须制定明确的养老服务规范，切实提高养老服务质量。只有让老年人放心消费，才能激发老年人及其家属的养老服务消费欲望，一旦消费对象普遍化、规模化，我国养老服务业就能获得大发展，并最终取得保障与改善老年人生活质量、减轻家庭成员养老服务负担、刺激消费增长与促进国民经济可持续发展、放大就业空间的综合效应。

第十章　医养结合养老模式探究

中投顾问发布的《2017—2021年中国医养结合模式深度调研及投资前景预测报告》指出，截至2015年底，全国60岁及以上老年人口为22200万人，占总人口的16.1%，其中65岁及以上人口为14386万人，占总人口的10.5%。以65岁以上老年人口看，预计2030年达到2.8亿人，占比为20.2%；2055年将达到峰值4亿人，占比达27.2%。其中，2040年以前是人口老龄化发展最快的阶段，占比平均每年上升0.5个百分点，农村65岁以上老年人口占比每年上升1个百分点，速度是全国的两倍。依据城市级别，城市规模越大，老龄化速度越慢。与此同时，我国近50%的老年人患有各种慢性病，医疗负担重，老年人消耗的医疗费是全部人口平均消耗卫生资源的1.9倍，其中65岁以上的老年人耗费了近30%的医疗总费。

因此，构建科学的社会养老服务模式，实现医养结合，已成为当下养老服务体系构建和医药卫生体制改革需要面临的重要议题。医养结合的优势在于整合养老和医疗两方面的资源，提供持续性的老人照顾服务，以整合照料、联合运行、支撑辐射为医养结合的基本模式，构建医疗、护理、康复、保健、生活照料、临终关怀等一体化服务政策体系。

第一节　"医养结合"养老模式的概念

"医养结合"这一概念是在当今人口老龄化严重，养老压力巨大，养老资源与医疗资源未能充分结合的背景下产生的。其中"医"是指医疗康复保健服务，"养"包括生活照护服务、精神心理服务、文化活动服务等。

"医养结合"养老模式包括五个方面的因素，具体如下。

一、服务主体。服务主体是指提供医养结合养老模式的主体。目前主要包括带有医疗保健功能的养老院，能够提供养老服务的二、三级医院，社区卫生服务中心以及居家养老服务中心等。

二、服务客体。服务客体即享受医养结合养老模式的老年人。包括健康、基本健康、不健康三类老年人，但重点是面向失能、半失能老人。

三、服务项目。服务项目是指为老年人提供的具体服务，主要提供日常生活照料、精神慰藉和社会参与等生活方面的服务以及预防、保健、治疗、康复、护理和临终关怀等方面的医疗护理服务。

四、服务方式。服务方式目前主要包括三种，即"整合照料""联合运行"及"支撑辐射"。其中"整合照料"包括医疗机构内开设养老机构和养老机构内开设医疗机构等。"联合运行"是指医疗单位和养老机构合作，综合性医院提供医疗服务，养老机构提供康复期或稳定期的护理服务。"支撑辐射"模式是指社区养老服务中心与医院或社区卫生机构合作，为居家或社区养老的老年人提供健康服务。

五、服务机制。服务机制是指医养结合养老模式的管理及相关政策制度。包括服务管辖部门、政府扶持政策、管理方式等。该模式涉及政府民政、卫生和人社等部门，其中民政和卫生部门要切实落实好医疗机构与养老机构的密切合作和明确分工，人社部门负责老年人医疗保险费用报销等事宜。各部门明确职权，相互合作，共同促进新型养老模式的发展。

第二节　国外医养结合养老模式发展的现状

由于发达国家经济社会发展水平较高，进入老龄化社会较早。在过去的几十年中，发达国家根据本国国情发展了多种应对人口老龄化的医疗与养老相结合的模式，为我国医养结合模式的探索提供了有益的借鉴和启示。下面以德国、日本两国的医养结合模式为例，分析我国实行医养结合养老模式可借鉴的经验。

一、德国

德国是世界上老龄化程度最严重的国家之一，2012 年德国将退休年龄由

65 岁调至 67 岁。根据联邦统计局 2010 年数据显示，德国 65 岁以上老年人口为 1.6 千万，占到总人口的 19.6%。2013 年 65 岁以上人口占到总人口的 21%，预测 2030 年将到达 26%。在这种情况下，德国成为了世界上最早开始建立公共养老体系的国家。目前德国的长期照护主要遵循"以居家养老为基础，社会服务为依托，机构养老为支撑"的原则。

（一）德国医养结合的主要模式

居家养老。包括居家上门护理、日间照料中心和短期托老所，近几年兴起了新型的居家养老模式——监护式公寓。

机构养老。机构养老即所谓的护理式养老院，包括 24 小时的服务：一般医疗、护理、日常生活等。近期养老院与监护式公寓相结合，增加了服务内容，包括护理式托老公寓（养老院）、老年痴呆症护理中心及医务精心护理中心，受到了更大的欢迎。

专家照料院。这里是经过专业培训的人员为老年人提供服务，主要为那些在家里不能得到照顾的人提供专业的医疗服务，如残疾人，老年痴呆、肿瘤晚期、精神病患者，以及脑损伤生活不能自理者、帕金森综合征患者。这里也收治年轻患者。

老年照护院。主要服务 65 岁以上老年人，以及急性病患者恢复期需要康复训练的病人，患者由医院与政府联系，由专业评估人员进行评估后决定是否入住。

（二）德国医养结合的主要特点

第一，德国已形成了多元化的养老护理体系。从养老护理机构来看，德国已形成了多元化机构并存的发展格局；从从业人员来看，养老机构服务人员均统一接受过专业培训，队伍建设稳定发展；从养老方式来看，德国已形成了以居家养老为主、机构养老与职业护理机构居家养老上门服务为辅助的三位一体模式。

第二，养老护理服务已纳入法制化轨道。目前，《护士执业法》和《护理保险法》是德国护理事业的奠基石。特别是《护理保险法》实施后，对德国的养老护理事业产生了重大影响。

第三，护理保险是养护制度与政策体系的主体。护理保险是德国"第五大支柱"险种。按照"护理保险遵从医疗保险的原则"，即所有医疗保险的投保人都要参加护理保险。

第四，护理教育多元化与高质量。德国的护理教育已有 160 余年的历史。目前，德国的护理教育有 3 个层次：中专、专科培训、大学本科。

二、日本

日本是世界上老龄化最严重的国家之一，日本总务省统计局统计的数据表明：随着生活条件的不断改善，65 岁以上老年人口在总人口中的比例逐年上升，从 1950 年的 4.9%，到 1985 年的 10.3%，三十年间老龄人口比率翻了一倍多。2005 年，65 岁以上的人口占总人口的比例达到 20.2%，比二十年前又翻了一倍。到 2019 年，65 岁以上的人口比率上升到了 28.4%。日本出台了一系列措施来应对越来越严重的人口老龄化。1963 年日本通过了《社会福利法》，设立老年人长期照护机构，满足老年人的长期照护需要。1997 年 12 月，日本通过了《护理保险法》，规定采用强制的方式，以政府为主体，将居住在本国的 40 岁以上人口（包括外国人）纳入到长期护理保险中。2000 年，日本正式开始实行长期照护保险制度。

（一）日本医养结合的主要模式

日间照顾中心。主要针对需要日间康复训练、需要照顾其日常生活、白天家里没有人不能独自吃饭的 65 岁以上（日本界定）老年人群。一个服务站一般只有一个护士，护士只处理专业照护问题，其他工作交予其他人处理。服务中心负责接送工作。

养老院。主要接收痴呆老人和卧床不起等失能老年人。一般建在日间照顾中心旁边。由护士、介护士、福祉士组成。其中，护士主要从事专业照护工作，介护士的工作内容相当于护工，福祉士则来往于服务站和养老院之间并负责其中的协调工作。

老年福利中心。老年福利中心主要服务辖区内的老年人，为他们提供健康教育、保健服务、健康体检、家庭方式及家属指导。福利中心一般由保健师负责。

老年公寓。老年公寓是为健康、生活可以自理的老年人提供的，服务内容包括一般医疗和生活照顾。

（二）日本医养结合的主要特点

第一，完善的制度保证和法律支持。早在 1963 年，日本政府就制定了《老人福利法》，随后几年又先后颁布了《老年人保健法》《高龄老人保健福利推进 10 年战略计划》以及《护理保险法》等相关政策、法规，明确了服务对象，规定了国家和地方政府责任，并对公共投资责任也给予明确。

第二，建立地区一体化护理体系，实现医疗与护理的结合。根据各地区的情况，为尽可能使高龄者在生活居住习惯的地区依自身的能力进行自立的生活，日本通过医疗与护理的结合，达成信息的共享，确保为老年人提供医疗，护理，护理预防，住所及自立的日常生活支援一体化服务，以满足社会结构变化下老年人的需求。

第三，政府作为管理主体强制执行。日本政府于 2000 年 4 月 1 日正式实施了社会保险型的长期护理保险，规定 40 岁以上的人必须全部参加，具有社会保险性质。

第四，日本的医养结合正是以护理保险的出现为主要途径，通过护理保险的实施，完成了从"养护结合"到"医护结合"再到最后的"医养结合"的成功过渡。

三、国外的经验启示

（一）完善的法律保障体系

德、日两国均在法律上对老年人的权益给予了明确的保障。德国是第一个以社会立法形式实现社会保险的国家，最早在 1938 年就颁布了《护理法》。1997 年日本正式颁布了《护理保险法》。法律的出台和实施，一是为养老护理从业人员提供了法律保障；二是对护理职业提出了更高的要求，促进护理人员管理水平不断提高；三是对护理管理的监控系统提出了要求。为了促进医养结合养老模式的持续发展，我国应加快相关法律的制定，为医养结合提供可靠保障。

（二）政府主导，筹资模式多样化

发达国家建立政府和个人自付的筹资模式，尤其是在政府的主导下，减轻了老年人的个人负担，提高了他们的生活质量。日本的护理保险费用由使用者负担、公费和保险费三部分组成。使用者承担服务费的10%，其余部分由公费和保险费各负担50%。公费负担的比例为国家25%、都道府县负担12.5%、市町村负担12.5%。40岁以上65岁以下的参加保险者，保险费为收入的1.13%，其中又由雇用者负担50%。65岁以上被保险者根据个人收入缴纳不同数额的保险费。德国养老护理采用养老保险补贴政策，并按护理级别给予补贴。护理保险补贴又分为居家养老补贴和机构养老补贴。居家养老补贴（护理保险）分为四级，即：0级，231欧元/月；1级，468欧元/月；2级，1144欧元/月；3级，1612欧元/月。机构养老补贴（护理保险）分为四级，即：1级，1064欧元/月；2级，1330欧元/月；3级，1612欧元/月；4级，1995欧元/月。在此基础上，针对老年痴呆症（失智症）的老人，每个级别的补贴金额有不同程度的增加。护理保险补贴只承担基础护理和家政服务。医疗护理费用由医疗保险100%承担。

（三）以居家护理模式为主

由于老年人更倾向在家中养老，而且机构养老投入过大，所以为避免出现政府财政紧张的状况，两国均建立了形式多样、居家为主的养老模式。2013年，德国共有260万人接受护理。其中，家属亲友居家养老约占45%，机构养老约占30%，职业护理机构居家养老上门服务约占25%。日本的老年护理也以居家护理服务为主。日本针对不同需要新设了夜间应对型上门护理、痴呆症应对型日托护理、小规模多功能型居家护理等社区服务。我国医养结合模式的选择，应结合实际，做到因地制宜。

（四）加快照护人员队伍的建设

两国政府都积极推进护理教育的发展，使专业的护理人员数量有了明显增加，保证了养老机构对护理人员的需求。2013年，德国护理从业人员有1005524人，约占总人口的1.2‰；日本护理人员有176.5万人，据厚生劳动省的推算，2025 年护理人员可能会增至 237 万至 249 万人。我国应加快此方面人才的培养，通过出台优惠政策等措施，鼓励更多的人加入专业护理人员的队伍中。

第三节　国内医养结合养老模式发展的现状

相比于发达国家而言，我国医养结合养老模式和政策实践都严重滞后于社会现实的需求。近年来，各地方政府积极行动，探索实践医养结合养老模式。在试点城市中，南通、长春等市率先垂范，取得了一定的成效。下面以这两个城市为例，结合青岛市实际情况，分析其发展现状，寻找可以借鉴和吸收的经验。

一、南通

统计数据显示，截至 2014 年底，南通市 60 岁及以上老年人口已超过 200 万，老龄化程度为 26.10%，成为全国地级市老龄化程度最高的城市。近年来，在各级政府的大力支持下，医养结合模式在不断探索中推行。

（一）指导原则。培育社会化照护服务市场，建立覆盖全员、多元筹资、保障基本、待遇分级、鼓励居家、适合市情的照护保险制度。

（二）覆盖人群。职工医保、居保参保人员（限市区）。

（三）筹资机制。与医保相对独立。每人每年由个人缴费（30 元）、医保统筹基金按人数定额划转（30 元）和政府补助（40 元）共同构成照护保险基金。未成年人和弱势群体无需缴费。接受福彩公益金和慈善捐助资助。

（四）资格条件。因年老、疾病、伤残导致失能，经过不少于 6 个月的治疗，符合重度失能标准，生活不能自理需长期照护（暂不含中度失能及失智）。

（五）服务机构。服务机构主要有两种：一是机构照护。包括医院、护理院、社区卫生服务中心，以及具备相应医疗资质或与定点医院、护理院、社区卫生服务中心签订合作服务协议的养老服务机构，设置符合规定的照护病区和照护床位，民办养老机构中设立医疗机构规模较大。二是居家照护。建立居家养老服务站，实现了居家养老服务全覆盖。

（六）服务形式和项目。服务形式有三种，包括医疗机构照护床位、养老机构照护床位和居家照护。服务项目有专门规定，涵盖医疗护理、生活照料和精神慰藉。

（七）支付范围和办法。支付范围包括床位费、照护服务费、护理设备使用费、护理耗材等照护费用。支付办法为机构照护实行床日定额包干，居家照护在支付封顶线以内按实结算。

（八）保险待遇。不设起付线，医疗机构照护床位报销60%，另可同时享受住院医保待遇；养老机构照护床位报销50%；居家照护分服务项目按标准按月限额支付（1200元）。

二、长春

根据2016年3月发布数据显示，长春市60岁及以上老年人口达131.6万人，占户籍人口的17.4%，老龄化率较高，且在未来将达到重度老龄化。2015年长春市开始实施"幸福长春"工程，把养老院与责任医院对接，使现有的医疗资源科学合理地调配、嫁接，医养结合不再纸上谈兵，而是探索着向前迈出了坚实的一步。

（一）指导原则。优化医保资源配置，提高医保基金使用效率，建立以社会化服务为主的失能人员医疗照护保险制度。

（二）覆盖人群。职工医保、居保参保人员。

（三）筹资机制。医保制度框架内，从职工医保统筹基金和个人账户按比例，居保统筹基金中按人数定额分别划转资金构成照护保险基金，分为职工医保、居保两部分，分账核算。用人单位和个人不需另行缴费。

（四）资格条件。因年老、疾病、伤残等导致生活自理能力重度依赖的参保人。癌症晚期舒缓疗护患者（暂不含中度失能）。

（五）服务机构。服务机构为各级卫生、民政和其他有关部门批准成立的医疗服务、养老和护理等机构。

（六）服务形式和项目。服务形式有两种：养老或护理机构医疗照护床位、医疗机构医疗照护床位，不含居家照护。服务项目无专门规定，按照国家《住院患者基础护理服务项目（试行）》和《临床护理实践指南》执行，涵盖长期日常照料和医疗护理、短期医疗护理。

（七）支付范围和办法。范围：床位费（不含医疗机构）、护工劳务费、护理设备使用费、护理日用品、舒缓治疗费。办法：养老、护理机构实行床日定额包干，医疗机构实行按病种补偿。

（八）保险待遇。养老或护理机构照护不设起付线，职工保险报销90%，居民保险报销80%。医疗机构照护根据照护机构的级别（省、市、区、社区）制订梯度化报销比例，职工保险报销比例比居民保险高10%。可同时享受其他医保待遇。

三、国内的经验启示

目前长春和南通已初步具备了医养结合养老模式的应有要素，对青岛等其他地区探索建立医养结合养老模式具有借鉴意义。通过对比发现，长春、南通均依托现有的服务机构，以构建保障制度为重心。两地通过建立照护保险制度进一步将生活照料服务也纳入了保险待遇范围，既提高了保险对象个体的生活照料服务支付能力，同时也在宏观上纾解了"以医代养"造成医疗资源和医保基金浪费的现状。尤其是南通，从制度设计上实现了筹资渠道多元化，明确了财政投入责任和比例，而且照护制度借助而不依附于基本医疗保险，基本成为独立的社会保险险种，在全国具备较强的开创意义。在今后的长期探索中，青岛市可以将老年护理、家庭病床和医疗专护服务纳入护理保险支付范围，积极调整基本医疗保险筹资结构，最大程度上扬长避短。

1987年，青岛继上海之后步入老龄化社会。为了应对人口老龄化带来的养老和医疗需求，青岛市于2006年开始探索通过城镇医保，解决老人的社区医疗护理住院问题，并于2012年颁布《关于建立长期医疗护理保险制度的意见（试行）》和《青岛市人民政府关于进一步加快养老服务业发展的意见》等，首创长期医疗护理保险制度。同时，为推进医养结合服务发展，支持医养结合类项目建设，青岛市制定并下发了《青岛市促进医养结合服务发展若干政策》，从医养结合机构的规划建设、登记管理、税收融资和人才队伍等方面出台了30条新政，予以创新突破和政策扶持。在养老服务方面青岛市走在了全国的前列，长期医疗护理保险制度为医养结合的发展提供了很好的支撑，下一章将详细介绍该制度的发展历程以及具体内容。

第十一章 青岛市长期医疗护理保险 制度的改革与展望

2012 年 6 月 19 日青岛市政府转发了由青岛市人社局等 9 部门联合起草的《关于建立长期医疗护理保险制度的意见（试行）》，标志着青岛市在全国率先建立起长期护理保险制度。该制度于当年的 7 月 1 日开始实施以来受到了多方关注，一方面有很多中央及省市的相关部门前往调研学习，另一方面在学界也掀起了一股以青岛市为对象的长期照护制度的个案研究。2014 年 12 月 30 日青岛市人社局颁布了《关于规范长期医疗护理保险经办管理有关问题的通知》，对已有的护理保险制度的内容做了部分调整，并于 2015 年 1 月实施。本章把研究重点聚焦在 2015 年的改革上，一方面分析在这次改革中青岛市解决了原有制度中的哪些问题，其解决问题的方法和取得的成效；另一方面归纳制度仍然存在的问题，研究其解决的方案。最后，展望未来，并借此对在全国建立长期护理保险制度的难点和重点进行梳理。

第一节 研究综述

目前该领域的研究大致可以分为三种类型。一是对青岛市长期医疗护理保险制度（以下简称"长护制度"）的介绍。如姜日进等（2014）及马青等（2014）就青岛市长护制度出台的背景、主要内容（包括覆盖范围、资金筹集模式、保险待遇、受益人资格、护理内容及基金支付形式）、制度实施以来的运行效果等方面做了详细介绍。姜日进、李芳（2016）介绍了 2015 年调整后的青岛市长护制度的内容及实施效果，并提出中国建立长期护理保险制度的发展思路。

二是立足青岛市，展望未来全国制度的建立。如朱秋莲、谭睿（2015）从保障政策、筹资机制、成本控制三个方面剖析了青岛市长护制度的政策设计，在总结了该制度的实施成效和尚待完善的问题后，就我国建立长期护理保险制度，从法律法规、科学定位、保险筹资机制、保险给付办法等层面进行了展望。邓大松、郭婷（2015）先是介绍和分析了青岛市长护制度的内容、实施效果及存在的问题，然后从保险定位、参保对象、基金筹集、财务机制、受益对象、待遇给付、配套措施等方面探索建立我国长期护理保险制度的构建。

三是比较研究。进入 2015 年后，青岛市对长护制度进行了修订，南通市和长春市也先后建立起长期照护制度，于是出现了对此三地制度的对比研究。雷朋、吴擢春（2016）在归纳总结了三个制度的异同后，提出我国建立长期护理保险制度的建议，即保险制度先行，服务体系及时跟进。

除了以上专门针对长护制度的研究之外，还有从医养结合的角度出发，阐述该制度所发挥的积极作用［王赟等（2015）］。李杰（2014）在介绍了长护制度的主要内容及取得的成效后，分析了制度现存的问题，如覆盖范围有限、护理保险基金筹资渠道单一、服务机构的准入门槛缺乏弹性、受益人的认定标准过高、护理人员短缺、缺乏护理质量的评价监督机制等。最后还提出了诸如尽快建立独立的长期照护制度、扩大制度的保障内容和范围、加大政府财政支持、鼓励社会力量参与、加大护理人员的补贴力度等的政策建议。

纵观以往的研究，虽然角度略有不同，但大多是按照青岛市建立长期医疗护理保险制度的背景、基本内容、实施成效、存在的问题和政策建议这一思路进行论述的。众所周知，青岛市 2012 年 7 月开始实施长护制度，2015 年 1 月又对该制度进行了调整改革，正是因为青岛市的先行一步让我们看到了其在制度试行中产生的问题和不足，作为全国长期护理保险制度试点城市之一，这样的尝试是非常有必要而且重要的。

第二节　青岛市试行长期医疗护理保险制度的背景

2012 年 7 月青岛市颁布了《关于建立长期医疗护理保险制度的意见

（试行）》，正式建立起长期医疗护理保险制度。该制度在我国尚属首创，为我国积极应对人口老龄化，建立全国性的长期护理保险制度提供了良好的示范。

一、老龄化趋势严峻，老年长期护理需求日益攀升

截至 2011 年末，青岛市 60 岁及以上老年人口达 132.7 万，占总人口的 17.32%，远高于全国 13.26% 的比例，其中 80 岁及以上人口达 21.5 万，占老年人口的 16.71%。预计到 2035 年，60 岁及以上老年人口占总人口的比例将攀升至 35% 左右。随着人口老龄化日趋严峻，慢性病医疗护理管理、失能人员医疗护理等社会需求将不断攀升。

二、老年长期护理费用高昂，缺乏必要的保障制度

据青岛市人力资源和社会保障局相关人员介绍，2013 年青岛市退休职工的平均月养老金是 2023 元左右，一个失能老人的月护理费用，保守估计也需要 3000 元左右。由于缺乏必要的制度保障，青岛市绝大多数失能老年人只能自费入住养老院、雇保姆，或者靠子女、配偶照料，给个人及家庭带来了沉重的经济压力。

三、长期护理服务体系逐步完善，为制度建立奠定了基础

青岛市实施长期医疗护理保险制度的根本目的是保障病患、伤残、失能等人员能够及时有效地接受到长期护理服务，其推行必须以逐步完善的长期护理服务体系为基础。截至 2011 年底，青岛市区的医保社区定点医疗机构已由起步时的 41 家增加到 300 多家，其中具备办理家庭病床资质的有 130 多家，兼具老年护理院资质的有 20 多家。社区定点机构的医保医师数量由 200 多人增加到 1700 多人，工作人员也由 1000 多人增加到 4000 多人。日益完善的长期护理服务体系，为青岛长期医疗护理保险制度的建立奠定了基础。

第三节　青岛市长期医疗护理保险政策设计

一、保险政策

在参保资格上，采取"跟随医疗保险"原则，即将医疗保险参保人作为长期医疗护理保险制度的参保人。在受益对象上，青岛长期医疗护理保险采取了普遍性原则，即所有参保人因年老、疾病、伤残等原因导致人身某些功能全部或部分丧失，长年卧床，生活无法自理时均可以申请享受长期医疗护理保险待遇，没有年龄等方面的限制。

二、筹资机制

坚持现收现付、以收定支、收支平衡、略有结余的原则，实行市级统筹，不设立个人账户并单独核算，切实做到专款专用。长期医疗护理保险分为城镇职工护理保险和城乡居民护理保险两个部分，实施统一管理、分账核算，统一支付，分开核算收入、支出和结余。

三、成本控制

实行"总额预付制"，通过设定限定医疗护理费床日包干，防止医疗护理服务机构提供过度服务，以达到控制长期医疗护理成本的目的。定额包干管理又分为四种情况。一是针对居家失能老人，依托社区医疗机构建立登门服务的"居家护理"模式，包干标准为每天50元；二是针对终末期及临终关怀老人，依托养老护理院建立"护理院护理"模式，标准为每天65元；三是针对重症失能老人，依托二三级医院建立"医疗专护"模式，标准为每天170元；四是针对农村失能老人，依托村级卫生室建立"社区巡护"模式，标准为每年800—1600元。逐步放开医疗护理服务供给，引入市场竞争机制，通过市场竞争提高服务质量并尽可能地降低保险成本。

四、服务形式

服务形式划分了四种，分别是专护、院护、家护和巡护。实行"居家护理""医疗专护""护理院护理"和"社区巡护"等多层次医疗护理方式，形成了家庭、社区、医院三位一体、相互承接的护理服务体系，建立了医疗、养老、康复、护理相结合的新型医疗护理模式，填补了国内失能、半失能人员医疗护理保障的制度空白。

（一）院护。老年机构护理，简称"院护"，即老年人入住老年护理院（或医养结合的养老机构）接受医疗护理服务。院护除了解决老年人的日常生活照料以外，还为健康状况差的老年人提供病时医疗和护理服务，对健康状况良好的老年人提供专业养生指导，使老年人在养老机构中足不出户就可以享受到专业治疗，满足他们的医护需求，为晚年生活提供保障。针对终末期及临终关怀老人，依托养老护理院建立"护理院护理"模式，标准为每天65元；目前青岛市开展院护业务的机构有28家，有近万名老人正在享受"院护"待遇。

（二）专护。医院老年病房专业护理，简称"专护"，即入住二、三级定点医院设立的专护病房接受长期医疗护理服务。专护方式适合那些经过治疗后身体健康状况会好转甚至康复的老人。针对重症失能老人，依托二、三级医院建立"医疗专护"模式，标准为每天170元。截至2015年，青岛市已经有16家医院开展长期护理保险医疗专护业务，备案床位数超过1500张，实际床位使用率在60%左右，基本满足了市内六区医疗专护患者需求，也符合总床位数控制要求。

（三）家护。居家护理，简称"家护"，即护理服务机构派医护人员到参保人家中提供医疗护理服务。家护方式，适合于那些虽患病但病情进入稳定期的老人，如有些癌症老人经过治疗后病情基本稳定，只需要常规治疗，这些老人又不愿住院，喜欢待在自己家里治疗。针对居家失能老人，依托社区医疗机构建立登门服务的"居家护理"模式，包干标准为每天50元。青岛市已有194家医疗机构承担长期医疗护理保险居家医疗护理照料业务。

（四）巡护。由护理服务机构医护人员登门提供家护及巡护服务，简称"巡护"，含社区巡护和村卫生室巡护。2015年，青岛市护理保险政策中，新增了社区巡护模式，将制度覆盖范围扩大到广大农村地区。针对农村失能老人，依托村级卫生室建立"社区巡护"模式，标准为每年800—1600元。青岛成为全国第一个对城乡参保人实现医疗护理保障制度全覆盖的地区。

五、护理费用报销标准

为适应医疗保险城乡统筹的新形势，青岛市的护理保险政策不设立起付线，着眼于广覆盖、保基本，坚持低水平起步，并以社会保险权利义务对等为原则，明确了待遇标准。参保职工在专护、院护、家护、巡护发生的符合规定的医疗护理费，报销比例为90%，一档交费成年居民、少年儿童和大学生在专护、院护、巡护的报销比例为80%，二档交费成年居民巡护报销40%。其中参保人接受巡护服务期间发生的除药品费用以外的一次性医用耗材费、治疗费、出诊费等符合规定的医疗护理费用，由护理保险资金按规定标准支付，其间发生的药品、检查检验等医疗费用，按门诊大病、门诊统筹有关规定结算。

第四节　青岛市长期医疗护理保险制度的发展过程

一、2012年初建与2015年改革

青岛市自1987年步入人口老龄化社会，是全国继上海之后老龄化进程发展较快的城市。进入21世纪伴随着老龄化程度的加深，青岛市在医疗卫生方面的改革也持续展开，相继出台了一些为老服务政策（详见表11-1）。

青岛市于2000年建立的家庭病床制度是针对符合住院条件，但可以居家治疗的失能患者由医保定点医院办理家庭病床登门治疗，其费用纳入医保结算。2005年又开展了医疗保险进社区活动，先是为老年慢性病患者提供门诊大病服务，之后实现家庭病床、老年医疗护理进社区。2006年5月，《关于将退休参保人员老年医疗护理纳入社区医疗保险管理的试点意见》出台后，将符合一定条件的老年医疗护理对象纳入社区医疗机构试点管理，相关医疗费用纳入医保统筹支付范围。这些都为长期医疗护理保险制度中的"家护"的

试行奠定了良好的实践基础。作为"专护"的前身，2011 年青岛市试行在定点医院建立专科病房，专门收住失能老人，实行按床日包干管理其医疗护理费用。与此同时，在 2011 年底，青岛市兼具老年护理院资质的养老机构有 20 家，为"院护"的展开也铺平了道路。

表 11 - 1　青岛市为老医疗服务政策的演变

年	老龄化比重（%）	为老医疗服务政策
2000	9.35	家庭病床制度
2005	15.75	医疗保险进社区
2006	15.59	老年医疗护理纳入社区医保管理
2011	16.63	在定点医院建立收住失能老人的专科病房
2012	17.31	实施长期医疗护理保险制度（试行）
2014	18.90	《青岛市社会医疗保险办法》第三十四条规定建立长期护理保险制度
2015	19.60	颁布《长期医疗保险护理制度的管理办法》

注：1. 2005—2015 年的老龄化比重是指 60 岁及以上人口占总人口的比例，数据来源于青岛统计信息网；2. 2000 年的老龄化比重是指 65 岁及以上人口占总人口的比例，使用的是第五次人口普查数据。

2012 年青岛市政府转发了由青岛市人社局等九部门联合起草的《关于建立长期医疗护理保险制度的意见（试行）》的通知，于 7 月 1 日正式试点长期医疗护理保险制度，同年 8 月又颁布了实施细则（试行）。2014 年 9 月先有人社局公布 2012 年的实施细则继续有效，后有市政府颁布政府令第 235 号《青岛市社会医疗保险办法》，其中第三十四条明确了建立长期护理保险制度，并对资金来源做出了规定。2014 年底青岛市人社局又连续下发了 3 个文件并出台了《青岛市长期医疗护理保险管理办法》，于 2015 年 1 月 1 日正式实施，这次改革的最大亮点是将农村参保人员也纳入了长护制度的保障范围，实行社区巡护服务。2016 年青岛市人社局又颁布了两个文件充实了该办法。

二、改革前后对比

从名称上看，青岛市的护理制度与国外已建立的相关制度最大的不同在于，它是依托社会医疗保险制度而建。正因为如此，其保障的内容不适宜用作生活照料，仅限于与医疗救治相关的医疗护理服务，这一点在制度的改革前后都没有变化。而且，基金的支付对象也仍然仅限于因病、伤常年卧床完全失能的 60 岁以上的参保人。但是 2015 年后对完全失能老人有了更具体的限定，即常年卧床已达或预期达六个月以上，按照《日常生活能力评定量表》（以下简称"《评定量表》"）评定低于 60 分的完全失能老人。《评定量表》从进食、洗澡、梳洗修饰、穿衣、控制大小便、如厕、床椅转移、行走、上下楼梯等十个方面，按 0 分，5 分，10 分三个标准由护理机构和社保机构分别打分。除此之外，基金的覆盖范围、筹集、护理服务形式、结算办法及报销标准等都有了调整（详见表 11 -2）。

表 11 -2　青岛市长期医疗护理保险制度改革前后的对比

主要内容	2012 年	2015 年
覆盖范围	城镇职工及居民	城镇职工、城乡居民
基金筹集方式	（1）职工：每月按个人账户计入比例的 0.4% 从医保统筹基金中划转 （2）居民：年底，以上年度城镇居民人均可支配收入为基数，按 0.2% 的比例从城镇居民（不含少年儿童和学生）医保统筹基金中划转 + 从福彩公益金中划转 2000 万	（1）职工：每月按个人账户月计入基数总额的 0.5% 从医保基金中划转 + 从职工基本医保历年结余基金中一次性划转 20% （2）居民：按当年基本医保筹集总额的 10% 划转
基金支付对象	完全失能老人	同 2012 年
基金支付范围	医药及医疗护理服务费用	同 2012 年
护理服务形式	家护、院护、专护	家护、院护、专护、巡护
报销标准	家护：96% 院护：96% 专护：90%	职工：90%； 学生、儿童及一档缴费居民：80% 二档缴费居民：40%
结算办法（按床日包干管理）	家护：60 元 院护：60 元 专护：二级医院 170 元、三级医院 200 元	家护：50 元 院护：65 元 专护：170 元 巡护：一档缴费居民 1600 元/年 二档缴费居民 800 元/年

资料来源：《关于建立长期医疗护理保险制度的意见（试行）》，青岛市人力资源和社会保障局等，2012. 6. 19；《青岛市长期医疗护理保险管理办法》，青岛市人力资源和社会保障局，2014. 12. 30。

　　分析两次制度的不同。一是扩大了制度的覆盖范围。2012 年长护制度的覆盖范围是参加城镇职工基本医疗保险、城镇居民基本医疗保险的参保人，

2015 年随着医疗保险制度城乡统筹，城乡居民基本医疗保险的参保人也被纳入保障范围。至此，青岛市实现了医疗护理保障全覆盖，这对缩小城乡差别、促进社会和谐有着重要意义，在全国起到了示范作用。

如表 11 - 3 所述，城镇职工可选择所有形式的医疗护理服务，一档缴费的城镇及农村居民、少年儿童和大学生可以选择除家护之外的三种服务，二档缴费的农村居民目前只享受巡护服务。在医疗护理服务方面，专护和院护按照住院管理有关要求执行。家护病人由医保医师和医保护士（大多来自社区医院）共同管理，其中医师每月至少上门服务 1 次，护士每月至少 4 次。对巡护病人，二档缴费成年居民每周至少巡诊 1 次，其他巡护病人每周至少 2 次。护理服务的申请应符合不同的病种，其中，专护是一个标准，院护、家护及巡护是统一的标准，皆以慢性病为主。

表 11 - 3　医疗护理服务形式分类

名称	服务机构的选取	提供服务的形式	适用对象
医疗专护 （专护）	二级及以上住院定点医疗机构	24 小时连续医疗护理服务	城镇职工、一档缴费成年居民、少年儿童和大学生
护理院医疗护理 （院护）	专业护理服务机构、社区定点医疗机构	同上	同上
居家医疗护理 （家护）	同上	派医护人员到参保职工家中提供医疗护理服务	城镇职工
社区巡护 （巡护）	同上；实行一体化管理的村卫生室	同上	城镇职工、一档缴费成年居民、少年儿童和大学生、二档缴费成年居民

资料来源：《青岛市长期医疗护理保险管理办法》、《长期医疗护理保险护理服务机构管理办法》，青岛市人力资源和社会保障局，2014.12.30。

二是基金的筹集方式有改变。正如表 11 - 2 所述，不管是职工还是居民的护理保险，基金的划拨方法在 2012 年和 2015 年是完全不同的。这主要是根据经济社会发展和实际运行情况做的适时调整。但不变的是，用人单位和个人不需另行缴费，均从医保统筹基金中划拨，实行统一管理、分账核算，统一支付。制度始终是把职工和居民的护理保险分开核算收入、支出和结余，这主要是因为二者所缴纳的医疗保险费不同，城镇职工每月缴纳本人工资的 2%。居民可选择两个档次按年度缴纳，2015 年的缴费标准是一档每人 350

元，二档每人 110 元。通常城镇居民要求按一档缴费，农村居民可以自由选择按二档或一档缴费。此外，2012 年作为护理保险制度启动的第一年，市财政从福彩公益金中分年度另外划拨 1 亿元作为制度运行的启动资金。

三是改变了报销的划分形式，下调了相关费用的报销标准。长护制度建立的初期，报销标准是按照医疗护理服务的形式进行划分的，且报销比例均在 90% 以上，其中，家护和院护同为 96%，专护是 90%。但是，2015 年该制度进行调整时把报销标准改为按参保对象划分，报销比例也有所下降。其中，城镇职工的报销比例是 90%；学生、儿童及一档缴费的城乡居民报销比例是 80%；二档缴费的农村居民报销比例是 40%。这次的调整体现了权利与义务的对等，即多缴多享用，体现了社会保障制度里的公平与效率。值得一提的是，长护制度的费用报销不设起付标准，这大大降低了人们的照护费用的负担。但是参保人员在享受长护待遇的同时，不能重复享受住院、门诊大病、普通门诊等应由城镇基本医疗保险基金支付的相关待遇。

四是对护理费用的包干金额做了调整。2015 年仍然采用按床日包干的管理办法，标准也仍然按照护理服务的形式进行区分，但是包干的金额有改变。2012 年最初的规定是家护与院护相同，即每日每床 60 元。专护按照医院等级，二、三级医院分别是 170 元或 200 元。2015 年改革后，家护减少至 50 元，院护增加为 65 元，专护统一为 170 元。新增加的针对农村居民的"巡护"按年包干，按照缴费档次不同每年报销 1600 元或 800 元。但是，平度、即墨、胶州、莱西四个县级市的结算包干标准可以根据各地的实际情况制定。此外，按床日包干的结算方法不得将包干标准分解到个人，并且"超支不补"。这样可以引导护理机构提供适宜、适度的服务，避免过度医疗和过度消费。总体而言，2015 年的改革较 2012 年相比，各方面都更加合理。

第五节　制度取得的成效

首先，受保障人群不断扩大。长护制度自 2012 年实施以来共有 4 万多人受益，其中 1.06 万人在护理期间病故。目前正在接受长期医疗护理保险服务的有 1.6 万人，其中家护最多，有 1.2 万人，占总数的 80%，专护 1000 多人，院护 1400 多人，巡护 1600 多人。

其次，节省了医疗费用。一方面，长护制度分流了大批在医院常年住院的失能、半失能老人，"社会性住院"现象的缓解使得社会医疗保险统筹基金支出减少。另一方面，由于长护制度的报销比例高于住院报销比例，所以大大降低了失能老人及家庭的经济负担，并且减轻了家属陪床或聘用护工等其他负担。

三是提高了二级医院的使用效率。目前广泛存在的一个现象是，人们倾向选择大医院看病，所以造成三级医院人满为患、一床难求，但与此同时，二级医院的许多资源被闲置，医疗专护的推行大大改善了这一现状。青岛市市南区人民医院是首家试行专护的二级医院，在该制度实行前门诊和住院床位常年处于非饱和状态，但是随着制度的施行，专护病床供不应求，已经由最初的 28 张发展至百余张。截至 2016 年上半年，青岛市已有 16 家医院开展了专护服务。

四是吸引了社会力量参与医疗护理服务。长护制度的建立使得护理费用的支付有了保障，提高了社会资本参与的积极性，目前青岛市具备医疗护理资质的定点机构发展到 500 多家，其中老年护理院或具备医护资质的养老机构达 50 家，福山老年公寓是其中的典型代表。该老年公寓在建立初期就同时成立了福山康复医院，可以开展专护、院护服务。失能老年人可以根据身体状况选择在老年公寓和康复医院之间进行转诊，这样的持续性护理既便于医护人员了解病情，提高患者的康复效率，同时还避免了以往的频繁出入医院而产生的重复检查等费用的浪费。此外，家护形式的推行也使得社区医院积极参与到医疗护理服务中来。全市另有 4000 余家由乡镇卫生院实行一体化管理的村卫生室，正在按规定逐步提供巡护服务。

五是提高了社保基金的使用效益。自 2012 年长护制度实施以来，青岛市已累计支付 1600 多万个床日的服务，而同额度的资金只能支付 100 多万个二、三级医院住院床日的费用。该制度实现了以较低成本购买较高医疗护理服务，大大提高了社保基金的使用效益。

第六节　青岛市长期护理保险制度的展望

尽管长护制度通过 2015 年的调整变得更加合理，也取得了很大的成效，但是仍然有两个尚未解决的关键问题，即制度的独立性和保障对象的局限性，以及由此引发的诸多问题。以下我们将展开具体的分析，并借此对青岛市长护制度的发展做展望。

一、建立独立的长期照护保险制度

青岛市的长护制度之所以依附于社会医疗保险制度试行建立，主要原因有两点。一是管理简便；二是为了最大限度地减轻参保人和用人单位的负担。目前，护理保险费主要通过调整基本医疗保险统筹金和个人账户结构进行筹集，财政根据基金使用情况给予补助，用人单位和个人不需另行缴费。但是，另一方面，基金的不能独立筹集也导致了长护制度的可持续性受到广泛质疑，且保障内容也仅能局限于医疗费用范畴。

所以探索建立独立于医疗保险制度之外的长期照护保险制度是我们要解决的一个首要课题。制度独立后将使得生活照料服务也成为可能。国际经验表明，失能老人的医疗需求只占 10%—15%，而生活照料和康复需求占到 80% 以上，所以后者的服务更为迫切。

长护制度如果实现独立，随之带来的一个亟待解决的问题就是基金的筹集。根据国际经验，护理保险的缴费率在 0.5%—1%，如以色列是 0.2%，德国是 1%。日本 2015 年的护理保险费是每月 5500 日元，低于平均工资的 0.5%。目前，青岛市城镇职工的医疗保险个人缴费率是 2%，企业是 9%，我们可以考虑通过调节医保的缴费比率把职工护理保险建立起来。城乡居民护理保险的基金筹集也可以从医疗保险中移转。

二、将保障对象扩大至半失能老人

目前青岛市长护险的受益对象是完全失能老人，保障范围过窄。这与制度初建、护理保险基金有限不无关系。然而国外的照护制度大都把所有的失能老人纳入保障范围。比如在日本，根据失能的程度分为"需要看护"（指因卧床不起或痴呆症等疾病而随时需要看护的人）和"需要支援"（指无需随时看护，但穿衣、起居等日常生活处于需要支援的人），65 岁以上的老年人无论造成需要看护的原因如何，都可以成为服务给付的对象。不仅如此，针对 40—64 岁的参保人如因特殊疾病（癌症晚期、风湿性关节炎等 16 种疾病）需要看护时，也可以成为服务给付的对象。

所以青岛市长护制度改革的另一个重点就是要扩大保障对象，不仅包含失能老人，而且半失能老人等有生活照料、医疗照护需求的老年人都应被纳入服务范围。甚至未来可以考虑将其他年龄段的参保人也纳入制度的支付范围。

三、设立护理标准的认定等级

青岛市长护制度的服务对象目前不过 1.6 万人，如果把半失能和失智人员纳入保障范围，将增加至 20 万人。而保障对象范围的扩大将会使长护制度的支付急剧增加，所以根据对象的自理能力，给付的服务内容和基金支付的标准应该有所区别。即确定护理等级，并按等级支付待遇。如德国和韩国的护理等级分为 3 个级别，日本分为 7 个级别，其中"需要看护"分为 1—5 个级别，"需要支援"分为 2 个级别。因此，我们需要借鉴国际经验，建立并实施规范的评估制度，由专业人士对申请人进行评估，确定护理等级，并按等级支付待遇。

四、加强护理服务质量的监督管理

现阶段，对护理机构提供的服务质量的监管是比较薄弱的。如家护主要通过电话抽查，询问受益人享受的护理服务情况，但这种方式仅能从次数上进行管理，对服务的内容和质量难以监控，所以如何调整监管方法，加强服务质量的监控也是制度将要面临的重要问题。

五、引导服务机构转型

青岛市现在承担长期医疗护理服务的大都是医疗机构，特别是社区医保定点机构占比最大。但是医疗机构的工作人员是医生和护士，而护理服务需求的专业人才主要是护理员、康复士、社工等。因此，随着未来保障范围的扩大以及护理内容的变化，长护机构必须实现转型，专业化的护理服务机构或团队将是发展的重点。

六、鼓励商业保险机构参与

目前商业保险公司已经部分地参与到了医疗护理保险中，比如青岛市家护服务的申请评估工作是委托中国人寿和大地寿险进行的。未来可以鼓励商业保险公司开发商业护理保险，与政府主导的社会护理保险相辅相成，从而满足多样化、多层次的护理保障需求，探索建立多层次的长期护理保险制度。

第十二章　医养结合养老模式的选择意愿分析

当前青岛市人口老龄化程度高，失能、半失能老人人数众多。为了应对这一问题，确保老年人能有一个舒适的晚年生活，青岛市逐步开展了"医养结合"的养老模式，满足了老年人医疗和养老两方面的需求。本章将详细分析青岛市的"医养结合"养老模式，研究其优点及不足，并利用《登记表》的数据对老年人选择该模式的影响因素做实证分析。

第一节　医养结合养老模式

青岛市围绕"老有颐养、病有良医"的目标，积极探索促进医养结合服务发展的新思路、新举措，重点推进养老机构实现医养结合，鼓励医疗机构内设养老机构，推动医养结合服务向社区和家庭延伸，促进临终关怀服务发展，以更好地满足广大老年人医疗和养老服务需求。目前，青岛市建立了"医中有养、养中有医、医联结合、养医签约、两院一体、居家巡诊"六种特有的"医养结合"模式，本节将逐一介绍每种模式并分析其优点和弊端。

一、"医中有养"模式

"医中有养"的养老模式是指部分医院转型为老年医院和护理院，或者是医院开设老年专护病房，为老年人提供医养结合型医护服务，让老年人在医院里养老。如青岛市第五人民医院作为中西医结合的医疗机构开展医养结合的试点机构，自开展医养结合活动以来，许多老年人参与其中，既解决了传统养老模式中老年人有养无医的难题，又充分利用了医院的闲置资源，实现了双赢。

"医中有养"养老模式的优点在于医疗机构配备了专业的医疗设施和护理人员，为老年人提供了全方面的医疗照护，大大减少了老年人因医治不及时而死亡的概率，尤其适合需要长期进行医疗护理的老年人入住。另外，医院专门为老年人开辟护理服务，避免了老年人因长期住院而造成的"压床"现象。国家和政府也提倡有条件的医院能够开设老年科，推进医护型养老机构的建设。其弊端在于由于不同等级医院的实力不同，开设老年专护病房的动力和效益也不相同，长此以往，可能会加剧医疗机构的分化。

二、"养中有医"模式

"养中有医"的养老模式是指在养老机构中设置医疗机构，配备医疗设施，为老年人提供养老和医疗两方面的服务。其中比较典型的养老机构为福山老年公寓，公寓内设置了青岛福山康复医院。医院配备专家、医生及护理团队，全面照护失能、半失能老人，而且该院在 2013 年时已被纳入基本医疗保险范围。

"养中有医"养老模式的优点是入住这种养老机构的老年人在患病时避免了医院和养老机构之间的奔波，减少了成本。对于那些备有医疗设施的养老机构而言，由于提供的服务项目齐全，使得它们在养老市场中占据了有利地位。但是"养中有医"的养老模式也存在弊端。例如，由于配备医疗设施的成本较高导致该类型的养老机构大都收费较高，多数有入住意愿的老人因经济水平限制而不能入住，所以养老机构目前入住率较低。另外，入住这种养老机构的老年人因医疗护理所产生的费用在报销时手续复杂，透明度低，没有明确的报销依据，很有可能会导致医疗护理基金的滥用。

三、"医联结合"及"养医签约"模式

"医联结合"养老模式是指具备简单医疗康复功能的养老机构或医养结合型医疗机构与一些大型的医院合作，形成医联体，共同为老年人谋福祉。青岛市中心医院与鑫再康护理院合作构成的医联体，是"医联结合"模式的典型代表。该医联体形成后，医院可以将患慢性病需要长期住院的老人转至护理院进行护理，另一方面又可以将护理院患急症的老人通过绿色通道转至医

院进行急救。同时，医院的医护人员可以到养老院坐诊、巡诊，定期对老年人进行疾病检查、预防和控制，护理院的医护人员又可以派到医院培训，提升专业护理水平，提高服务质量。

"养医签约"是针对那些没有能力设置医疗机构的养老机构而言，它是指养老机构与附近的医疗机构签约，由医院来承担养老机构的医疗服务，医院每天都会派出大夫护士来巡诊，确保有健康隐患的老年人能得到及时的治疗。青岛市乐万家老年公寓是这种养老模式的典型案例。

"医联结合"和"养医签约"模式在本质上是相同的，都属于医疗机构和养老机构联合运行的一种，该模式既有优点也有缺点。优点包括以下两点。首先，养老机构与医疗机构合作后，满足了入住养老院的老人医疗和生活照护两方面的需求，减少了养老机构的运营成本，增强了养老机构的医疗功能。另外，合作方式比较灵活，可以根据各个机构的实际情况选择合作方式。缺点是医护人员的工作量加大，从长远来看，在没有绩效工资的激励下，医护人员的动力不足，积极性差，实际效果可能不佳。而且对于部分民办的养老机构而言，由于资金不足，设备简陋，只能和水平较低的医疗机构合作，但由于医疗机构并不能从中获得大额利润，合作很难长期进行下去，所以急需政府部门和社会力量对这部分养老机构进行扶持，减小养老机构间的分化。

四、"两院一体"模式

"两院一体"的养老模式是指在新建卫生院的同时建立敬老院，实行"两院一长"，卫生院院长兼任敬老院院长，敬老院由卫生院托管，两院统一规划，有机地融合在一起。

"两院一体"养老模式实现了养老资源与医疗资源的充分整合，减少了运营成本，方便管理。由于农村地区经济不发达，老人主要选择传统的家庭养老，许多患病老人因"看病难"和"看病贵"而耽误了治疗时机，这种养老机构相对而言收费不是太高，非常适合农村老人，能在一定程度上解决农村地区的养老难题。这种模式也适用于城镇居民。但是目前卫生院的医疗设备大都比较简陋，医疗护理水平不足，老年人患大病重病时仍需住院治疗，医护人员的业务素质有待提高。另外由于当前卫生院对老年人的托管经验不足，老年人活动场所缺乏，所以床位入住率较低。在"两院一体"的养老模式中，由于院长兼任两职，职责巨大，院长的管理理念和方式在很大程度上决定着卫生院和养老院的持续运转，所以院长人选的选取至关重要。

五、"居家巡诊"模式

"居家巡诊"模式是最便捷的一种医养结合养老模式。医养结合不仅仅局限于社区养老和机构养老，因为多数老人当前仍选择居家养老，所以更重要的是医养结合要与居家养老结合起来，形成覆盖大多数老人的新型养老模式。"居家巡诊"是指政府为居家老人购买医疗护理服务，社区卫生服务中心派出医护人员上门巡诊，为居家老人提供公共卫生服务，为患病老人提供医疗服务，开展老年人疾病预防和检查工作。

"居家巡诊"模式最大的优点在于覆盖范围广，由于当前多数老年人都选择居家养老，所以该模式能够惠及广大老年人。健康及患有慢性病的老人无需自己去医院进行检查或治疗，避免了在家庭和医院之间来回奔波，减轻了经济压力。另外家庭和社区紧密配合，为构建养老一体化体系奠定了基础。其缺点是社区卫生服务中心医疗设备简陋，缺乏对就业人员的规范化培训，工作人员业务素质不高，只能提供简单的医疗保健或疾病预防服务。

第二节　青岛市医养结合养老模式存在的问题

青岛市"医养结合"的养老模式虽然发展迅速，优点众多，但在发展过程中也暴露出一些问题，具体如下。

一、护理保险覆盖范围窄，筹资渠道单一

2012 年和 2015 年的长护保险中规定只有长期卧病在床，需要专人护理的失能老人才能享受长期医疗护理保险待遇，2017 年把失智老人也纳入了保障范围。但是半失能老人却不在护理保险范围内，所以护理保险覆盖范围有限。

长期照护保险制度的核心是建立三个体系：独立的长期护理保险筹资体

系、完善的长期护理保险支付体系以及以养老服务机构为龙头和支撑的长期护理服务保障体系。青岛市目前的护理保险制度，实质是医疗保险的附属险种。资金主要来源于城镇职工护理保险基金和城镇居民护理保险基金两部分。其中，职工护理保险基金全部来自单位和个人缴纳的基本医疗保险划拨；居民护理保险基金 20% 来自居民医保基金划拨，80% 来自财政。筹资渠道比较单一，长期实行可能资金得不到保障，不具有可持续性。

二、服务收费水平偏高

目前青岛市实行"医养结合"的养老机构，因其养老环境、服务内容、房间类型而收费情况各有差异，但最低价格均接近 2000 元。以青岛市首家"医养结合"老年公寓市南区福涛颐养老年公寓为例，入住老年人每人每月收费 3000 元至 5000 元不等。如前文所述，青岛市老年人的月平均收入不足 1500 元。依现有收入和补贴标准，老年人负担较重。

三、老年人入住认证标准和"医养结合"养老机构认证标准过高

现行制度规定，必须具有二级以上医院资质，且配有 5 名专业医生和 2 名专业护士，办公场所在 200 平方米以上的机构方可申请成为"医养结合"定点机构。制度规定的严苛，致使大多数机构，尤其是中小型养老院被拒之门外。具备公立、大型、专业化较高等特点的养老或医疗机构基于自身已有基础，能够顺利增设"医+养"业务，并且市场前景良好，而民营、小型、基层的养老或医疗机构往往受自身基础条件限制，很难再拓展"医+养"业务。目前，青岛市区的 110 多家养老院中仅有 30 多家具备上述资质成为定点护理机构。因为审核门槛很高，受益的多是"临终关怀"的老人，而一些医疗负担更重的"边缘老人"却被卡在门外，并且，因为医疗资格审核难、与医疗机构合作难等原因，青岛的"医养结合"养老机构仍是少数。

四、养老床位等服务设施有待完善

"十二五"时期末，青岛市全市养老床位总数 5.8 万张，每千名老年人口

养老床位数仅37张。截至2011年底，青岛市80岁及以上户籍人口已达21.5万，需要照料的老年人约有25万人，完全失能的也有8万多人，相比之下，养老床位数量严重不足。在其他服务设施方面，2016年制定的《青岛市"十三五"老龄事业发展规划》提出，养老服务设施老年人人均用地面积达到0.2平方米以上。目前的情况还不达标。

五、缺乏对老年人的细致评估，保障项目单一

青岛市目前还未能像日本"介护保险制度"那样对老年人的健康状况和失能程度进行多级划分，缺乏对老年人所需护理的细致评估，护理服务标准和补贴标准也未进行相应的分级。而且目前青岛市长期医疗护理保险制度保障的项目比较单一，仍以"医疗护理"为主，"生活护理"（乃至失智未失能人员的护理等）未被纳入其中，老年人因生活护理而产生的费用只能由老年人自己来支付。因而需要进一步拓宽保障项目和范围。

六、护理质量评价监督机制待完善

目前，参与长期医疗护理保险的老年人越来越多，入住养老机构、医疗机构的老年人接受的护理服务尚无严格的监督机制，由于老年人医疗护理产生的费用大部分是由护理保险支付，机构盈利较少，长此以往，机构养老服务质量可能会下降。而对于居家养老的老年人而言，由于居住分散，很难对他们享受的医护服务质量进行及时全面的监督。老年人接受医疗护理的实际效果可能并不如预想的好。

七、专业护理人员短缺，业务素质不高

实行医养结合，失能、失智老年人是最重要的服务对象群体。截至2015年底，青岛市大约有1.8万老年人入住了养老机构，而护理员仅有3000余人，缺口较大。同年，青岛市失能、半失能老人约30万人。但由于养老机构的风险规避和难以提供专业的医疗护理服务，导致养老机构的覆盖人群出现结构性缺陷，即基本生活能够自理的老年人受到欢迎，而失能、失智老年人常常难以得到有效护理。

一方面，护理人员的整体素质偏低，其专业水平、业务能力、服务质量无法满足老年人的护理需求；另一方面，工资待遇和社会地位较低，劳动强度大，社会对养老护理专业认同度低等因素导致现有护理人员流失率高，而新招护理员难度大，预计在短时间内护理人员仍将呈短缺状态。许多养老机构的护理人员大多只能做简单的护理工作，并不具备专业的护理知识，导致老年人护理服务质量不高。高素质、专业化的护理员队伍的缺乏将严重制约医养结合养老模式的发展。

八、体制机制构建不完善，主管部门交叉重叠

普通养老机构主要由民政部门审批和管理，医疗卫生服务机构由卫生部门认定和管理，医保报销则由人社部门管理。由于制度、行业差异、行政划分和财务分割等因素，民政、卫生、老龄和人社等部门都要介入到"医养结合"型养老机构中，虽各有职能分工，但仍存在职责交叉、业务交织等情况。这种"多头管理"很容易引发"多头不管"的局面，使得各部门对扶持政策的认识、调整和落实难以做到协调一致和横向整合。部门间职责界定模糊，极易出现利益纷争、责任推诿，阻碍"医养结合"养老模式的健康发展。

第三节　青岛市医养结合养老模式的需求量

本节使用《登记表》中市北区、市南区、崂山区、李沧区、胶州市"四区一市"共39.3万样本，其中，市南区、市北区、李沧区是2013年的调查数据，崂山区和胶州市是2014年的调查数据。各市区样本人口数量及占比为市南区54488人，占比13.87%；市北区156205人，占比39.76%；李沧区32970人，占比8.39%；崂山区45076人，占比11.47%；胶州市104111人，占比26.50%。

我们选取了《登记表》中与医养结合相关的十余个选项做如下的分析。

一、老年人口基本情况

如表12-1所示，在选取的39万余个样本中，60—70岁的老年人最多，占样本总数的52.22%，随着年龄的增加，老年人口逐渐减少，并且各年龄段中女性数量均多于男性。

表12-1　各年龄段老年人口表数量

年龄	性别			
	女（人）	男（人）	总计	占比（%）
60—70	106,026	99,103	205,129	52.22
70—80	61,757	55,163	116,920	29.76
80—90	36,557	25,880	62,437	15.89
≧90	5,490	2,862	8,352	2.13
总计	209,830	183,008	392,838	100

通过对比各年龄段老年人的自理状况和健康状况，可以看到，大多数老年人身体健康、能够自理，随着年龄的增加，老年人的自理和健康状况总体呈弱化趋势。从自理状况看，完全不能自理和失智老年人主要集中于70—80岁和80—90岁这两个年龄段；从健康状况看，患2、3种病的老年人也主要集中于这两个年龄段，因此，医养结合的重点应集中在这两个年龄段的老年人，他们也是医养结合需求量的重要来源（详情见表12-2）。

表12-2　各年龄段老年人自理和健康状况

年龄	自理状况						健康状况				
	能自理	部分不能自理	大部分不能自理	完全不能自理	失智	总计	健康	患一种病	患两种病	患三种及以上慢性病	总计
60—70	185,701	4,974	916	53	114	192,239	139,360	26,705	11,819	5,588	190,778
占比	0.554	0.184	0.146	0.138	0.273	0.516	0.612	0.415	0.325	0.258	0.545
70—80	101,764	7,843	1,612	999	87	112,305	61,246	21,873	12,894	7,967	106,123
占比	0.304	0.290	0.256	0.257	0.208	0.301	0.269	0.340	0.354	0.367	0.303
80—90	43,573	11,764	2,816	1,689	177	60,019	24,408	13,916	10,110	6,801	50,000

续表

年龄	自理状况						健康状况				
	能自理	部分不能自理	大部分不能自理	完全不能自理	失智	总计	健康	患一种病	患两种病	患三种及以上慢性病	总计
占比	0.130	0.435	0.448	0.435	0.423	0.161	0.107	0.216	0.278	0.314	0.143
≥ 90	3,890	2,449	943	661	40	7,983	2,710	1,805	1,566	1,327	42,470
占比	0.012	0.091	0.150	0.170	0.096	0.021	0.012	0.028	0.043	0.061	0.121
总计	334,928	27,030	6,287	3,883	418	372,546	227724	64299	36389	21683	350,095

以市南、市北、崂山、李沧四区作为"市区"，以胶州市作为"农村"，分析市区和农村老年人自理和健康状况是否有明显差异，如表 12-3 所示。为避免因人口基数所造成的误差，以市区和农村各自老年人口数为基数进行测算。自理状况方面，农村能自理老年人占比为 90.4%，完全不能自理和失智老年人占比为 1.1% （0.010 + 0.001）；市区两类老年人占比分别为 89.7%、1.1% （0.010 + 0.001）。健康状况方面，农村健康老年人占比为 69.7%，患 2、3 种病老年人占比为 11.0% （0.079 + 0.031）；市区两类老年人占比分别为 63.2%、18.8% （0.114 + 0.074）。由此可以看出，市区老年人对医养结合的需求量大于农村地区，市区自理和健康状况欠佳的老年人是医养结合需求量的重要来源。

表 12-3 农村和市区老年人自理和健康状况

地区	自理状况						健康状况				
	能自理	部分不能自理	大部分不能自理	完全不能自理	失智	总计	健康	患一种病	患两种病	患三种及以上慢性病	总计
农村	90,503	6,875	1,621	1,026	90	100,115	69,346	19,145	7,854	3,132	99,477
占比	0.904	0.0688	0.016	0.010	0.001	1.00	0.697	0.192	0.079	0.031	1.00
市区	244,432	20,155	4,666	2,857	328	272,438	158,382	45,156	28,535	18,552	250,625
占比	0.897	0.074	0.010	0.010	0.001	1.00	0.632	0.180	0.114	0.074	1.00
总计	334,935	27,030	6,287	3,883	418	372,553	227,728	62,648	33,625	17,978	341,979

二、青岛市医养结合的需求量

目前，青岛市医养结合的适用对象为完全不能自理和失智的老年人，由以上统计数据可看出，完全不能自理老年人数为 3883 人，失智老年人数为 418 人，二者共占总样本数的 1.15%。随着青岛市医养结合养老模式的完善，部分不能自理和大部分不能自理老年人也将受益，这两部分人口分别为 27030 人，6287 人，共占样本比为 8.94%。截至 2014 年底，青岛市 60 岁及以上老年人口为 153 万，由此估算，青岛市医养结合需求量为 1.76 万。此外，有 13.68 万的部分不能自理和大部分不能自理老年人也对医养结合有客观需求。

三、老年人对医养结合服务的接受程度

选取《登记表》中与研究医养结合相关的"愿意自费居家上门服务"这一问题中的"医疗护理"选项和"愿意自费社区养老服务需求"这一问题中的"医疗保健"选项作为青岛市老年人是否接受医养结合的变量。有 7881 人选择了"医疗护理"这一选项，占总数的 2.16%；有 18594 人选择了"医疗保健"这一选项，占总数的 5.15%。仍以青岛市 60 岁及以上老年人口为 153 万估算，愿意自费医疗护理和医疗保健的人口约为 3.3 万和 7.9 万。总体来看，老年人对医养结合服务的接受程度是比较低的。

第四节　老年人选择医养结合服务的影响因素分析

首先，为考察老年人对医养结合服务的接受意愿，我们选取《登记表》中与研究医养结合相关的"愿意自费居家上门服务"这一问题中的"医疗护理"选项作为被解释变量，其中，选择该选项的样本被解释变量取 1，未选择的取 0。然后，把个体、家庭、社会三大类影响因素作为解释变量对其进行 Logistic 回归分析。

如表 12-4 中模型 1 的结果，通过回归分析可以看出，自理、年龄、技术职称、疾病缠身、缺乏照料、患一种病、患两种病、患三种及以上慢性病、婚姻状况、子女情况、住房情况、居住情况、居家养老现状、地区、享受社

区养老服务、公共医疗卫生服务等因素对医疗护理的需求有影响。其中，自理、年龄、疾病缠身、缺乏照料、患一种病、患两种病、患三种及以上慢性病、婚姻状况、住房情况、享受社区养老服务，公共医疗卫生服务等因素对医疗护理的需求有正影响；技术职称、子女情况、居住情况、居家养老现状等因素对医疗护理的需求有负影响。疾病缠身、缺乏照料、地区、享受社区养老服务、公共医疗卫生服务等因素的影响较大；此外，随着患病数量的增多，几率比增大，其影响也越来越大。

其次，作为考察老年人对医养结合服务接受意愿的另一个代理变量，把"愿意自费社区养老服务需求"这一问题中的"医疗保健"选项作为被解释变量做上述类似的 Logistic 回归分析。结果详见表 12 - 4 的模型 2，可以得出，年龄、疾病缠身、缺乏照料、患一种病、患两种病、患三种及以上慢性病、收入、婚姻状况、子女情况、住房情况、居住情况、居家养老现状、地区、享受社区养老服务、基本医疗保险、公共医疗卫生服务等因素对医疗保健的需求有影响。其中，年龄、疾病缠身、缺乏照料、患一种病、患两种病、患三种及以上慢性病、收入、婚姻状况、住房情况、享受社区养老服务、基本医疗保险、公共医疗卫生服务等因素对医疗保健的需求有正影响；子女情况、居住情况、居家养老现状、地区等因素对医疗保健的需求有负影响。疾病缠身、缺乏照料、地区、享受社区养老服务、公共医疗卫生服务等因素的影响较大。

无论是医疗护理还是医疗保健，二者都受到个体因素中的年龄、疾病缠身、缺乏照料、患一种病、患两种病、患三种及以上慢性病，家庭因素中的婚姻状况、子女情况、住房情况、居住情况，居家养老现状，社会因素中的地区、享受社区养老服务、公共医疗卫生服务等因素的影响。随着年龄的增加，接受医养服务的比例在增加；子女数越多越不倾向于购买医养服务。身体患病、缺乏照料的老年人倾向于购买医养服务。接受过养老、医疗服务的老年人倾向于购买医疗服务。自理状况和技术职称仅对医疗护理有显著的影响，自理能力越差、技术职称越低越倾向购买医疗护理服务；而收入和参加基本医疗保险的情况仅对医疗保健有显著影响，其中收入的影响微乎其微，可以忽略不计，有基本医疗保险的老人更倾向购买医疗保健服务。

表 12 − 4　各因素对医疗护理及医疗保健需求的影响

变量		模型 1：医疗护理		模型 2：医疗保健	
		回归系数	几率比	回归系数	几率比
个体因素	自理状况（1—5 自理状况越来越差）	0.298 * * *（11.95）	134.69 * * *（11.75）	− 0.018（− 0.87）	98.2（− 0.83）
	年龄（数值）	0.017 * * *（7.67）	101.726 * * *（7.43）	0.007 * * *（4.60）	100.7 * * *（4.49）
	性别（男 =1）	0.02（0.65）	102.1（0.64）	− 0.03（− 1.45）	97.1（− 1.44）
	技术职称（0—3 技术职称越来越高）	− 0.039 *（− 1.76）	96.2 *（− 1.74）	0.018（1.32）	101.9（1.29）
	疾病缠身（是 =1）	0.756 * * *（18.25）	212.9 * * *（18.16）	0.790 * * *（26.96）	220.4 * * *（26.22）
	缺乏照料（是 =1）	0.865 * * *（12.03）	237.4 * * *（11.53）	0.997 * * *（19.10）	271.0 * * *（18.32）
	患一种病（是 =1）	0.209 * * *（5.15）	123.2 * * *（5.06）	0.342 * * *（13.48）	140.8 * * *（13.43）
	患两种病（是 =1）	0.381 * * *（8.49）	146.3 * * *（8.47）	0.338 * * *（11.12）	140.2 * * *（10.88）
	患三种及以上慢性病（是 =1）	0.511 * * *（9.51）	166.7 * * *（9.56）	0.310 * * *（7.82）	136.4 * * *（7.68）
家庭因素	收入（数值）	0.000（1.49）	100（1.42）	0.000 * * *（4.97）	100.0 * * *（4.93）
	婚姻状况（有配偶 =1）	0.137 * * *（3.27）	114.7 * * *（3.27）	0.181 * * *（6.44）	119.9 * * *（6.39）
	子女情况（有子女 =1）	− 0.134 * * *（− 8.86）	87.4 * * *（− 9.05）	− 0.123 * * *（− 11.75）	88.5 * * *（− 11.81）
	住房情况（有住房 =1）	0.134 * *（2.50）	114.4 * *（2.51）	0.200 * * *（5.49）	122.2 * * *（5.38）
	居住情况（与子女同住 =1）	− 0.166 * * *（− 3.81）	84.7 * * *（− 3.86）	− 0.131 * * *（− 4.58）	87.7 * * *（− 4.58）
	居家养老现状（自我照料 =1）	− 0.133 * * *（− 4.22）	87.6 * * *（− 4.13）	− 0.164 * * *（− 8.12）	84.9 * * *（− 7.97）

续表

变量		模型1：医疗护理		模型2：医疗保健	
		回归系数	几率比	回归系数	几率比
社会因素	地区（市区=1，农村=0）	0.494***	1.6***	-0.600***	182.3***
		(9.98)	(9.77)	(18.42)	(18.54)
	享受社区养老服务（享受=1）	2.280***	972.3***	2.48***	1195.6***
		(70.73)	(69.82)	(120.89)	(119.82)
	基本医疗保险（有保险=1）	-0.114	89.3	0.188**	120.7**
		(-0.96)	(-0.97)	(2.15)	(2.17)
	公共医疗卫生服务（享受=1）	0.607***	183.5***	0.535***	170.7***
		(15.82)	(15.94)	(22.86)	(922.76)
常数项		-7.244***	0.1***	-5.64***	0.4***
		(-35.42)	(-34.84)	(-39.75)	(-39.08)
PseudoR^2		0.1735		0.2133	
N		317,159		314,309	

注：括号内的数字表示 t 值。***、**和*表示在1%、5%和10%水平下显著。

第五节　结论与建议

一、结论

根据上述实证分析，得出了包含完全失能老人和失智老人的青岛市医养结合需求量大约有1.76万人，如果再加入部分和大部分不能自理的老人，未来对医养结合的需求量将达到13.68万人。年龄越大、子女人数越少，以及身体状况欠佳、缺乏照料的老年人对医养结合的需求意愿越强烈。这也证实了医养结合养老模式有别于传统养老模式的特殊作用，即为老年人同时提供"医"和"养"的服务。

二、政策建议

医养结合是我国养老、医疗领域的一项重要改革，要做到"以人为本"，

尽可能地惠及广大老年人群体。青岛市作为我国医养结合养老模式发展的
"急先锋",应当做出表率示范。根据以上分析,可以提出如下建议。

(一) 通过社区、医疗机构等广泛宣传医养结合

老年人选择"医养结合"养老模式的总体意愿不高,只有不到10%的居
家老人有参与"医养结合"模式的意愿,选择社区养老的老人中有参与意愿
的占50%左右,而打算选择机构养老的老人中只有大约1/3对"医养结合"
模式有需求。但是实际生活中青岛市至少有176万老人需要此模式的养老服
务。由此可见,这种新型的养老模式还没有被广大老年人认可。所以政府应
该加大宣传力度,让人们充分认识到这种养老模式的优点,使其惠及更多老
年人。享受社区养老服务和公共医疗卫生服务的老年人对医养结合的需求量
更大,这些老年人同时享受着养老和医疗服务,更容易理解和接受医养结合
这一新的模式。因此,在宣传推广医养结合模式时,应重点放在此类人群身
上,通过社区、医疗机构等向老年人广泛宣传医养结合,进而推广到更多老
年人。

(二) 制定合理收费标准,惠及大多数老年人

由前文可知,老年人的经济水平严重制约着他们参与"医养结合"养老
模式的意愿。目前,青岛市老年人口的收入水平偏低,而医养结合型养老机
构由于成本较高,所以收费往往较高,这就导致这些养老机构的入住率低,
资源闲置,从而造成浪费。所以对于一些家庭条件较困难但身体状况又不好
的老人,政府应该给予他们特定的帮助,确保他们能够优先入住,得到医疗
护理。可以通过增加财政补贴等方式,尽可能降低医养结合费用,使广大老
年人能够享受得到、享受得起医养结合服务。这样做既能够让更多的老年人
享受到医疗和生活的双重照料,提高机构入住率,又能够确保养老机构赚取
营业利润,从而持续良性运转,达到双赢的结果。

(三) 扩大医养结合覆盖范围

目前,青岛市医养结合的覆盖人群,集中在完全不能自理和失智老年人,
人群覆盖范围较小,使得大部分老年人享受不到医养结合这一模式带来的好

处。随着青岛市医养结合的发展，范围必然要扩大，将部分不能自理和大部分不能自理老年人也纳入覆盖范围，坚持以人为本，使尽可能多的老年人享受到医养结合的好处。

（四）全面评估老年人的健康状况

由第四节可知，老年人的健康状况显著影响他们参与"医养结合"养老模式的意愿，而目前青岛市缺乏对老年人健康状况的细致评估，也就无法明确老年人是否需要医养结合服务以及服务的具体内容和需求程度，老年人的需求与医疗资源的供给并不能完全吻合。所以在这一方面，青岛市应该学习日本的"介护保险制度"，对老年人的失能程度进行多级划分，并根据老年人的需求设置相应的服务内容。例如对于健康老人、患有慢性病但能自理的老人和没有疾病的半失能老人可以选择居家养老、社区养老或入住普通养老机构，平时主要以生活护理为主，由社区卫生服务中心或医务室提供医疗保健、疾病预防等服务。对于患有严重疾病的老人可以选择入住开设了养老功能的定点医院，及时接受治疗。对于那些有慢性疾病，生活不能自理但无需长期住院治疗的老人，可以让他们入住医养结合型的养老机构，接受护理人员的长期照料。总之，政府部门应该对老年人的身体状况有一个细致的划分标准，并完善老人的服务需求，实现服务体系的内部整合。

（五）先在市区试点，再推广至农村

医养结合养老模式的发展离不开实践，青岛市的医养结合发展应做到循序渐进，而不是一蹴而就。通过以上数据统计可以看到，青岛市市区有或有潜在医养结合需求的老年人多于农村地区，另外，市区医疗、养老机构无论数量还是质量都要优于农村地区，更易开展医养结合模式的探索实践。通过在市区医疗、养老等机构的试点，取得一定经验后，再广泛推广到农村地区，最终实现全市医养结合的全面覆盖。

（六）完善体制机制建设，多部门协同推进医养结合发展

医养结合是青岛市实行的一项重要制度创新，也是医疗和养老两个领域跨界合作和融合，涉及民政、卫生、老龄和人社等多个部门，推进该项制度

的建立需要政策协调和制度完善的难度很大。因此，政府在建立医养结合发展进程中需要强化职责，各部门合理分工，做到职责明确、协调有序。

（七）加快医养结合人才队伍培养

目前青岛市老年医疗、护理、康复机构的从业人员数量不足、人才质量不高、能力不强，不能满足老年人口不断增长的多元化需求，供需失衡突出。《青岛市促进医养结合服务发展若干政策》提出，将设立"养老护理员教育培训专项基金"，以促进养老护理员队伍的教育培训。山东省政府《关于加快推进医养结合工作的实施意见》也提出要完善人才培养机制，为推进医养结合提供人才保障。相关部门应积极贯彻落实，加快人才队伍的培养。依托青岛市有众多大中专院校的优势，开展人才培养方面的合作，适当提高相关学科建设和人才培养在政府卫生投入中的比重。支持高、中等职业卫生类学校和技工院校增设相关专业课程，加快培养老年医学、康复、护理、营养、心理和社会工作等方面专业人才。鼓励大中专院校护理及相关专业毕业生到养老服务机构和社区从事养老服务工作。鼓励引导各级各类职业培训机构和医养结合机构，按照政府购买职业培训成果新机制，建立养老护理人员培训基地。将老年医学、康复、护理人才作为急需人才纳入卫生技术人员培训规划和临床骨干医师培训项目。

（八）建立独立的长期护理保险制度，拓宽社会养老服务筹资模式

要保证制度的可持续性，必须真正实现长期照护保险与医疗保险制度的分离，建立单独的长期照护保险制度和独立的资金筹集、支付、管理等系统。2012 年，青岛市首创长期医疗护理保险制度；2015 年，实现了城乡参保人医疗护理保障制度全覆盖。这对资金提出了更高要求，目前青岛市的资金筹集来源是职工和居民护理保险基金，它实际是依附于基本医疗保险的，缺乏独立的资金来源。虽然当下能够收支平衡，但随着青岛市人口老龄化程度的加重，城乡基本医疗保险基金面临着巨大的支付压力，很有可能会出现收不抵支的局面。为此，杨贞贞（2014）提出了在长期医疗护理保险制度的基础上，可以采用"城镇基本医疗保险统筹基金划拨支付与个人缴费相结合"的医养结合社会养老服务筹资模式，即对于生活不能自理且患有慢性病的由医疗服

务体系整合进来的老年人产生的费用，仍然通过划拨医疗保险统筹基金的方式进行补偿支付；而对于生活能自理和未患有慢性疾病但不能自理的老人所发生的照护服务费用，则通过个人缴费筹集的资金进行补偿支付。这样既拓宽了养老资金的筹资途径，又能覆盖更多的老年群体，保障了个体获得健康服务的权利。或者借鉴德国和日本等国家的经验，建立单独的长期照护保险制度，有独立的资金筹集、支付、管理等系统，保证长期照护制度能够持续稳定地发展。

（九）鼓励社会力量参与

医养结合不仅是政府的事务，也是全社会共同的大事。在医养结合政策推行过程中，政府应发挥的主导作用主要体现在资金筹措、政策制定与引导、行业监管等方面，而对于机构建立、服务提供等内容则可以吸引社会力量的参与。要充分发挥市场在资源配置中的决定性作用，鼓励引导非政府组织、企业等社会力量参与。对建成的医养结合机构，可以尝试通过社会力量运营，弥补政府运营的不足。对社会力量举办医养结合机构，政府需要给予资金支持。此外，在购买服务、行业规划、行业监管以及公共服务方面，政府应给予民营企业和政府机构同等竞争的机会，增进行业竞争力。总之，通过政府的政策引导，有机地将政府、市场、社会力量结合起来，共同为老年人的医疗和养老服务提供帮助。

通过以上的分析我们发现社区居家养老模式顺应了老年人的居住意愿、并可以同时解决其生理、心理及照护的困难，医养结合养老模式又是解决老年人疾病困扰的最有效的方法，而机构养老是对其他养老模式的有益补充，但是我们发现这三种模式的需求、利用都不高，同时供给也存在不足。究其原因，与政府在各个方面始终处于一个主体的作用是分不开的，所以发挥市场的作用、发展民间的力量就显得非常必要。因此下一章，我们将通过研究养老产业，以期找到多种养老模式的打开路径。

第十三章　发展养老产业，助推为老服务

通过前文的研究我们发现无论是社区居家养老模式、机构养老模式，还是医养结合养老模式都可以借助养老产业得以发展壮人。把养老事业与养老产业相结合、同步发展，才能较好地满足老年人不断变化的需求，才能全面提高为老年人服务的水平。

第一节　养老产业概述

一、养老产业的概念及特征

养老产业是指为老年人提供面向全体老年期公民生产提供产品和服务的各相关部门组成的业态总称。养老产业是横跨第一、二、三产业，多产业交织的综合产业体系，涉及老年人衣、食、住、行、用、医、娱、学等物质精神文化各个方面。养老产业具有如下特征：

（一）特殊性。养老产业的特殊性是指养老产业服务对象的特殊性。即从年龄阶段上划分，养老产业的目标对象锁定为 60 岁及以上的老年人口。尽管养老产业提供的产品、劳务或就业机会并不排斥非老年人，但是，养老产业的经济实体在市场中竞争时，将主要考虑老年人口的需求，并根据老年人的特征进行具体运作。

（二）综合性。养老产业的综合性主要体现在两个方面。首先是产业综合性，如农业部门中专门为老年人提供副食的企业属于第一产业；为老年人生产日用品的老年服装公司、老人助听器公司等隶属于第二产业；老年人婚姻介绍所、养老服务中介公司等则隶属于第三产业。其次是市场综合性，养老

产业对接的市场庞大，包含众多专为老年人提供产品与服务的子市场，涵盖老年人日用品市场、养老服务市场和养老经济实体等众多领域。

（三）微利性。养老产业的微利性是指从事养老产业的企业在单项养老服务中获得的平均利润率与从事其他产业相比较小。但这是就养老产业单项产品或服务的平均利润率而言的，与从事养老产业的企业利润总额较高并不矛盾，原因在于养老市场容量巨大。

二、养老产业的类型

如图 13 – 1 所示，按照设施、产品、服务三分法将养老产业划分为三大板块：养老基础设施业、养老用品业、养老服务业。

（一）养老基础设施业。养老基础设施业是指专门为老年人提供服务的场所和设施，如社区老龄服务机构基础设施、老年病医院和老年护理院，也包括针对广大老年人的特点和需求规划、设计、建造，适合老年人居住的房产（养老地产），如养老机构、老年公寓以及其他综合性养老社区等。

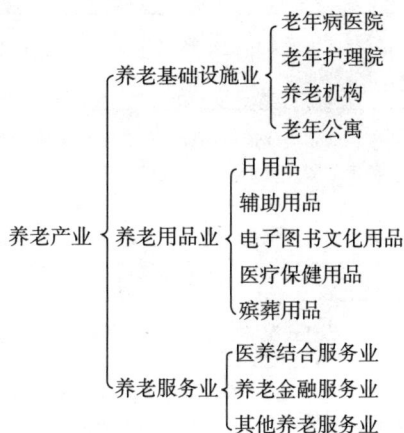

养老基础设施业
　老年病医院
　老年护理院
　养老机构
　老年公寓

养老产业　养老用品业
　日用品
　辅助用品
　电子图书文化用品
　医疗保健用品
　殡葬用品

养老服务业
　医养结合服务业
　养老金融服务业
　其他养老服务业

图 13 – 1　养老产业分类示意图

（二）养老用品业。即针对老年人群体开发的生活用品。具体包括表 13 – 1 中的日用品、养老辅助用品、电子图书文化产品、医疗保健用品和殡葬用品。

表 13 - 1　养老用品业的分类

分类	内容
日用品	如中老年食品、中老年饮品、中老年洗涤用品、中老年服装服饰等
辅助用品	老花镜、助听器、助行器、跟踪仪、呼叫器具、中老年家具（如床具、保健枕）、辅助淋浴设施等
电子图书文化产品	老人电脑、收音机、老年游戏用品、益智电子用品、电子图书和音像制品、老年图书、杂志、报纸等
医疗保健用品	中老年保健品、中老年健身体育器材、家用检测诊断器具、家用治疗仪、老年常备药品、非病重常备药品、中草药、康复器材、护理用品等
殡葬用品	墓地、殡葬消耗品、祭奠用品等

（三）养老服务业。养老服务业是为老年人提供生活照顾和护理服务，满足老年人特殊的生活需求和精神需求的服务行业。根据其子业态的重要性，又可以分为医养结合服务业、养老金融服务业、其他养老服务业三大类（详见表 13 - 2）。

表 13 - 2　养老服务业的分类

分类		内容
医养结合	健康服务	健康咨询、健康教育、健康管理、慢性病预防和干预、抗衰老促进、体育健身指导等
	医疗服务	就医就诊、疾病后期治疗指导、住院康复护理服务、出院后期康复护理、日常康复护理、紧急救护、互联网医疗等
	长期照护服务	针对失能老年人特别是针对完全失能老年人的专业化、综合性服务主要包括生活照料，康复护理，精神慰藉和临终关怀等
	临终关怀	舒缓治疗、喘息式服务、信息咨询、家属心理援助以及殡葬服务、祭奠纪念服务等
养老金融	老年金融	为满足社会成员养老需求而建立的金融服务体系，包括养老金制度安排和资产管理，为养老产业提供投融资支持等。大致可以分为养老金金融、养老服务金融和养老产业金融等三大体系
	老年保险	为老年人提供人身保险、健康保险、养老保险等
	理财服务类	理财咨询、信用卡服务、理财投资、资产管理、财产和住房信托服务等

分类		内容
其他	日常生活服务	家政服务以及就餐、日间照料、购物、陪伴、住房维修等。
	休闲旅游服务	老年旅游、婚恋交友、社会活动拓展等
	教育文化服务	退前教育、老年教育、老年文化活动拓展、老年棋牌活动室、阅览室、歌舞厅、游乐场等
	老年咨询服务	法律咨询、心理咨询、健康咨询、家政咨询
	其他特殊产业	在以上服务范围之外的，不具有普遍性的养老产业

本章后续关于养老产业的论述将重点依据上述分类逻辑展开，即养老基础设施业、养老用品业和养老服务业。

第二节　国外养老产业发展借鉴

一、国外养老产业发展的三个阶段

在第二次世界大战以前，传统的家庭养老方式较为普遍，养老产业并未兴起。国外养老产业主要发展于第二次世界大战后，与人口发展变化密切相关。大体可以分为三个阶段：

第一阶段："二战"结束至20世纪70年代。"二战"后新生儿数量明显减少，人均寿命上升至66岁，老龄化趋势越来越明显。老龄化是指60岁及以上人口占总人口的比重超过10%，或者65岁及以上人口占总人口的比重超过7%。到20世纪60年代以前全球有72个国家相继进入老龄化。以法国、英国、联邦德国、意大利、瑞典、荷兰等为代表的西方发达国家对老年人的政策有所变化，出现了机构养老，即将老年人安置在专业化的或有福利机构照顾的场所、收容院等，并以此作为满足老年人对住房需求或社会需求的一种方法。

第二阶段：20世纪70—90年代。20世纪70年代人口老龄化对西方发达国家的冲击明显增大，再加上"滞涨"导致各国在"二战"后发展起来的高福利的社会保障水平使得国家的财政支出更加沉重，严重影响了经济的发展，于是各国纷纷进行养老保险制度的私有化改革。同时，推出了社区照顾服务政策，社区养老服务业开始逐渐发展，并形成多种业态的服务业和配套产业。在这个时期，西方的养老政策出现了三个趋向。一是从机构照顾服务转移到以社会形式、社区为基础的照顾服务；二是降低政府的直接作用，发展商业的、非营利的和非正规的提供老年服务的部门；三是促进服务更灵活、选择机会更多、个性化的照顾服务发展。

第三阶段：20 世纪 90 年代至今。进入 20 世纪 90 年代以后，人口老龄化对西方国家的财政影响已经到了相当严重的地步。西方国家在制定政策时，将开发养老市场看作是解决老龄化的重要途径。在此背景下养老产业市场得到迅速发展，形成了包括老年用品、老年医疗、老年文化、老年休闲、老年公寓等多种业态的服务业和配套产业。同时，进一步改革社区服务，提倡人文主义的养老保险、医疗卫生服务、社区服务和住房供给等服务的整合。

二、国外养老产业的典型模式

目前全球养老产业模式主要有三种，根据它们各自的特点我们分别把它们称作国家福利模式、自由市场模式和混合模式。

（一）国家福利模式——以英国为例

国家福利模式又称作北欧模式，是指政府出资、社会组织出力，依靠高福利、服务运营商进行操作。产业发展的 70%—80% 的资金来自政府购买服务。政府出资向社会机构购买服务，然后再提供给需要服务的消费者，实行契约制。个人出资的份额与老年人的收入有关。如果年收入低于 14250 英镑，则购买养老服务的费用全部由地方政府负担；如果年收入在 14250—23250 英镑，则由政府和个人共同负担；如果年收入在 23250 英镑以上，则由个人负担。英国、澳大利亚、加拿大等英联邦国家都属于该种模式。根据 Gianelli（2010）的研究，欧洲养老产业产值占 GDP 比例约 20.1%—36.8%。

1. 养老基础设施

目前英国养老基础设施的供给量非常有限，英国已建成的配备高端设施和护理人员的养老院项目数量远远低于市场需求，并且近年来政府部门不断提高养老院的考核标准和要求，迫使许多正在运行的低于标准水平的养老院关闭。现存的养老基础设施项目中超过 88% 的已经使用了十年以上，并且大部分项目是由私人注资运营的。如位于郊区圣乔治公园内部的养老公寓属于持续护理退休居住小区，是非营利机构通过市场化方式运作解决老年住宅与护理问题的代表，拥有 236 间公寓，可容纳 180 个护理床位。从 2006 年运营开始，到 2015 年已出售了 208 套，现服务老人 220 位。项目内部的规划设计都是专为 60 岁以上老人制定，包括 250 英亩户外景观、多种类型的养老居住公寓、多种生活设施设备，以及 24 小时服务制度等。其设施及养老社区的环境设计均在英国众多养老院里排名首位。

2. 养老用品业

欧盟执行委员会于 1999 年提出应对老龄化社会的三大策略方向：工作、社会保护与健康、社会服务，鼓励养老用品业发展，改善老年人生活。为缓解老年人照护需求压力，英国倾向于推行"居家养老"的政策，并鼓励辅具产业的发展。英国及北欧国家经常举办"福祉用具（辅具）展览"，不但可以提供并教导老年人如何采购和正确使用辅具，也可以促进辅具产业的发展。英国世道有限公司成立于 1898 年，是世界上历史最悠久的医疗器材制造商之一。其产品涵盖一系列常用的医疗器械和护理家具，适用于医院病房、诊疗所、社区活动中心、养老院及家庭护理。

3. 养老服务业

一是医养结合服务业。提供方式主要是机构养老，服务对象为鳏寡孤独或生活自理能力较差、需要长期照护、缺乏家庭支持的老人，护理院除了基本的生活照护服务外，还有专业的医疗、康复和护理服务。英国护理公司（Care UK）、步柏（BUPA）是其中比较著名的两家，也是豪华型机构养老的代表。截至 2014 年底英国养老院和护理院分别有 12917 家和 4675 家，对应的床位数达到了 245942 张和 218387 张。另外，英国还有专门针对特殊需求的老年人的养老机构，比如专门看护痴呆病人的养老院、临终关怀机构等。

二是养老金融服务业。英国在养老金金融方面走在世界的前列，率先设置了职业养老金管理委员会以保护养老金投资者的利益。为规范和发展养老金市场，2000 年左右成立了综合性的金融监管机构"金融服务委员会（FSA）"，专门设立了和外汇、证券、银行、保险等监管部门并列的"养老金审核部"，在世界各国中率先将养老金监管提高到与银行、证券、保险同等重要位置进行。《2008年养老金法案》确立了英国职业养老金体系的最新改革，自2012年10月起更具强制性的职业年金计划成为英国养老金来源的第二支柱。政府制定了国家资助的低成本养老金储蓄计划——国家职业储蓄信托NEST。作为第三支柱的私人养老金、个人寿险，以及第二支柱的职业养老金，统一使用NEST平台，构成英国养老金融体系的主体。

三是其他养老服务业。英国的社区照顾养老服务又分两种形式，一种是居家养老服务，内容包括助洁、做饭、穿衣、个人照护、送餐上门等生活服务，以及诊疗、注射、吃药等医疗服务，由照护者提供每天几次或每周几次的服务。志愿者也可以帮助老年人购物、清理花园、陪同聊天等。另一种是日间照护服务，主要针对居家的老年人提供短期照护，分为日托和临时托养。日托是指老年人白天在此进餐、娱乐，晚上回到家中休息。临时托养是指照顾者临时有事或度假时可以把老人临时送来照护，时间可以是几个小时或者是几天。英国的老年教育开始较早，发展也比较完善，具备丰富的教育资源和多种教育渠道，如开放大学（Open University of United Kingdom）、第三龄大学（University of 3rd Age）。在老年咨询服务产业方面有对老年人进行心理咨询、评估和治疗的老年心理咨询服务的机构，还有对有抑郁症和痴呆患者进行早期识别和治疗的机构。此外，为老年人设计的旅游项目也在日渐增多。

（二）自由市场模式——以美国为例

自由市场模式又称作美国模式，其代表国家是美国。该模式下，政府只负责维持产业市场的秩序，企业靠市场供需关系自发成长。在美国的养老产业里最具规模特点的是"倒按揭"、老年公寓、社区养老等，这些都与老年人的基本生存或护理有关。

1. 养老基础设施业

美国积极发展退休社区或老年公寓等养老基础设施业，供老年人集中养老。这些项目一般建于阳光充足、气候温暖、风景迷人的地方，吸引老年人退休后迁徙定居；或者兴建于大城市中离儿女近的地方，方便子女的探望。老人们可以在社区里购房定居也可以租房居住（又称作候鸟式养老），房屋有高中低档的区别，分为无陪护型、陪护型、特护型等不同的类别，能满足不同年龄、财力层次的老人的需求。

建于 1961 年的坐落在佛罗里达西海岸的"太阳城中心"是老年社区运作成功的典范。现有来自全美及世界各地的住户 1.6 万，且住户数量一直处于增长态势。社区管理非常人性化，人车分流、无障碍设计，住宅以低层建筑为主，共同享用邮局、超市、医疗机构、银行和教堂，还有游泳池、网球场等健身和娱乐中心，以及各种各样的俱乐部，开设各种课程、组织各种活动。居住在这样的老年社区对老人身体非常有益，据统计该社区老年人的平均寿命比美国平均人口寿命高 10 岁。成功的商业运作使得养老产业渐成规模，在佛罗里达州 85% 以上的财政收入来自养老业。

此外，美国还有针对特定人群的养老社区，如宾夕法尼亚大学校园里的"大学村"退休社区，专门招收本学校的校友。老人们住在自己的公寓里，每天和年轻时代的校友们一起聊天，偶尔还去看球赛、听课。在"大学村"里生活，让老人们觉得又回到了年轻时代，周围都是同龄人，没有压力，每天都能开心欢聚。

2. 养老用品业

美国老年人特殊消费品市场非常发达，有专门针对 50 岁以上人群的护肤品、护发品、抗皱霜；有针对老年驾驶员的汽车；建有老年服装市场、医疗市场；食品饮料、移动电话等老年产品、服务产品不胜枚举，只要是老年人有需求的地方，就有市场。此外，还有老龄超市，超市里的设施是根据老年人的需要设置的，货架低、商标大、收银台还有拐杖等。超市里还设有老年咖啡屋，除此之外，还提供法律、保健医疗、异地养老及旅游咨询，传播信息，老年产品的销售配送等多方面的服务。养老产业的成功运营使得老年人不再只是社会的负担，而是创出了活跃的新经济增长点。

3. 养老服务业

一是医养结合服务业。美国的养老机构与设施包括护理院、部分生活辅助设施、附设在医院内的护理或康复设施、临终关怀机构，以及提供的成年人领养照料、寄宿家庭照料、介助居住、继续照料退休社区和专业护理机构或医疗照料设施的服务。美国的家庭护理员制度支持居家养老模式。家庭护理员介于家政服务员与专业护士之间，主要工作是照顾住在家里或住宅式护理中心的孤独老人、伤残人士、长期病患者等。美国有世界上最大的非营利性质的老年照顾机构"居家养老院"，由 5000 个社区分支机构提供陪伴和家务、个人护理、健康引导和专业护士服务等。费用按时或按家访次数支付。甚至有专人负责上门为用户量身打造服务计划，这些规划性服务通常按小时收费，价格在 50—150 美元不等。

二是养老金融服务业。美国的养老保险分为三个部分，即联邦退休金制度、私人年金计划、个人退休金计划。联邦退休金制度是美国最基本的养老保险制度，它规定 65 岁开始享受全额养老金。私人年金计划各企业自愿建立，政府向雇主提供税收优惠措施以鼓励雇主为员工建立此计划。个人退休金计划是个人自愿参加的，储金一般个人出 3/4，企业出 1/4，联邦政府通过免征所得税予以鼓励和扶持。在医疗保险方面，美国以商业医疗保险为主体，是发达资本主义国家里唯一没有全民皆保险的国家，只有 65 岁以上的老年人才统一参加具有社会保险性质的医疗照顾计划。

倒按揭是 20 世纪八十年代中期美国新泽西一家银行创立的放贷方式，分为有期和无期两种形式。62 岁以上的老人可以把自有住房抵押给银行，银行每月给予老人一定的生活费。若是有期的方式，到期后老人可以通过出售或其他方式偿还银行给予的贷款。若是无期的方式，银行可通过专门的资产评估机构评测房屋的价值，并聘请专门的医疗机构评测老人的寿命，依此计算出老人每月的生活费并按月支付直至老人故世，故世后该房产由银行处置。美国首创的"倒按揭"的方式保证了老年人口的消费能力，既能给老年人带来生活费又能让银行赢利，为养老服务产业的发展提供了需求条件。

三是其他养老服务业。在美国，居家养老是一种最普遍的方式，目前接受居家养老服务的老年人的比例在 80% 左右。居家养老能够充分整合利用家庭、社区的资源，使养老成本大大降低。在美国居家养老主要有四种形式，全托制的"退休之家"、日托制的"托老中心"、让老年人结伴认对的"互助养老"，以及提供上门服务。美国老年教育方面，主要有两类机构提供：各类大学和专门负责组织老年活动的非营利性机构。美国在联邦老龄管理局资助下，利用多种教育资源，为老年人制定全面的教育计划，采取正规教育、非正规教育和非正式教育三种形式开展。

（三）混合模式——以日本为例

混合模式又称作亚洲模式，是政府支持与市场化模式的结合。在日本，政府、企业和非营利组织均可建设养老设施。政府主要提供基本福利范围内的养老设施，而企业和非营利组织则根据老年人不同群体、不同需求建设相应的商业或公益性养老设施。

1. 养老基础设施业

日本房地产业重视养老房市场。其产品主要分为两种类型：一类是休闲疗养型养老房产。这类房产多依托日本特有的温泉、海滨和森林风貌，利用这些地方人口减少、空余土地较多的特点，以低廉价格供应房屋。另一类是充分考虑医疗看护功能的房产项目。其中涉及房间装修、家具家电、看护设备的预留位置和接口、室内无障碍设计，以及安防和报警装置等。一些开发商抓住这一商机，或是为逐渐步入高龄的用户提供全套房屋改装服务，或是将此类设计融合于带有养老特色的房产项目出售。

还有实行纯商业化运作的老年公寓，主要面向高收入老年群体，一般是一次性收取一笔昂贵的入住金，用来购买房间和基本设备的使用权，然后按月缴纳日常服务费用。

横滨太阳城是日本高端养老地产运营管理机构的代表，位于横滨市近郊，距离横滨地铁站较近，周边为成熟居住区，既独立又融合。地理位置优越，视野开阔，景观良好，可俯瞰整个横滨市。该项目包括自理型住宅单元和介护型住宅单元，同时具有高比例的公共空间配置，主要吸纳自理型老人和介护型老人。横滨太阳城除了具有高星级的装修风格、良好的室内外景观视野之外，其内部的 ATM 机、邮筒、便利店、干洗店、健身房、酒廊、浴场、园艺区等服务设施几乎涵盖所有需要的公共功能。

2. 养老用品业

在日本，改造老年人的居住生活环境行业已经发展得非常成熟。研发如何更好地为老年人提供便利，包括居室的设计（如缓冲式地板、内外双开式房间门、内嵌荧光灯的楼梯扶手）、卫浴的设计（如多角度入浴的浴缸）、保健锻炼用具（如步行支撑棒等）、介护用具（如世界上最轻便的轮椅等）、餐饮的配备（如适合老年人食用的软食）等都由专业的公司操作，凸显了日本养老的精细化和专业化。养老设施社会化建设和运营的过程，带动了一大批类似"老人用品专卖""老年餐饮专营""老人之家管理咨询""养老服务人员培训"等企业的发展，这在某种程度上形成了以养老设施为核心的"养老院经济"产业形态。

　　3. 养老服务业

　　一是医养结合服务业。分为居家介护和机构介护两种，其中居家介护项目最初是上门帮助老人洗浴、康复训练、疗养指导等。2005 年又加入了社区型介护，即以老年人生活的社区为中心，提供夜间上门介护、定期巡回上门介护、老年痴呆对应型短期入住服务等。目前日本推行的"小规模多功能型社区养老"通常在距离老年人生活圈的周围，不超过 30 分钟，所以老年人既可以在家中接受来自社区的各种护理，又便于到社区接受日托服务、上门看护、短期入住、夜间探视等服务，还便于子女的探视。养老机构介护大体分为三种：特别养护老人院（面向长期卧病不起等的重度要介护老人）、康复型养老院（提供康复训练以帮助老人尽快回归家庭）、疗养型养老院（由医院运营，待老人身体状况改善后搬离）。

　　二是养老金融服务业。日本 2000 年开始实施《介护保险法》，强制 40 岁以上的人士参保，保费由政府财政（中央政府和地方政府各负担一半）和个人（40—65 岁参保人负担 29%，与医疗保险捆绑在一起缴纳；65 岁及以上参保人负担 21%，从养老金中扣除）各承担 50%。一旦参保人申请且通过审批后接受介护服务时，其服务费用个人仅承担 10%（自 2015 年 8 月 1 日起，年均收入超过 160 万日元的 65 岁以上老年人承担 20%），政府承担剩余的 90%。日本政府为保障老年人的需求推出了一系列政策性金融产品，如厚生劳动省、国土交通省联合金融住宅支援机构（JHFA，日本政策性银行之一）提供的部分政策性贷款。用活养老金，提供养老金质押贷款服务。福利和医疗服务机构推出基于养老金证书的质押贷款，符合条件的老年人可申请贷款。日本各大商业银行推出了针对老年人、医疗机构及其他养老产业的信贷产品和服务，如住房反向抵押贷款，该产品主要服务于有改善退休生活水平愿望且有自有住房的老年人；老年生活信用贷款，如德岛银行推出向老年人的抚养义务人提供无需抵押品和保证人的老年人专用贷款；医疗、护理机构支持贷款，例如瑞穗诊所辅助贷款产品等。

　　三是其他养老服务业。日本的老年旅游业非常发达，日本很多"上班族"退休后往往既有空闲又有钱，被日本旅行业界视为重要客户。不仅各主要旅行社均设有老年旅游项目，一些交通和酒店企业也都有面向老年人的专门商业项目。如最大的铁路企业"JR东日本"，面向50岁以上人群推出了"大人俱乐部"，专门组织老年人参观各种自然和人文景观。在旅行线路中重视住宿、餐饮的文化性，并多配套以地方特色的文艺演出，在东日本地区颇受欢迎。

三、国外养老产业发展启示

综合以上的养老产业模式，可以发现发展社区居家养老模式是根本，满足了大多数老年人的养老愿望；其次，大力发展养老基础设施业，开发高端养老公寓或养老地产有一定必要；再次，多元化的养老产品和服务有着广阔的市场前景。但无论是何种模式，只有把老年人的养和护（理）结合起来才能满足老年人的需求，只有把政府和企业结合起来才能充分发挥市场的作用，形成产业化。养老产业"供给"体系建立起来的同时，扩大"需求"也同样关键。

（一）增加老年人的收入以刺激消费

老年人的收入水平决定了其购买养老产品及养老服务的能力，各国政府都采取多种措施增加老年人的收入。在美国除了有社会养老保险、企业年金和个人养老储蓄保险等完备的社会保障制度之外，倒按揭进一步为老年人提供了消费所需资金。在日本，有国民年金、厚生年金、共济年金等完善的公共年金制度确保人们老后的收入，还有介护保险制度用来负担养老服务的费用。此外，政府还鼓励老年人就业。制定相关法律确保老年人到65岁仍可以被雇佣，推进退休人员再就业，支持老年人创业。

（二）多层次的养老服务产业

纵观国外的养老产业，占主要份额的是社区居家养老，这与大部分老年人希望在自己熟悉的环境里度过晚年的心理密切相关。居家养老服务又分为社区提供上门服务以及到社区的日间照料中心接受服务。其次，在机构养老中除了传统的普通养老院外，纯商业性的高档老年公寓也是各国普遍采用的方式。再次，开发品种繁多的养老产品满足不同老年人的需求，且呈规模化、体系化。

（三）市场化发展是趋势

由于各国人口老龄化形势越来越严重，日益增多的养老服务支出完全依靠政府负担是无法实现的，即使是福利型国家也倍感压力，所以养老产业向"市场"机制发展是大势所趋。

（四）充分发挥志愿组织的力量

在老年养老服务中，社会力量是强大的。如在英国有老年慈善组织"关心老年人协会""全国照顾老年人学会""帮助老年人协会"等，还有社区志愿组织、非正式的志愿服务者等。在美国也有年轻老年人为年纪更大的老年人服务的模式。有些国家为鼓励人们加入到志愿者队伍中，采取了减免个人所得税等政策措施。

第三节　国内养老产业发展现状及存在的问题

一、国内养老产业发展现状

一是政策支持力度大。2013 年是我国的养老产业元年，国发〔2013〕35、40 号文件的出台标志着养老已经成为国家战略之一。2014 年共出台了 23 个部委级以上文件，产业政策出台密度前所未有。2015 年文件的出台速度明显放慢，内容也逐渐走向务实，其中最值得关注的是开始走向法制化。北京市于 2015 年 5 月 1 日率先实施《居家养老服务条例》，首开养老地方法规之先河。目前已有北京、天津、江苏、浙江、青岛、成都 6 个地区出台了养老服务立法。2015 年 11 月 3 日公布的国家"十三五"规划中提出了全面放开养老服务市场、积极开展应对人口老龄化行动的要求。

二是养老基础设施建设取得系列进展。近年，养老产业市场的一个重要特点就是大型品牌房企和保险公司开始纷纷注入资金，兴建大型养老地产项目。保利地产已成立了专业的养老地产公司，开始在养老地产板块进行尝试。泰康人寿、中国人寿、合众人寿、新华保险、中国平安也都纷纷开始开发大型的养老产业项目，包括建设养老社区。

三是养老用品行业快速成长。近年，与老龄护理与服务相关的各种老年用品和辅助器具的发展加快。义齿、助听器、电子血压计、轮椅和成人纸尿裤等老年用品的需求增长迅速。据世界个人护理用品公司金佰利的统计显示，目前成人纸尿裤市场在中国的年增长率保持在 20% 左右。以家用理疗仪、轮椅、老年人食品等为主要市场领域的"康复之家"，从 2004 年成立后已在全国成立了 300 多家直营店和特许经销店，年销售额增长率平均在 20% 以上。一些国外的医疗、康复用品集团也开始纷纷进入中国市场。

四是养老服务业取得长足进步。主要表现在：首先，养老床位数明显增长。如图 13－2 所示，根据民政部统计，1991—2012 年，中国的养老服务床位数在短短的 20 余年间增长了 300 万张，截至 2015 年全国养老服务床位总数达到 672.7 万张，每千名老年人拥有的养老床位数达到 30 张，已实现十二五规划中提出的建设目标。

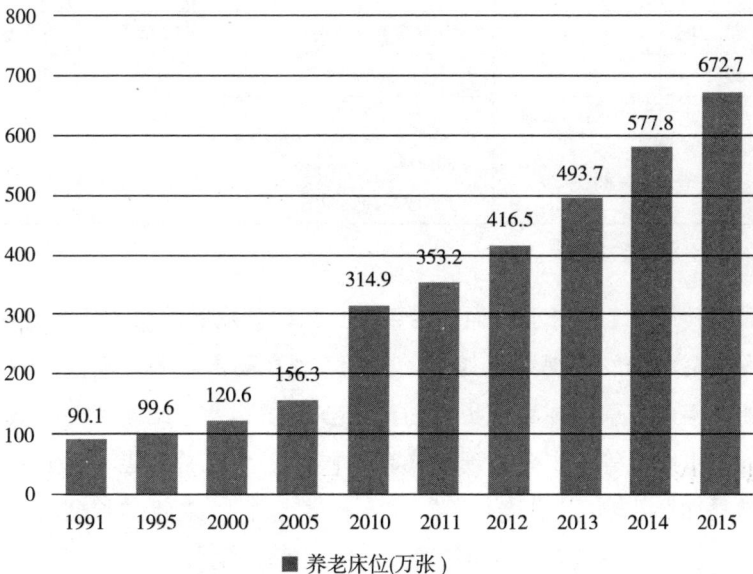

图 13－2　1991—2015 年中国养老服务床位数增长情况

资料来源：民政部网站。

五是专业护理型养老机构建设加快。针对失能老年人的专业护理型养老机构和养老床位是目前最为缺乏的。2012 年各地纷纷加快这方面的建设，以高龄、失能老年人为主要服务对象的"爱心护理院"建设不断增加。青岛市于 2012 年推出了《长期医疗保险护理制度》，通过专护、院护、家护、巡护等方式为老年人提供护理服务，目前已经覆盖所有城乡失能老人。2015 年南通、长春等城市也相继推出护理保险制度。此外，北京、上海等地也在积极引导商业保险机构开发长期护理保险产品，以解决老年人的长期护理费用问题。

六是养老金融蓬勃发展。我国基本养老金制度已实施多年。自 2008 年开始上海、苏州、浙江、广西、北京、无锡、甘肃等地区相继推出养老服务机构综合责任保险制度。其实施情况如表 13 - 3 所示。

表 13 - 3　养老机构综合责任保险实施情况

	颁布时间	年人均缴费标准（元/床）	保费缴纳		最高赔付金额
			政府补贴来源及比例	机构缴费比例	
上海	2008 年	120	财政补贴 66.7%	33.30%	600 万元/年
苏州	2010 年	100	财政补贴 40%，福彩公益金 40%	20%	300 万元/年
北京	2012 年	160	财政补贴 80%	20%	500 万元/年
浙江	2011 年	30—66	100%	0	30 万元/人
无锡	2012 年	100	福彩公益金 70%	30%	50 万元/事故
青岛	2014 年	80—120	市财政、县（区）财政各补贴 40%	20%	500 万元/年

资料来源：各地民政局网站。

最后是其他养老服务业方面，老年旅游和教育发展较快。从旅游业来说，我国银发旅游市场发展得如火如荼，主要表现在随着季节、气候的变化，越来越多的老年人乐意选择环境更舒适的地方度假养老，比如旅游度假地、环境宜人的中小城市等。主要表现形式有"候鸟"型旅游养老、"生态养老"、老年"旅居团"、老年"养老部落"、"乡村养老游"、老年"长期游"等。老年教育产业方面，1983 年由山东省红十字会在济南创办第一所老年大学之后，各大中小城市纷纷建立起了老年大学和其他类型的老年学校，但基本都是在政府财政或企业支持下运转的。

二、国内养老产业新业态

首先是健康养老。"十三五"规划建议中明确提出推动医疗卫生和养老服务相结合，探索建立长期护理保险制度。就目前而言，我国长期护理的这个链条非常缺失，很多老人处于"医院住不起，回家活不了"阶段。对于失能、半失能和失智老年人来说，有尊严地生活才是最核心的价值所在。因此，介于家政护理和医疗护理之间的老年长期护理正是养老产业中需求最大的一块市场。我国60岁以上的老年人口已经突破两亿，其中失能、半失能的老年人有4000万，完全失能的1200万，失智老人将近1000万，80岁以上的高龄老人有2400万。保守估计，至少有5000万人是长期护理的刚需人群。青岛市于2012年开始实施长期医疗护理保险制度，从基本医疗保险基金中按一定比例划拨，单独建账、专项管理。2015年又实现了长期医疗护理保险制度城乡全覆盖。2018年该制度把失智老人也纳入了照护范围。可以预见在未来该制度将会在全国铺开，该领域的产业发展也将进入繁荣期。

其次是智慧养老。智慧养老通过居家服务中心、日间照料中心、养老公寓等养老服务机构结成合作联盟，整合产业资源，拓展经营范围，提高服务水平，打造一个多方共赢互利的生态圈。深圳壹零后信息技术有限公司即是一个成功的智慧养老服务提供商，其成功案例有上海亲和源、西安荣华、湖南华盛、河南爱馨等。

再次是虚拟养老院。2007年苏州沧浪区的虚拟养老院被国家发展改革委、民政部批准列为全国养老服务体系建设试点项目向全国推广。这种服务模式是一种"政府承担、定向委托、合同管理、评估兑现"的新型公共服务提供方式，在居家养老中建立了财政资金购买服务、服务组织提供服务、居家老人享受服务的政府购买养老服务政策。通过运用现代技术手段和信息化平台，吸收社会养老服务组织等手段，为居家老年人提供上门服务。

最后是农村养老服务大院。2011年吉林省开始在全省农村地区推广以农村养老服务大院建设为重点，农村老年群众组织为依托，党政主导、全民参与的农村养老服务模式。在现有资源的基础上，通过盘活闲置资源、整合现有资源、新建养老大院等渠道，充分发掘、整合农村养老机构、村民学校等公共服务设施，就近就地为老年人提供服务。另外，在河北、上海等地发展比较多的"老人互助"养老模式，也是目前各地发展比较普遍的一种农村养老服务模式。

三、国内养老产业存在的问题

一是法制建设不健全。中国目前是"产业先行、立法滞后"，虽然 2015 年以北京为代表的六省市出台了居家养老、社会化养老服务的地方法规，但是国家层面的新立法尚未出台，这对产业发展来说缺乏保障力度。如何定位养老产业的发展方向和模式，在宏观政策方面国家会继续出台支持养老产业发展的文件，但政策如何落地是关键。

二是养老产业整体上有三个急需解决的问题。首先是资本的进出通道，目前只能进不能退，资本路径模糊，导致了资本投资的数量少、规模也小；其次是盈利模式，养老产业的市场化意味着企业将是养老服务的主要提供者，但是社区作为普惠式服务与企业的盈利目的似乎又有着矛盾；最后是人才，包括管理人才和一线护理人员的流失。究其原因，待遇低、社会地位低、发展空间小、教师队伍薄弱是主因。

三是社区居家养老服务问题多。我国虽然在全面打造社区居家养老服务体系，但是社区服务仍存在许多尚未解决的问题，如谁是构建服务体系的主体？谁是服务提供者？谁来评价和支持？服务队伍又在哪里？社区供给端问题诸多。社区日间照料方面有高档次的泰康，也有中低端小规模的天津龙福宫等，但是整体上商业模式尚未成立。

四是机构养老服务问题突出。目前整体上养老设施普遍存在设施老化、建设规模小、服务半径不足、服务水平低等现象，尚不能满足居民的需求。新建养老机构大多存在设计不合理现象，没有按老人不同的养老护理需求进行建设，普遍存在服务功能不全、无障碍设施设备不匹配等问题，导致养老机构酒店化、宾馆化，特别是目前保险公司进军养老地产之后，只做高端养老，不做基础性养老，甚至是借养老之名圈地大搞房地产。虽然投入了大量资金，却难以满足失能半失能老年人养护需求。低水平重复建设和盲目追求豪华配置，造成了资源的低效和浪费。

五是养老地产市场刚刚起步。国内对于老年住宅还停留在传统的居家式养老、养老院、敬老院的福利制管理模式上，虽然部分城市、社区有了老年俱乐部、敬老院、老年公寓等，但这些基本保障不仅设施简单，而且只占极少数的比例。远不能适应目前中国老龄化社会的需求，老年人还主要在传统的街坊、社区养老。几乎所有传统模式的社区再设计时都没有考虑老年人的需求，如：无障碍设计、医疗保健中心等。目前中国事业性质的养老院居住环境不佳、生活设施不完全、专业护理水平欠佳。再加上老年公寓或老年住房、养老院等，未有规划地、成体系开发，每当一个政策的出台总免不了会出现重复性的运作，因此会出现不符合老年人的需求特点，大多数功能单一，缺乏特色，不能全方位地为老年人提供生活休闲、饮食起居和护理服务等弊端。

六是养老金融产业仍处于比较薄弱阶段。各金融机构提供的养老金融产品和服务种类比较匮乏，主要有银行储蓄及代发养老金、企业年金和商业保险三大类，其他的养老金融产品包括以房养老、利息养老、老年理财产品及消费信托、分时度假类产品等。养老金融可以破解老年人消费的来源，与推动养老服务市场密切相关。至今，先后出现了以房养老、利息养老、老年理财产品及消费信托、分时度假类产品等，对老年人而言其接受程度是多少，发展前景如何都有待调研考证。

七是老年用品发展相对不足。随着经济发展与社会进步，我国老年人的整体购买力不断提高，消费观念逐步开始改变，老年专门用品的需求日益强烈。但是目前老年消费品专卖店很少，即使有一些专柜，适合老年人特点的保健型、方便型、舒适型的商品也是少之又少。在吃的方面，除了保健品，老年人基本上没有属于自己的专供商品，而在穿和用的方面，各大市场的中老年服装要么没有，要么在难以发现的角落里。老年旅游产品也仅是旅游公司的兼营项目之一，很少有专业公司从事老年旅游项目的开发和运营。事实上，目前我国市面上适合老年人特殊需求产品的开发与营销还需要众多商家好好设计。

第四节　青岛市养老产业发展面临的机会与挑战

一、青岛市养老产业发展的优势

（一）养老服务市场的政策支持力度大

青岛市在鼓励和扶持民间资本进入养老服务市场方面出台了多个具体措

施，包括完善税费政策、保障项目用地、加强金融支持、加大保险补贴、加强收费管理等。为加大国务院、省政府养老政策落实力度，经过充分调研，青岛市人大于2014年底审议通过了《青岛市养老服务促进条例》，从发展原则、规划与设施建设、服务体系、服务规范与监督、扶持保障措施、法律责任等方面做出规定，2015年5月1日正式实施，成为继北京、天津、浙江之后，全国副省级城市中第一个对养老服务进行立法的城市。

（二）养老服务业发展起步较早

一方面，市政府大力推进养老机构建设。早年青岛市政府就根据国务院办公厅和省政府的意见，为实现积极推进老年人生活水平和建设和谐社会制定了一系列目标。2012年以来，调动社会力量兴建养老机构53万平方米，吸引社会投资14.4亿元。投资3.7亿元实施青岛市社会福利院改扩建，建筑面积9万平方米，床位1465张，2016年投入使用。截至2016年底，全市登记养老机构232家，公办养老机构24家，其中公建民营14家。民办养老机构208家，床位3.03万张，分别占机构数和机构床位数的90%和76%。全市建成城乡社区日间照料中心1322个，设置助老大食堂420个，社区养老互助点1726个，培育扶持居家养老服务组织81个。截至2017年6月底，全市养老总床位达到6.2万张，千名老人拥有床位37.4张。截至2016年底，医养结合机构达到180家，占养老机构总数的78%。

另一方面，青岛市于2006年开始居家养老服务工作。首先，政府购买服务逐步制度化、规范化，如市南区为独居、困难、空巢老人提供的"六送"服务。截至2014年青岛市享受政府购买居家养老服务的困难老年人达5877人，还有2万余位独居、空巢等特殊老年群体享受到了政府免费或低偿提供的其他服务。其次，创立"互助式"居家养老服务模式，如四方区利用空巢、独居老人的自有房屋设立"社区养老互助点"，缓解了居家养老服务场所不足的问题；李沧区开展"以老扶老"互助服务，招募低龄健康老人为80岁以上的独居老人提供日常生活照料服务。再次，居家养老服务平台向多元化发展，如在市内四区建设社区日间照料中心和老年人娱乐室、发展信息服务平台（一键通）、助餐服务平台以及整合利用养老机构服务平台等。截至2015年，全市建有城乡社区日间照料中心1032个，覆盖70%的城市社区和40%的农村社区，参与活动的老人达 3 万多名；具有助餐功能的日间照料中心 116 个，助餐老人 4600 多人。市内三区设置社区养老互助点 1820 个，1 万多名老人在互助点参加活动。最后，服务方式由单纯的政府提供服务发展到社会力量参与。

（三）养老服务市场的投资范围扩大

大型养老地产投资。近几年，多家开发商纷纷在青岛投建养老服务项目。如 2009 年青岛首家会员制养老服务中心——石老人桃源乡养老服务中心建成，该中心依山傍海，环境优美，耗资 1.2 亿元，共打造 260 个面积在 40 至 180 平方米之间的房间；2014 年 4 月，万科怡园开始接受预订；2014 年 11 月，由新华锦集团和日本长乐控股株式会社共同投资 3 亿元打造的新华锦·长乐国际颐养中心正式对外营业。一批由市场主导的养老地产项目陆续建成。

社区居家养老服务成为一个新的投资内容。目前，该服务市场多以普通的家政和助老服务项目为主，但也有针对居家失能、半失能老年人提供术后康复和护理的服务机构。如 2011 年青岛期颐居家养老服务中心注册成立，该中心由专业人员为老年人量身打造专业的护理方案，上门为居家老人提供手术后康复护理、医疗保健护理、心理安慰护理、居家环境及生活习惯改善等个性化服务，解决了失能失智老人的护理难题。

（四）建立长期医疗护理保险制度

2012 年 7 月 1 日青岛市出台了《关于建立长期医疗护理保险制度的意见（试行）》，成为全国首个实施护理保险的城市。护理保险以"医养结合"的养老机构和社区卫生医疗机构为主要载体，开展居家、社区和机构三种医疗护理，减轻了患病老年人的医疗费用负担。起初护理保险制度仅覆盖青岛市城镇基本医疗参保人，2015 年青岛市又出台了《青岛市长期医疗护理保险管理办法》，将广大农村失能老人纳入了护理保险的范围。根据参保失能老人不同的医疗护理需求，护理服务机构为参保人提供了专护、院护、家护和巡护四种长期医疗护理服务形式。护理保险基金的资金来源为基本医疗保险和财政拨款。对于不同类型的参保人，他们进行医疗护理所产生的费用在报销时有不同的标准。对于提供不同护理服务的机构，社保部门对医疗护理费的结算标准也不同（详见第十二章）。自 2017 年 1 月 1 日起，将入住机构照护的重度失智老人试点纳入长期护理保险保障范围，这是青岛市在已将完全失能参保人纳入长期护理保险基础上，对重度失智人员长期护理保障的新探索。长期医疗护理保险的建立一方面大大减轻了老年人的医疗护理负担，另一方面医疗护理机构的收费得到切实的保证，这为发展医养结合的养老服务奠定了坚实的基础。

二、青岛市养老产业发展的劣势

（一）老年人人均收入低

根据《登记表》的数据计算得知，老年人口每月固定收入的均值约是 1237 元，其中城市老年人的月收入是 2216.25 元，农村老年人的月收入是 418.26 元。如表 13-4 给出了各区市老年人口每月固定收入，作为老城区的市南区、市北区和李沧区的收入都在 2000 元以上，崂山区在 1500 元左右，位于城乡接合部的城阳区约是 674 元，农村地区的胶州市、平度市都在 500 元以下。2013 年青岛市的社会平均工资为 3117 元，在同一年收集的市南、市北和李沧三区老年人的月收入（2318 元）与之相比较，平均值降低了近 1000 元，有 87% 左右的老年人月收入低于社会平均工资。在城镇和农村，老年人的收入更低。老年人均收入低将会直接影响其消费能力，进而阻碍了养老产业的发展。

表 13-4　青岛市六区市老年人每月固定收入水平

地区	收入的均值（元）	样本容量（人）
总样本	1237.00	611, 052
市南区	2439.19	54, 436
市北区	2316.80	156, 134
李沧区	2120.61	32, 726
崂山区	1509.51	34, 955
胶州市	463.71	104, 082
平度市	357.77	199, 914
城阳区	673.89	28, 805

（二）老年人观念尚待转变

受中国数千年传统思想的影响，大多数老年人依赖家庭养老，而不愿意依托社会，认为子女养老天经地义。虽然当前由于少子老龄化、家庭规模的小型化使得家庭养老的基础越来越薄弱，但是老年人花钱买服务的思想在短时间内很难扭转。尤其是现在的养老一族大多是 20 个世纪 50 年代以前生人，都是从小吃过苦熬过来的，即使有钱也不舍得花，所以转变思想观念是关键。舆论需要正确引导老年人的消费行为和消费习惯，帮助他们建立正确的消费模式。

（三）专业人才匮乏

养老人才的匮乏和不稳定是现在面临的一个突出问题。问题集中反映在以下几方面：一是养老服务队伍总量不足、结构不合理。青岛市养老机构入住老人 1.8 万人，养老护理员只有 2800 人，缺口为 1100 人。高素质专业人才不多，比如康复师、心理师、营养师、中医骨伤等专业人才在养老机构数量较少。行业"招不来人，用不上人，留不住人"现象非常严重，成为行业发展的制约因素。二是人员工作状况不尽如人意。养老服务行业人员从业原因多样，排在前三位的依次是为老人服务很开心、收入比较稳定和得到社会好评与尊重。由此可见，养老服务行业有其行业吸引力，能够吸引到一部分适合并喜欢此项工作的人员从事养老服务行业。但由于养老护理工作工资偏低、工作强度大、福利较少，再加上传统观念的影响，许多人认为养老护理员是伺候人的工作，社会地位低，导致养老护理员流动性大，队伍不稳定。三是老年服务与护理人员的劳动保障机制存在较多问题，劳动保障欠缺是制约老年服务与护理人才发展的重要因素之一。

三、青岛市养老产业发展的机会

（一）老年人口占比高

青岛市 1987 年进入人口老龄化社会，先于山东省 7 年、全国 12 年，老年人口增长速度快、比例高、高龄化突出、空巢化显著。根据青岛市民政局的统计，截至 2016 年底，青岛市 60 岁以上户籍人口 168.5 万，老龄化率达到 21.3%，80 岁以上老年人口 26 万，全市空巢率达到 56%。

另据青岛市老龄办资料显示，2011 年时青岛市城乡失能、半失能老人约 21 万，截至 2013 年，青岛市失能和半失能老人增长了约 5 万人，达到了 26 万，失能程度比较高。其中大部分老人选择传统的家庭养老模式，看病就诊极不方便。第五次人口普查数据显示，青岛市市区"空巢"家庭户数为 5.4 万户，占老年人家庭户数的 33.62%。而 2013 年抽样调查结果显示，青岛城市老人空巢比例为 66%，占老年人家庭的半数以上，城区"空巢"现象日益突出。在农村地区，由于经济不发达，外出打工的青年人非常多，空巢老人一直是一个严重的问题。由此可见，社会养老服务需求日益突出。

（二）老年人需求多样性与个性化

随着老年人对健康和生活质量的需求不断提高，消费市场逐渐出现"银发浪潮"。老年人群体的需求是多种多样的，这需要引起政府和社会的重视。以往把老年人视为某种弱势群体的偏见，社会对老年人的需求往往侧重于从保护和保障的角度进行响应，比如免费使用城市公共交通等。但随着时代的发展，老年人也有自己的需求，市场也应该更加敏感，对老年人的需求进行积极响应。随着经济发展，普通老百姓的生活水准大有提高。一方面，随着收入增加、服务业发展，子女在生活上往往不再对老人有太多依赖，转而选择家政服务；另一方面，如今人们的健康状况更好，老人退休后精力很旺盛，有很多时间可自行支配，而且也有自己的兴趣爱好。因此，针对老年人提供相应的服务，满足他们的需求，是市场的必然选择。传统单一的产品种类已经很难满足当下老年人的多元化需求，未来老年人用品将会以智能化辅助工具、可穿戴健康管理产品等为发展方向，老年用品企业向智能化转身，需要把市场做精，多开发些真正满足老人需求的好产品。

（三）科学技术的发展提供了平台

人口老龄化快速发展以及现代信息技术突飞猛进，催生了智能养老、智慧健康等诸多新业态。早在 2012 年，全国老龄办首先提出"智能化养老"的理念，并且鼓励支持推动开展智能养老的实践探索。实践证明，智能养老不仅为养老服务业创新发展提供了强大技术支撑，而且深刻改变了老龄事业和产业的发展方式，具有广阔发展前景与潜力。2015 年第四届全国智能化养老战略研讨会暨智能养老产业展览会提出"互联网＋养老行动计划"，加强智能养老顶层设计和统筹规划，完善政策措施和标准规范，切实推进智能养老产业健康发展。

青岛市将科技创新应用于养老服务业取得了新进展。2015 年青岛市市南区政府为 1050 位老人发放了养老服务智能手环。智能手环可以实现紧急呼叫、自动报警、心率测量、健康管理等功能，子女可通过客户端软件了解老人的活动轨迹，实时掌握老人的状况。2016 年 1 月 27 日在市北区海伦路社区居委会，青岛首个"互联网＋老有颐养的服务平台"正式成立，它是一种 O2O 线上线下相结合的养老服务平台。子女可通过手机 APP 看到在家老人的实时生活状况，此外，平台还和青医附院远程会诊基地合作，推出远程会诊功能，对医疗有需求的老年人，在家中就可实现专家咨询和会诊，子女可通过手机 APP 看到老人和专家的会诊情况。随着人口老龄化的快速发展，科技创新将成为老龄服务提质增效的重要支撑。

（四）国外养老产业的借鉴与交流

2014 年 9 月易居（中国）旗下克而瑞信息集团养老发展中心在青岛市主办"青岛养老产业发展高端沙龙"，围绕中国养老发展现状与解决途径、青岛养老产业市场研究及发展路径、澳洲养老模式与地产、青岛养老产业政策及未来之路等五个议题，权威专家全程解读国际背景下中国式养老产业的发展路径、案例借鉴与解决方案。从不同层面、不同角度深入探讨了养老产业的发展以及养老产业的未来，并提出了相关建议和策略。

青岛每年举行"中国国际养老产业和养老服务博览会"，围绕老年人养老需求和养老服务业发展的迫切需求，引进国际养老服务业的科研和实践成果，搭建国内外养老服务业的学习交流、促进融合平台，推动社会养老服务体系建设，为改善和提高中国老年人的健康、精神文化和生活水平，促进中国养老服务业的科学发展发挥了重要的引领作用，同时致力于为进入养老服务行业的企业开拓市场、寻找客户及合作伙伴、提升企业品牌和扩大产品销售提供平台与契机。同一时期举行的国际养老产业论坛，来自国内外养老领域的专家学者和企业代表，围绕推进岛城养老产业发展、加强养老国际合作等话题进行研讨。为更好地推动养老产业的发展，促进养老服务业的整体水平提升，实现老年人共享改革发展成果建言献策。

四、青岛市养老产业发展面临的威胁

（一）养老产业的微利属性

相对而言，养老产业是投入时间长、见效比较慢、带有一定公益性质的行业。其微利性是指从事老龄产业的企业在老龄市场的单项产品或单项服务中获得的平均利润率与从事其他产业相比相对较小。作为一种产业，老龄产业必然具有产业的共同特征市场性，这是由社会主义市场经济体制这一宏观经济基础所决定的，它必须遵循市场规律才能在市场中自然地生存和参与竞争。任何强行计划的或者不符合市场规律的企业在市场经济下必然会失去竞争力，这是市场发展的最一般规律；同时，老龄产业欲在整个国家产业体系中发育、成长并参与竞争应该遵循市场规律，这意味着企业必须根据市场需求和目标服务对象的消费需求的特点，制定出灵活的、有效的市场战略，只有这样才能在满足消费者需求的同时，使企业追求的利润最大化；老龄市场服务对象老人的现实消费水平的低下性和老人的消费特征的理智性，决定了从事老龄产业的企业的价格战略应该实行低价位，市场战略应该瞄准规模效应，这决定了老龄产业的微利性。但是，无论从规模效应上看，还是从远期效益上看，老龄产业的前景均十分乐观。

（二）政策法规和体制机制尚待完善

虽然青岛市政府根据中央要求出台一系列关于加快发展老年产业的政策法规，但是老年人仍然作为弱势群体，权益难以得到全面的保障。近几年青岛市侧重养老机构和养老设施的建设，在机构养老方面投入比较大。在居家养老方面有偿服务、便捷服务的服务实体不多，服务内容不丰富，居家养老服务供需渠道不畅通。有很多日间照料中心形同虚设，更多的成为了老年人的娱乐场所。养老服务社会化、市场化运作程度亟待提高。尽管政府对养老服务业发展给予较大扶持，但撬动社会资金参与、促进民办养老服务机构可持续发展的效果还不够理想，主要靠市场、靠社会发展养老服务业的机制尚未完全形成。

（三）政府补贴较少，融资困难

目前青岛养老呈现"9073"格局，即90%的老年人选择居家养老，7%的老年人选择社区养老，3%的老年人选择机构养老。这一特殊的养老体系，催生了居家养老服务、社区养老服务以及机构养老服务，但目前的养老体系大多都是政府运作，虽然政府补助提高，但养老机构运营成本高导致民营养老机构短缺。另外，虽然在2012年民政部下发《关于鼓励和引导民间资本进入养老服务领域的实施意见》，要求对民办养老院予以税收减免、财政资金补贴等多项扶植政策，但是养老产业的现状仍然冷清，民间资本进入养老领域遇阻，主要表现在三个方面。

第一，用地问题。新建固定建筑需获得土地所有权，租地建房不合法。要购买土地，养老院可选择养老规划用地或商业用地，民间资本可以通过挂牌方式，以不低于土地成本的优惠价格购买，但由于各种原因，规划为养老院的区域很难得到相应的用地指标，而商业用地虽有供应量，但价格过高，土地问题是民办养老院的最大瓶颈。

第二，企业登记问题。民办养老机构可分为在工商部门登记的企业，以及在民政部门登记的民办非企业单位，但工商部门登记系统里没有养老分类。

第三，赢利问题。在所有养老院中民办中小养老院居多，主要服务中低收入老年人，涨价空间有限，而实际上人力、物价都在上涨。另外，养老服务社会化、市场化运作程度有待提高，尽管政府对养老服务业发展给予较大扶持，但撬动社会资金参与、促进民办养老服务机构可持续发展的效果还不够理想，主要靠市场、靠社会发展养老服务业的机制尚未完全形成。

五、SWOT 战略组合

基于上述对青岛市养老产业发展的战略分析，借助 SWOT 矩阵进行战略匹配，可得出以下战略组合（详见表13-5）。

（一）优势—机会（SO）战略组合

该战略组合意在充分发挥青岛的优势，把握养老产业发展的战略机遇。主要举措：一是以医养结合的养老模式为目标，大力发展养老服务产业，包括机构和社区居家养老。二是鼓励和支持外资企业进驻青岛的养老产业，包括建立养老机构、综合型养老社区等。三是充分发挥比较优势策略，依靠科学技术的进步发展互联网＋养老、智能养老等。

（二）劣势—机会（WO）战略组合

面对老龄化快速发展的战略机遇，青岛市必须加快弥补发展的短板，弥补劣势，抓住机遇。一是开发针对不同层次的养老产品，包括老年生活用品、医疗保健用品等。二是以老年人的需求为导向，发展养老服务产业，除了机构养老、社区养老之外，旅游、咨询及其他养老服务也需相应完善。三是提高养老护理人员的地位和待遇水平，我们可以借鉴国外的做法建立护理员制度，让从事该项工作的劳动者有归属感、责任感和荣誉感。

表 13 – 5　青岛市发展养老产业战略的 SWOT 分析表

内部因素〈／〉外部因素	优势（Strength） S1：养老服务市场的政策支持明显增多 S2：养老服务业发展起步较早 S3：养老服务市场的投资范围扩大 S4：《长期医疗护理保险制度》的建立	W 劣势（Weakness） W1：老年人人均收入低 W2：老年人观念尚待改变 W3：专业人才匮乏
O 机会（Opportunity） O1：老年人口占比高 O2：老年人需求多样性与个性化 O3：科学技术的发展提供了平台 O4：国外养老产业的借鉴与交流	SO 战略 1. 以医养结合的养老模式为目标大力发展养老服务产业（匹配要素：S1、S2、S4、O1、O2） 2. 鼓励和支持外资企业进驻青岛的养老产业（匹配要素：S1、S3、O4） 3. 充分发挥比较优势策略，发展互联网＋，智能养老等。（匹配要素：S1、S2、S4、O2、O3、O4）	WO 战略 1. 开发针对不同层次的养老产品（匹配要素：W1、W2、O1、O2） 2. 以老年人的需求为导向，发展养老服务产业（匹配要素：W1、W2、O1、O2、O4） 3. 借鉴国外，建立护理员制度，提高养老护理人员的地位和待遇水平（匹配要素：W3、O4）
T 威胁（Threaten） T1：养老产业的微利属性 T2：政策法规和体制机制尚待完善 T3：政府补贴较少，融资困难	ST 战略 1. 充分发挥比较优势策略，产业互补，金融支撑（匹配要素：S1、S3、T2、T3） 2. 梯次推进战略，谨防项目风险（匹配要素：S1、T1、T3）	WT 战略 1. 加大培训养老护理员的经费投入、建立职业技能鉴定评估机制、加快推进职业培训（匹配要素：W3、T2） 2. 加强市场调研与风险管控，建立风险补偿与分担机制（匹配要素：W1、W2、T1、T3）

（三）优势—威胁（ST）战略组合

当前，养老产业的发展尚处于起步阶段，存在诸多不确定性，很多政策也没有跟进。青岛市应充分发挥自身优势，回避或减少外部的冲击。一是充分发挥比较优势策略，进行产业互补、金融支撑。在社区居家养老方面可以发展连锁产业以吸引资金的投入。二是梯次推进战略，谨防项目风险。

（四）劣势—威胁（WT）战略组合

采用防御性举措，弥补内部劣势并规避外部威胁。一是加大培训养老护理员的经费投入、建立职业技能鉴定评估机制，加快推进职业培训。同时，培养该领域的研究人才和管理人才。二是加强市场调研与风险管控，建立风险补偿与分担机制。养老产业的发展建设周期长、投入多，但成效的显现却是在几年甚至是十几年、几十年之后，所以前期的风险评估工作至关重要。

第五节　青岛市养老产业发展的重点领域

人口老龄化既是青岛市面对的一项挑战，又是一个商机无限的市场。老年人根据其自身健康水平的不同、自理能力的强弱对养老服务的需求也不尽相同。所以按照他们的身体条件，制定有针对性的养老服务，发展相关产业将是有效可行的。现阶段60—70岁的老人占大多数，且健康状况较好，适合居家养老。另一部分年龄更大、身体不太好的老人需要工作人员照顾，可选社区养老。还有一小部分老人，身体较差，长期没有人照顾，适合机构养老。

一、面向健康老年人发展的养老产业

（一）家庭服务业

制定出台青岛市扶持家庭服务业发展政策和保障性措施，制定颁布家庭服务业发展的实施细则，明确金融信贷、税费减免、培训补贴、转移就业等

方面的优惠政策和相应措施。建立健全家庭服务业标准体系，扩大服务标准覆盖范围，做到从业有标准，服务上档次，发展上水平。加大社会参与力度，促进家庭服务产业品牌发展。实现家庭消费服务企业品牌化、规模化运营，促进放心消费与行业规范化发展。

（二）社区服务业

在掌握社区基本情况的基础上，根据社区类别、人员构成、经济状况、受众需求等情况，统筹规划，分析特点，因地制宜地组建社区服务企业，实现社区服务业的快速发展。一方面注重硬件，利用现代化劳动工具，提高社区服务劳动效率。还可以构建社区服务网络平台，建立直观互动、方便快捷、规范可靠的社区服务电子商务平台。另一方面，强化软件，利用现代化运营手段，打响服务品牌。紧扣现代营销模式，建立地区分支机构，由区域性网络向全市性网络扩展，发展地区市场，设立多个家庭服务分公司。设立片区业务经理，负责当地所有家庭服务工作，包括对公司、客户、服务员等的管理，对其进行长期宏观指导，实现企业人、财、物的全面管理，帮助企业实现高效管理和资源优化配置，从而用最少的资源，达到最高的效率；在社区按"一社区一点"设服务中心，取消中间环节和杂乱无章的中介机构，降低成本，加强对社区服务业终端的控制和管理。

（三）教育、养生度假与娱乐

一是在教育产业方面，向老年教育产品项目中的空档发展及薄弱的环节发展。要发掘尚未被开发出来的那部分市场需求，有效实现增加产品种类的目的。这就需要加强市场调研，开拓视野，把握老年消费者的心理，发掘老年教育市场的薄弱环节。如开发针对老年人的电视节目、养生频道、广播节目等。另外，老年大学一直以来都受青睐，发展老年教育产业将有很大的前景。

二是在旅游业方面，旅游单位需要加强对老年群体旅游需求的分析。在旅游线路的设计上注重科学性和合理性。需要遵循以下几个原则：旅游的线路需要有效结合长短线，出行路线偏向于短程；将豪华旅游与大众性旅游相结合，重点突出实惠性；在旅游设计上，将传统与特色相结合，突出旅游的特色。传统的旅游大多为观光型旅游，而这备受老年群体的青睐。老年群体在旅游过程中更加注重景点的观光。通过观光拓宽老年人的眼界，出行运动也让老年人的身体素质得到锻炼。

三是在娱乐业方面，推出更多符合老年人的产品，丰富老年人的精神生活，如电视访谈、戏曲、老年综艺节目等。

二、面向半失能老年人发展的养老产业

（一）康复医疗中心

目前，青岛市的长期医疗护理保险制度的服务对象仅限于完全失能老人，但是半失能老人同样需要康复治疗。所以发展建立康复医疗中心可以满足这部分人群的需求，可以弥补医院重治疗轻复健的弊端。

（二）社区护理中心

从老年人更加倾向在家养老的角度出发，建设社区护理中心将是适宜的。我们可以鼓励社会力量建设、管理、运营社区护理场所和设施，丰富为老服务项目。力争到 2020 年，使青岛市具备条件的公有产权的社区养老服务场所公建民营率达到 90% 以上。完善社区老年人日间照料中心服务功能。制定等级评定标准，开展等级评估认定工作，强化短期托养、助餐、助洁、助浴、助医等服务功能。

三、面向失能老年人发展的养老产业

（一）嵌入式社区养老机构

鼓励发展连锁化、小型化养老机构。全市加强建设嵌入式社区小型养老机构，每个社区可设置床位 10—30 张，并做好登记工作。针对失能老人的特殊需求发展养老院、老年托老所、日间护理中心等服务机构，为开展"短期休整服务"提供基础保障。

（二）临终关怀机构

临终关怀不仅是社会发展与人口老龄化的需要，也是人类文明发展的标

志。在发展临终关怀机构的过程中，既要注意多渠道，又要注意其福利性，政府应更多地出面组织筹建。

四、综合型养老服务机构

发展集医疗、养生、娱乐学习、护理康复等多种服务为一体的复合型、综合型养老服务机构。一般规模较大、服务内容齐全，可以同时满足健康老年人、半失能老年人以及失能老年人的需求。目前，在全国有河南爱馨养老集团的"爱馨阳光城"、云南蒙自的养老示范园区等。青岛市的自然环境优越，养老服务业发展在全国走在前列，因此非常适合发展类似的综合型养老社区。

五、养老金融业

（一）金融产品

老年人对银行销售的理财产品信赖程度较高。银行应充分利用这一优势，把握市场先机，进行产品创新，开发出适合老年人投资需求的理财产品，如短期金融产品，以满足老年人对于投资期限的偏好。同时，金融机构在设计产品时既要考虑到产品的风险程度，又要考虑到投资者对产品收益的要求。另外互联网金融时代的到来，金融业与互联网业合作，推出的余额宝等产品，以其随进随出的便捷性吸引了不少投资者。银行业金融机构也应该开发类似的产品，以吸引更多的低龄老年人投资者。此外，保险与其他金融产品相比，最大的好处是提供更多保障。合适的商业养老保险产品，如老年人意外伤害险、大病保险等能够给老年人带去更多的保障。

（二）房产养老保险

将金融产品设计理念引入房产养老保险，又称住房反向抵押贷款保险，是指投保人向保险公司抵押房产，保险公司根据投保人的年龄、房产现值、生命期望值等因素，定期向投保人支付定量保险金的一种保险，在国外这种住房的反向抵押贷款已经发展了几十年，但是由于中国老年人的传统观念以及市场不成熟等原因，在我市乃至全国还处于探索阶段。但是，该项保险是一种特别适合老年人的金融产品，可以预见其在不久的将来将有发展前景。

参考文献

陈卫、段媛媛：《中国老年人的空巢时间有多长?》，《人口研究》2017 年第 5 期。

陈颐：《关于养老服务产业化的几个问题》，《现代经济探讨》2010 年第 11 期。

陈婷婷：《城市空巢老人社会支持体系研究》，山东理工大学 2012 年博士学位论文。

戴利朝、肖守渊：《农村空巢老人的日常生活与基本需求研究——基于江西省 8 个村的田野调查》，《社会福利》（理论版）2013 年第 8 期。

邓大松、郭婷：《中国长期护理保险制度构建浅析——以青岛市为例》，《卫生经济研究》2015 年第 10 期。

丁煜、王玲智：《基于城乡差异的社区养老服务供需失衡问题研究》，《人口与社会》2018 年第 3 期。

丁志宏、王莉莉：《我国居家养老中社区为老服务的均等化研究》，《社会保障研究》2011 年第 3 期。

杜鹏：《北京市老年人居住方式的变化》，《中国人口科学》1998 年第 2 期。

杜鹏：《中国老年人居住方式变化的队列分析》，《中国人口科学》1999 年第 3 期。

高红：《城市老年人社区居家养老的社会支持体系研究——以青岛市为例》，《南京师大学报》（社会科学版）2011 年第 6 期。

高秀艳、吴永恒：《城市社区居家养老产业引入竞争机制之浅见》，《天津财经大学学报》2009 年第 2 期。

桂世勋：《合理调整养老机构的功能结构》，《华东师范大学学报》（哲学社会科学）2001 年第 4 期。

郭竞成：《居家养老模式的国际比较与借鉴》，《社会保障研究》2010 年第 1 期。

郭丽娜、郝勇：《居家养老服务供需失衡：多维数据的验证》，《社会保障研究》2018 年第 5 期。

郭志刚：《中国高龄老人的居住方式及其影响因素研究》，《人口研究》2002 年第 1 期。

韩珍珍：《失独家庭困境现状研究》，《生产力研究》2015 年第 12 期。

侯冰：《老年人社区居家养老服务需求层次及其满足策略研究》，《社会保障评论》

2019 年第 3 期。

黄佳豪、孟昉：《"医养结合"养老模式的必要性、困境与对策》，《中国卫生政策研究》2014 年第 6 期。

贾馨璐：《辽宁省农村空巢老人养老保障问题及对策》，《劳动保障世界》2013 年第 10 期。

姜日进、马青、孙涛、林君丽：《青岛市长期医疗护理保险的实践》，《中国医疗保险》2014 年第 4 期。

姜日进、李芳：《中国建立长期护理保险制度的发展思路——以青岛市长期护理保险制度为例》，《社会福利》2016 年第 3 期。

焦开山：《中国老年人的居住方式与其婚姻状况的关系分析》，《人口学刊》2013 年第 1 期。

雷鹏、吴擢春：《我国长期照护制度建设现状与思考——基于青岛、南通和长春的实践探索》，《中国医疗保险》2016 年第 2 期。

李爱芹：《城市空巢老人的生活状况与社会支持实证研究——以徐州市为个案》，《社会工作》2007 年第 3 期。

李芳：《供给侧视角下养老服务业发展的着力点》，《管理世界》2018 第 6 期。

李锋清：《老龄化趋势下农村空巢老人的养老保障思考》，《沈阳大学学报》2009 年第 2 期。

李杰：《青岛"医养结合"养老模式问题研究》，《中国人力资源开发》2014 年第 18 期。

李爽：《扶持民间资本参与养老服务的制度和政策建议》，《社会福利》2012 年 10 期。

李珍：《社会保障理论》（第四版），中国劳动社会保障出版社 2018 年版。

李珍：《关于完善老年服务和长期护理制度的思考与建议》，《中国卫生政策研究》2018 年第 8 期。

李真：《"失独老人"养老保障及法律问题研究》，《绥化学院学报》2015 年第 3 期。

梁艳：《农村"空巢家庭"老年人精神赡养状况探析——以河南省某村空巢老人为例的个案研究》，山东大学 2007 年博士学位论文。

廖和平、付睿：《社会转型背景下农村空巢老人面临的主要问题及原因分析——基于五省 18 个自然村的调查数据》，《湖南科技大学学报》（社会科学版）2012 年第 6 期。

刘祥敏、张先庚：《失独老人养老现状与研究进展》，《中国老年学杂志》2016 年第 13 期。

侯冰：《老年人居家养老服务需求层次及其满足策略研究》，《社会保障评论》2019 年第 3 期。

陆杰华、白铭文、柳玉芝：《城市老年人居住方式意愿研究——以北京、天津、上海、重庆为例》,《人口学刊》2008 年第 1 期。

马青、高洁、林君丽:《应对人口老龄化挑战的"青岛经验"——山东青岛探索实施长期医疗护理保险制度》,《时事报告》2014 年第 6 期。

马一:《当代中国失独家庭救济机制的系统建设》,《山东大学学报》(哲学社会科学版) 2014 年第 3 期。

穆光宗:《家庭空巢化过程中的养老问题》,《南方人口》2002 年第 1 期。

穆光宗、朱泓霏:《中国式养老:城市居家养老研究》,《浙江工商大学学报》2019 年第 3 期。

齐明珠、徐征:《文化的同化对加拿大老年人居住方式的影响》,《人口与经济》2002 年第 2 期。

祁峰:《英国的社区照顾及启示》,《西北人口》2010 年第 6 期。

邱思纯、王静美、黄长义:《新时代中国社区养老管理制度创新之路》,《管理世界》2018 年第 7 期。

曲嘉瑶、伍小兰:《中国老年人的居住方式与居住意愿》,《老龄科学研究》2013 年第 2 期。

单婷婷、赵琨、肖月、赵锐、邵刚:《山东省青岛市健康服务业发展的 SWOT 分析》,《中国卫生政策研究》2014 年第 7 期。

史勇军、申旭波、周远忠、王佩佩、赵友容:《贵州省农村空巢老人与非空巢老人生活质量比较》,《浙江预防医学》2015 年第 7 期。

宋洪宇、申艳婷:《农村空巢老人研究综述》,《劳动保障世界》2014 年第 3 期。

孙鹃娟:《中国老年人的居住方式现状与变动特点——基于"六普"和"五普"数据的分析》,《人口研究》2013 年第 6 期。

孙泽宇:《关于我国城市社区居家养老服务问题与对策的思考》,《中国劳动关系学院学报》2007 年第 1 期。

王广州:《独生子女死亡总量及变化趋势研究》,《中国人口科学》2013 年第 1 期。

王广州:《中国失独妇女总量、结构及变动趋势计算机仿真研究》,《人口与经济》2016 年第 5 期。

王莲璀:《城市失独家庭养老及长期照料问题研究》,《劳动保障世界》2013 年第 5 期。

王梁:《城市居民理想养老居住方式的选择——基于南京等四城市抽样调查的实证研究》,《南方人口》2006 年第 1 期。

王林、法若冰、王长青:《国外长期护理模式对我国医养结合养老模式的启示》,《南京医科大学学报》(社会科学版) 2017 年第 1 期。

王玲凤:《城市空巢老人心理健康状况的调查》,《中国老年学杂志》2009 年第 22 期。

王梅欣、殷婷：《青岛市社区居家养老服务现状及对策研究》，《东方论坛》2015 年第 2 期。

王梅欣、王坤、张心珮：《农村空巢老人养老保障问题探究——以青岛胶州市为例》，《青岛大学学报》（自然科学版），2019 年第 3 期。

王琼：《城市社区居家养老服务需求及其影响因素——基于全国性的城市老年人口调查数据》，《人口研究》2016 年第 1 期。

王永梅、杜鹏：《老年人对待社会养老服务的行为态度研究——以北京城六区为例》，《人口研究》2018 年第 6 期。

王赟、曹勇、唐立岷、潘聪聪：《青岛市"医养结合"养老模式探索》，《卫生软科学》2015 年第 2 期。

温凤荣、毕红霞：《农村空巢老人养老方式选择实证研究——山东省例证》，《人口与发展》2016 年第 4 期。

吴鹏辉：《解决失独家庭养老难题的现实思考》，《中国社会报》2018 年第 4 期。

吴峥嵘、刘太刚：《失独家庭养老保障中政府责任定位的逻辑与策略——基于需求溢出理论的视角》，《云南民族大学学报》（哲学社会科学版）2019 年第 5 期。

谢勇才、黄万丁、王茂福：《失独群体的社会救助制度探析——基于可持续生计视角》，《社会保障研究》2013 年 1 期。

杨贞贞：《医养结合的社会养老服务筹资模式构建与实证研究》，浙江大学 2014 年博士学位论文。

易富贤：《"失独之痛"须格外重视》，《环球时报》2012 年 5 月 12 日。

易富贤：《大国空巢：反思中国计划生育政策》，中国发展出版社 2013 年版。

尹银：《日本的养老经验与对策》，《外国问题研究》2009 年第 2 期。

于学军：《中国老年人口健康研究》，《中国人口科学》1999 年第 4 期。

原新、穆滢潭：《独生子女与非独生子女居住方式差异分析——基于 logistic 差异分解模型》，《人口研究》2014 年第 4 期。

曾宪新：《居住方式及其意愿对老年人生活满意度的影响研究》，《人口与经济》2011 年第 5 期。

张文娟、Marcus W. Feldman、杜鹏：《中国高龄老年人的生活自理能力变化轨迹及队列差异——基于固定年龄与动态年龄指标的测算》，《人口研究》2019 年第 3 期。

张旭升、牟来娣：《"居家养老"理论与实践》，《西北人口》2010 年第 6 期。

张震：《中国高龄老人居住方式的影响因素研究》，《中国人口科学》（增刊）2001 年。

赵芳、许芸：《城市空巢老人生活状况和社会支持体系分析》，《南京师范大学学报》（社会科学版）》2003 年 3 期。

朱秋莲、谭睿：《青岛长期医疗护理保险：政策设计、实施成效与展望》，《人口与社会》2015 年第 3 期。

责任编辑：邵永忠

封面设计：黄桂月

图书在版编目（CIP）数据

新时代养老服务体系构建研究／王梅欣 著．—北京：人民出版社，2019.12
（2020．6 重印）
ISBN 978 - 7 - 01 - 021621 - 8

Ⅰ．①新… Ⅱ．①王… Ⅲ．①养老—社会服务—研究—中国 Ⅳ．①D669.6

中国版本图书馆 CIP 数据核字（2019）第 278649 号

新时代养老服务体系构建研究
XINSHIDAI YANGLAO FUWU TIXI GOUJIAN YANJIU

王梅欣 著

人 民 出 版 社出版发行

（100706 北京市东城区隆福寺街99号）

北京汇林印务有限公司印刷 新华书店经销

2019 年 12 月第 1 版 2020 年 6 月北京第 2 次印刷
开本：710 毫米×1000 毫米 1/16 印张：15.25
字数：250 千字

ISBN 978 - 7 - 01 - 021621 - 8 定价：45.00 元

邮购地址 100706 北京市东城区隆福寺街 99 号
人民东方图书销售中心 电话（010）65250042 65289539